《阳光学院服务乡村振兴实践育人系列丛书》

编委会

阳光学院

服务乡村振兴实践育人
系列丛书

总主编 / 陈少平　副主编 / 汤德平

民办高校社会实践育人的理论与实践

——以阳光学院助推乡村振兴为例

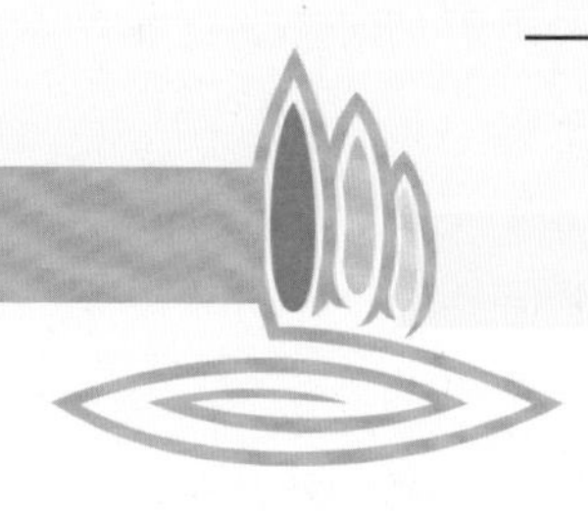

陈少平 / 主编

厦门大学出版社
XIAMEN UNIVERSITY PRESS
国家一级出版社
全国百佳图书出版单位

图书在版编目(CIP)数据

民办高校社会实践育人的理论与实践:以阳光学院助推乡村振兴为例/陈少平主编.—厦门:厦门大学出版社,2019.12

ISBN 978-7-5615-7064-7

Ⅰ.①民… Ⅱ.①陈… Ⅲ.①民办高校-社会实践-研究-中国 Ⅳ.①G642.45

中国版本图书馆 CIP 数据核字(2019)第 281929 号

出 版 人 郑文礼
责任编辑 郑 丹

出版发行 厦门大学出版社
社 址 厦门市软件园二期望海路 39 号
邮政编码 361008
总 机 0592-2181111 0592-2181406(传真)
营销中心 0592-2184458 0592-2181365
网 址 http://www.xmupress.com
邮 箱 xmup@xmupress.com
印 刷 厦门兴立通印刷设计有限公司

开本 720 mm×1 000 mm 1/16
印张 16
插页 2
字数 285 千字
版次 2019 年 12 月第 1 版
印次 2019 年 12 月第 1 次印刷
定价 68.00 元

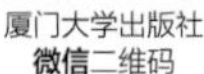

厦门大学出版社
微博二维码

总　序

为深入贯彻落实习近平新时代中国特色社会主义思想，国家发布了《国家乡村振兴战略规划（2018—2022年）》，教育部制定了《高等学校乡村振兴科技创新行动计划（2018—2022年）》。十八大以来，习近平站在国家繁荣、民族振兴、教育发展的战略高度，多次就高校落实立德树人根本任务做出重要指示，在党的十九大报告中指出："要全面贯彻党的教育方针，落实立德树人根本任务"，在同北京大学师生座谈时强调："要把立德树人的成效作为检验学校一切工作的根本标准"，在全国教育大会重要讲话中指出："加快推进教育现代化、建设教育强国、办好人民满意的教育，必须坚持社会主义办学方向"。阳光学院积极响应国家和教育部的号召，成立了阳光学院乡村振兴战略研究所，以习近平新时代中国特色社会主义思想为指导，坚持社会主义办学方向，推进教书育人、立德树人，按照"产业兴旺、生态宜居、乡风文明、治理有效、生活富裕"总要求，广大师生投身乡村振兴战略研究，在助推乡村振兴实践中，切实加强教书育人和立德树人工作，加强教育改革，全面提升高校应用型人才培养质量。

在助推乡村振兴实践中，阳光学院贯彻落实习近平总书记重要讲话精神，坚持立德树人，加强应用型人才培养模式改革。在广大师生共同努力下，通过"三个紧密结合"，服务乡村振兴实践育人取得了可喜的成效。一是把乡村振兴战略研究与服务乡村振兴实践紧密结合，把科学研究与助力国家战略联系起来，开展系列研究，形成研究成果，推动服务乡村振兴实践，为福建红色革命老区乡村振兴做出贡献，成效明显；二是把助推乡村振兴与实践育人紧密结合，广大教师坚持教书育人，引领青年学生深入福建红色革命老区，带领青年学生重走习近平同志当年的扶贫之路，深入农村基层社会，培养与人民群众的感情；在服务乡村振兴实践中，引导青年学生强化理想信念、爱国情怀，树立为中华民族伟大复兴而砥砺奋斗的远大志向，引导青年学生扎根基层，鼓励他们修炼品格，磨炼意志，服务社会，锻炼自己，增长才干，增强服务社会的能力，成效明显；三是把服务乡村振兴与应用型人才培养改革紧密结合，把大学课堂开设在广袤的乡村田园，广大教师指导青年学生用科学技术、学科资源、文化知识为新农村建设和乡村振兴服务，理论创新与实践变革结合，把课堂理论知识与乡村振兴实践结合起来，教师规划设计服务乡村振兴项目，带领青年学生躬身乡村振兴实践，在服务乡村振兴实践中，推动应用型人才培养模式改革，提高应用型人才培养质量，成效明显。

为了总结经验，进一步推动服务乡村振兴，推动立德树人、教书育人工作，推动高等教育改革和应用型人才培养改革，我们特组织编写推出《阳光学院服务乡村振兴实践育人系列丛书》，希望本丛书的出版能够吸引更多的兄弟院校共同响应国家乡村振兴战略，努力探索高校社会实践育人的新模式与新途径，共同推动高校实践育人教学改革，加强应用型人才培养，为培养德、智、体、美、劳全面发展的社会主义事业建设者和接班人做出贡献。

陈永年

2019 年 11 月

序

落实立德树人根本任务，要坚持育人为本、以德为先，把社会主义核心价值观融入教育全过程。要深入开展理想信念教育、爱国主义教育、中华优秀传统文化教育和革命传统教育，引导和帮助学生把握好人生方向，扣好人生的第一粒扣子。阳光学院认真学习贯彻习近平的重要指示精神，坚持立德树人，知行合一，理论联系实践，为社会培养堪当民族复兴重任的人才。长期以来，学校坚持教育与社会服务、与社会实践相结合，引导青年学生走入社会基层，躬身社会实践，了解社会、认识国情，增长才干、奉献社会，锻炼毅力、培养品格，这对于大学生加深对习近平新时代中国特色社会主义思想的理解，增强道路自信、理论自信、制度自信、文化自信，坚定实现中华民族伟大复兴的共同理想和信念，增强历史使命感和社会责任感，具有不可替代的重要作用，对于培养德、智、体、美、劳全面发展的社会主义事业建设者和接班人具有极其重要的意义。

“知之愈明，则行之愈笃；行之愈笃，则知之益明。”朱熹认为，对事物和规律的认识越清晰，认识指导下的实践就越扎实，成果也就越丰厚；而实践越扎实，对事物和规律的认识也就越清晰。鲁迅也说过：“专读书也有弊病，所以必须和现实社会接触，使所读的书活起来。”

纸上得来终觉浅，绝知此事要躬行。20 多年来，阳光人风雨兼程，阳光城集团成长为今天的世界 500 强，在这过程中我们愈发感到知识、能力与实干结合的重要性。譬如读书，每当我读到关键情节时，总会把书合起来思考：我处圣人时如何，圣人处当下如何？读书要结合当下的问题来思考，只有这样才能有真正的收获，才能豁然开朗。我们倡导每一个阳光人不但要从书本上、课堂上学习，更要从瞬息万变的现实世界、从蕴含无尽新知的实践活动中学习。

知者行之始，行者知之成。阳光学院长期坚持立德树人，为社会各界培养了无数德才兼备的大学生。近年来，为响应国家乡村振兴战略，学院老师带着学生深入福建闽东红色革命老区，扎根广袤大地，开展乡村振兴实践活动，为革命老区带去了新知识、新科技。师生们在实践之余，也对实践育人理论进行了有益探索，总结形成了《民办高校社会实践育人的理论与实践——以阳光学院助推乡村振兴为例》一书。我们希望本书不仅能够丰富高校人才培养理念，而且期待更多读者能够以知促行，为高校进一步搞好社会实践育人添砖加瓦，锐意创新。

林腾蛟

阳光控股董事局主席、阳光学院董事长

2019 年 10 月

前　言

阳光学院坚持党的教育方针，不断加强立德树人工作，努力培养德、智、体、美、劳全面发展的社会主义事业建设者和接班人，高度重视社会实践育人工作，通过深入闽东农村基层的实践活动，让大学生了解社会基层，培养与人民群众的感情，增强大学生解决问题的实践能力。福建闽东是红色革命老区，红色基因薪火相传。长期以来，同学们在老师的带领下，坚持知行合一，理论联系实际，助力闽东革命老区精准扶贫和乡村振兴，通过挖掘当地乡土文化，打造特色文化旅游品牌，推动幼教项目进乡村，增强农村“造血”功能，有力地促进当地经济发展，用自己的知识和技能为父老乡亲脱贫致富贡献力量。大学生脚踏实地的行动和情怀正是今天国家、社会所需要的精神和担当，也是当代青年集体人格的最好体现，那就是“学生的心、光明的心、年轻的心”，做到：见贤思齐，谦卑自牧；良知清澈，光明磊落；意气风发，勇猛精进。

“乐莫乐于好善，成莫成于无私。”实践证明，基层是施展才华的大舞台，也是锤炼品格的大课堂。青年时代，选择扎根广袤大地，扎根社会基层，扎根人民群众，青年学生的思想境界就会得到升华，人生道路就会行稳致远。近年来，老师们坚持带领大学生深入广大乡村基层，开展社会实践活动，在实践中遵循马克思主义实践观，在理论的指导下开展实践活动，在实践中检验所学的理论知识，将理论转化为实际操作能力，服务新农村建设，服务乡村振兴战略，取得了很好的实践育人和服务乡村的成效，也积累了许多社会实践育人的经验。

阳光学院在实践中不断学习，不断总结，从而形成新的认识，经过不断的实践总结与论证，形成更高层次的理论来指导社会实践工作。为了更好地推动社会实践育人工作，阳光学院马克思主义学院的老师对实践育人进行了深入研究，从理论上进行归纳探索，对大学生社会实践历程进行全面梳理，对阳光学院社会实践育人工作进行总结提炼，探索如何进一步搞好实践育人，形成《民办高校社会实践育人的理论与实践——以阳光学院助推乡村振兴为例》一书。本书由陈少平制定全书写作提纲并组织统筹工作。各章编写分工如下：杜云、朱光亚、黄蕾编写导论；江峻任编写第一章；金莉编写第二章；王晓雨编写第三章；吴昊编写第四章；陈谊、王文君编写第五章；陈婉萍、林洛羽、杨海晋、郭策编写第六章；于芙蓉、林伟编写第七章；陈志平编写第八章；路华、袁景蒂编写第九章。陈谊、王文君负责编务工作。

我们把阳光学院社会实践育人的探索总结形成本书，旨在抛砖引玉，希望有更多的同仁来关心青年学生的实践成才，进一步深入探索民办高校社会实践育人，形成更多经验。我们相信高校实践育人一定是大有可为的，社会实践育人一定会成为培养社会主义事业建设者和接班人的一条有效途径。

编　者

2019 年 9 月

目 录

导 论

2019年3月18日，习近平在北京主持召开学校思想政治理论课教师座谈会并发表重要讲话，他强调："办好思想政治理论课，最根本的是要全面贯彻党的教育方针，解决好培养什么人、怎样培养人、为谁培养人这个根本问题。新时代贯彻党的教育方针，要坚持马克思主义指导地位，贯彻新时代中国特色社会主义思想，坚持社会主义办学方向，落实立德树人的根本任务。"①2019年8月14日，中共中央办公厅、国务院办公厅又印发了《关于深化新时代学校思想政治理论课改革创新的若干意见》，提出要"坚持不懈用习近平新时代中国特色社会主义思想铸魂育人"，"坚持教育为人民服务、为中国共产党治国理政服务、为巩固和发展中国特色社会主义制度服务、为改革开放和社会主义现代化建设服务，扎根中国大地办教育，同生产劳动和社会实践相结合，加快推进教育现代化、建设教育强国、办好人民满意的教育，努力培养担当民族复兴大任的时代新人，培养德智体美劳全面发展的社会主义建设者和接班人"。②

在思想政治教育工作中，社会实践育人显得非常重要。早在2010年，教育部发布的《国家中长期教育改革和发展规划纲要（2010—2020年）》就指出，高等教育要"强化实践教学环节"，而到了2012年，教育部等部门又印发了《关于进一步加强高校实践育人工作的若干意见》（教思政〔2012〕1号），这个文件明确提出：全国各高校要进一步加强和重视实践育人工作，"积极调动整合社会各方面资源，形成实践育人合力，着力构建长效机制，努力推动高校实践育人工作取得新成效，开创新局面。"在学校思想政治理论课教师座谈会上，习近平也指出，"推动思想政治理论课改革创新，要不断增强思政课的思想性、理论性和亲和力、针对性"，"要坚持理论性和实践性相统一，用科学理论培养人，重视思政课的实践性，把思政小课堂同社会大课堂结合起来，教育引导学生立鸿

① 习近平主持召开学校思想政治理论课教师座谈会[EB/OL].(2019-03-19)[2019-08-22].http://www.ccps.gov.cn/xtt/201903/t20190319_130454.shtml.

② 中共中央办公厅 国务院办公厅印发《关于深化新时代学校思想政治理论课改革创新的若干意见》[EB/OL].(2019-08-14)[2019-08-22].http://www.xinhuanet.com/politics/2019－08/14/c_1124876294.htm.

鸪志，做奋斗者”。[①] 一直以来，党中央都非常重视社会实践育人，出台了一系列文件，推出了一系列举措、采取了一系列方法、推进了一系列工作，许多高校也对思想政治教育实践育人工作进行了积极的探索，丰富了实践内容、拓展了实践形式、取得了丰硕成果、积累了宝贵经验。

第一节　高校社会实践育人的基本原则

所谓实践，指的是人类认识世界和改造世界的一切活动，它包括生产实践、社会实践和科学实验。马克思主义在《关于费尔巴哈的提纲》这一著作中第一次提出了实践的概念，他说：“全部社会生活在本质上是实践的。凡是把理论引向神秘主义的神秘东西，都能在人的实践中以及对这个实践的理解中得到合理的解决。”[②]社会实践是实践的重要内容，主要是指人类以认识和改造社会为目的的一切活动，社会实践的最重要特征是处理人与人、人与社会的关系，有别于生产实践处理人与自然的关系。我们通常讲的社会实践育人主要是从理论与实践相区别的角度而言，指的是通过实践活动而非通过理论灌输使人受到启发、教育和引导。我国的高等教育既注重理论教育，也重视实践教育，近年来，全国各个高校在社会实践育人方面做出了许多探索和实践。阳光学院也按照中央、省、市等的教育行政部门的相关部署进行了社会实践育人方面的探索，形成了独特的“阳光模式”。

一、理论联系实际是社会实践育人的基本方针

中国共产党一贯有理论联系实际的优良传统，理论联系实际是我们党一贯的优良作风，也是我们党一贯的优良学风。在党的历史上，理论联系实际是我们党具有旺盛生命力的关键所在，也是我们党具有旺盛创造力的关键所在，更是我们党保持强大战斗力的关键所在。中国共产党成立以后，以毛泽东同志为核心的第一代中央领导集体，将马克思主义基本原理同中国革命实践相结合，确立了理论联系实际的学风，学理论、学知识，为党锻炼培养出了大批高素质的人才，为中国革命取得胜利提供了有力保障。改革开放以后，以邓小平

① 习近平主持召开学校思想政治理论课教师座谈会[EB/OL].(2019-03-19)[2019-08-22].http://www.ccps.gov.cn/xtt/201903/t20190319_130454.shtml.

② 马克思，恩格斯.马克思恩格斯选集(第3卷)[M].北京：人民出版社，1960：5.

同志为核心的中央领导集体也多次强调理论联系实际的重要性。邓小平同志明确指出，只有“一切从实际出发，理论联系实际，我们的社会主义现代化建设才能顺利进行”。[①] 在理论联系实际方针的指导下，邓小平重新确立了实事求是的思想路线，为党的改革开放这一伟大事业奠定了基础。在庆祝北京大学建校一百周年庆祝大会上，江泽民同志指出：“希望你们坚持学习书本知识与投身社会实践的统一。要健康成长，不仅要学习书本知识，而且要向社会实践学习，自觉投身于火热的改革开放和现代化建设实践。”[②]在庆祝清华大学建校100周年大会上，胡锦涛同志指出：“青年大学生要把文化知识学习和思想品德修养、创新思维和社会实践、全面发展和个性发展紧密结合起来。”[③]今天，以习近平同志为核心的党中央领导集体更加重视理论联系实际。在党的十九届一中全会上，他深刻指出，“在新时代的征程上，全党同志一定要弘扬理论联系实际的学风”。回顾党的奋斗历程，我们可以从中发现，我们党历经艰难困苦之所以能够不断创造新的辉煌，很重要的一条就是始终重视从思想上建党、从理论上强党，坚持科学理论武装，敢于和善于从实际出发进行理论创新、实践创新和制度创新。

党的十八大以来，以习近平同志为核心的党中央领导集体团结带领全国各族人民取得了辉煌成就，这是理论联系实际的生动写照。改革开放30年来，我国的经济社会发展取得了辉煌成就，中国特色社会主义伟大事业进入了新时代，但是，一些长期积累的深层次矛盾也开始逐渐显露，我国仍处于并将长期处于社会主义初级阶段的基本国情没有改变；我国发展仍处于重要战略机遇期，虽然前景光明，但是也面临着严峻挑战。可以说，以习近平同志为核心的党中央所面对的局面，是一个各种思想文化相互激荡、各种矛盾相互交织、各种诉求相互碰撞、各种力量竞相发声的复杂局面。面对这种复杂局面，如何有效应对重大挑战、抵御重大风险，要求新的战略遵循和行动纲领。以习近平同志为核心的中央领导集体审时度势，及时把握我国经济社会的发展现状，出台了一系列方针政策，明确了创新、协调、绿色、发展、共享五大发展理念，坚定不移地推进了供给侧结构性改革，接连推出了“一带一路”建设、京津冀协同发展、创新驱动发展、长江经济带发展、中原崛起、海峡两岸经济区等重

---

① 邓小平.邓小平文选(第2卷)[M].北京：人民出版社，1983：143.

② 江泽民.江泽民文选(第2卷)[M].北京：人民出版社，2006：124.

③ 胡锦涛在庆祝清华大学建校100周年大会上的讲话[N].人民日报，2011-04-25(1).

大战略部署，加快推进了经济结构调整和新旧动能转换，使我国的发展理念和发展方式都发生了深层次、多方面、全方位的历史性变革。

十八大以来的辉煌历史成就充分说明，习近平新时代中国特色社会主义思想是理论联系实际的最新成果，是弘扬马克思主义学风的光辉典范。这个辉煌成果勾勒出了在新的世纪中国坚持和发展马克思主义的光明前景，以科学的理论逻辑回答了新一代马克思主义者面对的时代课题。从全面建成小康社会到基本实现社会主义现代化，再到建成富强、民主、文明、和谐、美丽的社会主义现代化强国，新征程中的各个奋斗目标环环相扣、层层递进，构成了有机衔接、不断跃升的发展脉络，绘就了一幅理论同实践水乳交融的宏伟蓝图。今天，我们在习近平新时代中国特色社会主义思想的指导下开展社会实践育人，只有将理论联系实际作为我们的基本方针，才能将这项工作做好。

二、立德树人是社会实践育人的根本任务

党的十八大明确提出，要“把立德树人作为教育的根本任务，培养德智体美劳全面发展的社会主义建设者和接班人”①。在学校思想政治理论课教师座谈会上，习近平再次强调：“思想政治理论课是落实立德树人根本任务的关键课程。”②习近平的话高屋建瓴，给我们如何办好高等教育，尤其是如何在高等教育中抓好思政课建设、落实立德树人根本任务指明了方向。社会实践育人是思政课程的重要内容，在社会实践育人中，我们一定要牢牢把握立德树人这个根本任务。“把立德树人作为教育的根本任务，集中体现了中国特色社会主义教育理论的与时俱进，体现了党的教育事业与马克思主义促进人的全面发展的有机统一。”③

立德树人是教育的本质属性，体现了教育的崇高使命。教育作为培养人、造就人的社会活动，其首要使命就是要立德树人。培养人、造就人始终是教育的根本任务，在社会主义社会，立德树人科学地回答了“我们的教育要培养什么样的人？如何培养人?”这一至关重要的问题，那就是“努力造就有理想、有道德、有文化、有纪律的德育、体育、美育等全面发展的社会主义事业建设者和

---

① 胡锦涛.坚定不移沿着中国特色社会主义道路前进　为全面建成小康社会而奋斗[M].北京：人民出版社，2012：35.

② 习近平主持召开学校思想政治理论课教师座谈会[EB/OL].(2019-03-19)[2019-08-22].http://www.ccps.gov.cn/xtt/201903/t20190319_130454.shtml.

③ 甘霖.高校实践育人研究[D].武汉：武汉大学，2014：6.

接班人"[①]。青年大学生的世界观、人生观和价值观尚未最终形成，他们思想活跃，思维敏捷，观念新颖，兴趣广泛，探索未知的劲头足，接受新生事物快，主体意识和参与意识强，他们的人生目标尚未最终确定。坚持立德树人这一教育的根本任务，就能够实现高等教育体系中知识学习、能力塑造和品德养成的有机统一，塑造好教育对象的纯真心灵，把教育的目标要求、内容意义转化为学生的德行操守、内在价值，促进学生的全面发展、健康成才。

落实立德树人根本任务，就要扎实办好高等教育。立德树人是解决"办什么样的大学？怎样办好大学？"这个重大战略任务的现实选择。高等教育要自觉承担塑造青年大学生灵魂主渠道、建设青年大学生思想主阵地的任务，坚持用习近平新时代中国特色社会主义思想加强理论武装，推进铸魂育人，为青年大学生成长成才筑牢思想根基。随着经济全球化的深入发展，高等教育也要从理论武装、价值引领、实践养成等各个方面持续推进，守正创新、提质增效，这就要求高等教育者把立德树人作为根本任务，努力培养德智体美劳全面发展的社会主义建设者和接班人，培养担当民族复兴大业重任的时代新人。

坚持用习近平新时代中国特色社会主义思想立德树人，不仅仅需要理论灌输，更重要的是要进行理论说服。理论只有具备了说服力才能使人信服，要增强理论说服力，就要把习近平新时代中国特色社会主义理论讲深、讲透、讲清楚，必须深化研究阐释、学懂弄通做实；要组织力量开展习近平新时代中国特色社会主义思想的研究阐释，围绕重大理论和现实问题进行攻关。理论武装是在人的头脑里搞建设，是塑造灵魂的工程。青年大学生坚持什么样的理想信念，树立什么样的世界观、人生观和价值观，用什么样的立场、观点、方法看待问题和分析问题，决定着其人生发展方向。高校要继续大力推进习近平新时代中国特色社会主义思想进教材、进课堂、进头脑；遵循不同学段、不同时段、不同年龄段大学生的认知规律，把马克思主义基本原理讲深、讲明、讲透彻，把党史、国史、改革开放史、社会主义发展史讲全、讲好、讲清楚；要采取启发式、案例式、互动式等教学方法抓好社会实践育人，努力提高高等教育教学的亲和力与针对性。

习近平说："青年的价值取向决定了未来整个社会的价值取向，而青年又处在价值观形成和确立的时期，抓好这一时期的价值观养成十分重要。"[②]高

① 江泽民.江泽民文选(第 2 卷)[M].北京：人民出版社，2006：332.

② 中共中央文献研究室.习近平关于青少年和共青团工作论述摘编[M].北京：中央文献出版社，2017：9.

等教育要强化价值引领，健全课程体系，建立课程育人评价机制，把课程育人效果作为教学督导和教师绩效考核、晋职晋级的评价内容；要以开放的姿态整合一切可以利用的资源，统筹课上课下、线上线下、校内校外、课内课外，促进学校、社会、家庭之间的协同合作，形成全过程、全方位和全时段的育人格局；要推动人人上讲台、个个讲立德，鼓励领导干部、教学名师、优秀辅导员、优秀青年大学生走上高等教育讲台；要发挥博物馆、校史馆的育人功能，依托城市社区、农村乡镇、工矿企业、高新科技园区等场所建立多种形式的育人基地，在高等教育课堂之外、思政教材之外构筑青年大学生成长空间；要把开学第一课、毕业典礼发言等变成宣传党的政策主张、阐释理想信念的重要讲堂，抓住五四青年节、国庆节、国家公祭日等重大时间节点，开展中国梦、爱国主义等主题教育，做到处处是高等教育课堂，处处是思想理论阵地，实现时时有思政教学，时时要立德树人。

近年来，高等教育立德树人又遇到了新情况，网络逐渐成为影响青年大学生成长的一个重要方面。然而，网络在带给我们海量信息的同时，也带来了大量负面的东西，甚至在某种程度上成为“法外之地”，可以说，网络已经成为当代青年大学生学习成长的一把“双刃剑”。网上信息纷繁复杂，既有主旋律和正能量，也有杂音和噪声。高等教育要直面杂音和噪声的干扰，主动回应青年大学生的问题和困惑，辨明大是大非，辨明真假黑白，让主旋律更响亮，让正能量更强劲。高校要制作网络课程，开设网络专栏，创作网络文化产品，让高等教育联网上线，达到随时可听、可看、可学；要不断创新话语表达和传播手段，运用青年大学生愿意听、听得懂的语言，通过个性化表达、可视化呈现、智能化推送、互动化传播，把有意义的内容讲得更有意思，把有意思的内容讲得更有内涵，让教学载体立体鲜活、教学形式可感可亲；要坚持问题导向，深入研究解答，将问题掰开揉碎，把事实和道理讲清讲、透讲、明白。教师要通过调研青年大学生所思、所想、所行，有针对性地设置教学内容，充分利用一切网络教学手段，努力使课堂教学有的放矢、直抵人心。

三、实现中国梦是社会实践育人的努力方向

2012 年 11 月 29 日，在国家博物馆，习近平在参观《复兴之路》展览时，第一次阐释了中国梦的概念。他说：“实现中华民族伟大复兴，就是中华民族近代以来最伟大的梦想。”[①]习近平在参观《复兴之路》展览时提出中国梦之后，

① 习近平在参观《复兴之路》展览时的讲话[N].人民日报，2012-11-30(1).

2013年3月17日上午9时20分，在十二届全国人大一次会议闭幕会上，新当选为中华人民共和国主席的他又再次阐释了中国梦，他说，实现中国梦必须走中国道路，必须弘扬中国精神，必须凝聚中国力量。[①]

“走中国道路”，就是走中国特色社会主义道路，这是实现中国梦的必由之路。实现中华民族伟大复兴的中国梦是近代以来国人的理想和追求，而其关键在于正确发展道路的选择。中华人民共和国成立以后，我们党领导中国人民进行了社会主义建设，取得了很大成就。改革开放后，我们党又总结历史经验，不断艰辛探索，走向了中国特色社会主义道路，这是历史的结论，也是现实的必然。

“弘扬中国精神”，是指积极倡导以爱国主义为核心的民族精神和以改革创新为核心的时代精神，这是实现中国梦的基本动力。在五千多年的发展历程中，中华民族形成了以爱国主义为核心的团结统一、爱好和平、勤劳勇敢、自强不息的伟大民族精神。这种民族精神，成为古往今来千千万万中国人奋发向上、百折不挠的精神支柱，是中华民族生生不息、发展壮大的强大精神动力。进入新时期，在当代中国人民改革开放的伟大实践中，我们又不断培育、积累和形成了以改革创新为核心的与时俱进、开拓进取、求真务实、奋勇争先的时代精神。这种时代精神体现了社会发展方向，引领时代进步潮流，是马克思主义与时俱进的理论品格、中华民族富于进取的思想品格与改革开放和社会主义现代化建设实践相结合的伟大成果，已经深深地融入我国经济、政治、文化、社会建设的各个方面，成为各族人民不断开创中国特色社会主义事业新局面的强大精神力量。

“凝聚中国力量”，是指基于深刻的历史感知，将国家、民族和个人作为一个命运共同体，把国家利益、民族利益和每个人的具体利益都紧紧地联系在一起，这是中国梦最大的特点。每个中国人都是中国梦的参与者、创造者。中国梦是凝聚全党全国各族人民团结奋斗的一面旗帜，习近平强调：“中国梦归根到底是人民的梦，必须紧紧依靠人民来实现，必须不断为人民造福。”这表明，实现中国梦，要让人民群众来共同分享中国梦的伟大成果，这是中国特色社会主义共同理想的具体体现，也是党为人民服务根本宗旨的体现。中国梦，归根

---

① 习近平在第十二届全国人民代表大会第一次会议上的讲话[N].人民日报，2013-03-18(1).

到底是人民的梦。①

在习近平提出中国梦的概念以前，我们每个人也都有自己的梦想。对于个体而言，我们的梦想集中体现在人们对美好生活的向往和追求上；对于国家而言，我们的梦想集中体现在中国的繁荣富强和中华民族的伟大复兴上。然而，中国梦的提出，让我们的梦想以明确概念的形式表述了出来，其一方面是基于中华民族伟大复兴的历史背景，一方面是基于中国处于改革的十字路口，机遇与挑战并存的当代现实。在近现代史上，中华民族遭受的各种屈辱让中国梦的提出显得更具有历史沧桑感。1840 年以后，第一次鸦片战争、第二次鸦片战争和甲午中日战争让中国的国际地位一落千丈。中国由强国、富国变成了弱国、穷国，从此沦为半殖民地半封建社会。帝国主义、封建主义和官僚资本主义三座大山压在中国人民头上，那时候的中国人民不可能有什么梦想。在这种悲惨的历史条件下，中国人民艰苦奋斗，努力自强，建立了中华人民共和国，又经历了社会主义改革开放，才有了中国梦，我们才能够提出中国梦，才可能实现中国梦。

社会实践育人要牢牢把握中国梦这个根本方向，引导学生去理解中国梦的实质内涵，使学生弄清楚，我们的中国梦从历史的角度来讲更多的是国家层面上的梦想，区别于讲究个人“经过努力不懈的奋斗”“获得更好的生活”的美国梦。在当下，中国梦是基于集体主义的目标，而美国梦是基于个人主义的理想，之所以有这样的区别，这既与近现代史上中国和美国所经历的不同历史遭遇相关，也与东西方文化传统所具有的文化特质相联。在中国的文化传统中，中国人更注重天下、家国观念，儒家文化更讲究“修身、齐家、治国、平天下”，尤其是将个人主义的“修身、齐家”作为集体主义“治国、平天下”的基础，这致使中国人的历史定位都围绕着“为天地立心、为生民请命、为往圣继绝学、为万世开太平”。从某个角度说，这种注重家国、天下的“修齐治平”与“立心、请命、继绝学、开太平”就是历史上中国人的中国梦，到了今天，这种历史传统得以传承，就成了中华民族伟大复兴的中国梦。

四、中华民族伟大复兴是社会实践育人的历史使命

在今天，中华民族的伟大复兴集中体现在我们党当前的奋斗目标上，这个奋斗目标分为两个阶段。第一个阶段：到中国共产党成立 100 周年之际，我们

① 黄蕾.基于中国特色社会主义共同理想的中国梦[J].广西社会主义学院学报，2014(5):12-13.

将会实现国民经济更加发展，各项制度更加完善，全面实现建成小康社会的目标；第二个阶段：到新中国成立100周年之际，我国人均国内生产总值达到中等收入发达国家水平，建成富强、民主、文明、和谐、美丽的社会主义现代化国家，实现中华民族伟大复兴的梦想。

近现代史上，中华民族伟大复兴的梦想在任何时候都是个人理想与社会理想的不懈追求。近代，中国沦为世界资本主义经济链条中的底端一环，决定了中国人民的历史任务是推翻帝国主义、封建主义、官僚资本主义的统治，建立一个人民当家作主的新中国。当中国人民沦入悲惨境地之时，农民阶级、地主阶级、资产阶级改良派、资产阶级革命派相继挽救中华民族于危亡。太平天国农民起义揭开了近代中国救亡图存的序幕；地主阶级开展洋务运动、引进坚船利炮，试图挽救封建统治；资产阶级改良派进行“戊戌变法”，试图在中国建立君主立宪制；而资产阶级革命派以武力推翻封建专制，试图把中国建成一个民主共和的资本主义国家。然而，由于他们的政治主张不符合中国国情，再加上帝国主义的重重阻挠，他们先后失败了。

在中国社会各个阶层为挽救民族危亡不断努力而又不断失败之际，中国共产党诞生了。她从诞生之日起，就自觉肩负起实现中华民族伟大复兴的庄严使命，带领全国各族人民经历了艰苦卓绝的国民大革命、土地革命、抗日战争以及国内革命战争，实现了马克思主义基本原理与中国具体情况相结合而产生的第一次伟大飞跃，最终建立了中华人民共和国。中华人民共和国成立以后，党又领导全国各族人民进行了社会主义改造和社会主义现代化建设，实现了中国历史上最伟大最深刻的社会变革。1978年以后，党又领导全国各族人民进行了改革开放，沿着中国特色社会主义道路开始为实现中华民族的伟大复兴而奋斗。

中国特色社会主义道路是马克思主义基本原理与中国具体情况相结合而产生的第二次伟大飞跃，它的基本思想源自邓小平建设中国特色社会主义的伟大设想，它已经经历了三个阶段。第一个阶段是邓小平建设中国特色社会主义的伟大理论，它主要解决的问题是：什么是社会主义、怎样建设社会主义。第二个阶段是江泽民“三个代表”重要思想，它主要解决的问题是：建设什么样的党、怎样建设党。第三个阶段是胡锦涛关于科学发展观的理论，它主要解决的问题是：实现什么样的发展、怎样发展。当今，中国特色社会主义的发展已经到达了一个新的阶段，那就是习近平新时代中国特色社会主义思想，这个思想集中回答了：什么是新时代中国特色社会主义，怎样建设新时代中国特色社会主义。

时代走向今天，随着世界的一体化进程，我国经济社会发生了深刻的变化，整个社会的利益格局也随之发生了巨大变化。从国内讲，贫富分化、阶层分化已经成为我们这个社会不容回避的现实问题，人们的思想更加多元、更加复杂，再加上封建腐朽思想的回潮，不可避免会地出现社会意识的多元化。从世界范围内讲，在中西文化交流中，世界的各种文明成果相互融合、相互借鉴、相互促进，对人类文明的发展和国内思想的进步起到了不可替代的作用。但是，随着这种交流的开展，各种非马克思主义甚至反马克思主义的错误思潮也纷至沓来。今天的中国涌动着各种思潮：左派思潮、自由主义思潮、民族主义思潮、新儒家思潮、民粹主义思潮、科学虚无主义思潮等等，不一而足。各种社会思潮互相激荡，使很多人不同程度地存在着政治信仰迷茫、理想信念模糊、价值取向扭曲等问题。开展社会实践育人活动要引导学生科学地分析各种社会思潮的性质并对其进行鉴别，汲取其中的合理因素，摒弃其中的错误因素，使其清醒深刻地认识到中国特色社会主义共同理想的优越性，既要抵制资产阶级的腐朽思想，又要抵制所谓民主社会主义"第三条"道路的影响，还要反对科学虚无主义。

国际国内的格局要求我们发展中国特色社会主义，中华民族的伟大复兴也要求我们发展中国特色社会主义，我们每个人人生理想的实现更离不开中国特色社会主义，中国特色社会主义是走向中华民族伟大复兴的唯一途径。今天，在世界和平发展的历史背景下，在机遇和挑战面前，实现中华民族伟大复兴迎来了一个重要的发展机遇期，我们的社会主义现代化建设正处于一个承前启后的关键阶段，"三步走"的战略目标能否最后实现，主要取决于我们能否将自己的聪明才智贡献于中国特色社会主义事业。人是社会性的动物，正是人与人之间的关系组成了社会，这就决定了人的生存和发展一刻也离不开社会，个人成长的条件、发展的机会、肩负的责任都同社会的发展紧密联系在一起。社会实践育人要把个人发展与社会理想有机结合起来，围绕"树立什么样的理想、怎样实现理想""实现什么样的目标、怎么实现目标"来展开，找准自己的人生定位，从我做起，从现在做起，勤于读书，善于思考，勇于实践，不断提高科学文化素质和思想政治素质，最终实现中华民族的伟大复兴。

第二节　高校社会实践育人的重要作用

社会实践育人具有重要作用。首先，社会实践育人是高等教育的重要规律。我国高等教育既注重理论,又注重实践,主张理论与实践相结合,而社会实践育人是高等教育的重要内容。其次,社会实践育人也是促进人全面发展的根本途径,这归根结底是由生产力决定生产关系的基本原理决定的。实践活动代表着一定的社会生产力,而人的全面发展集中体现了人与人之间的关系。生产力的发展促进了生产关系的发展,社会实践育人的发展必然会促进人的全面发展。再次,社会实践育人是培养大学生文化自信的主要手段。对大学生进行文化自信教育,既要通过理论灌输,也要进行教育实践,而且教育实践越来越重要。最后,社会实践育人是开展思政课程的重要手段。思政课教学是进行思想政治教育的常规手段,这一手段远远不够,我们还要以课程思政为补充,在各门课程中渗透课程思政理念,充分发挥社会实践育人的作用。

一、实践育人是高等教育人才培养的重要规律

2016 年,中共中央、国务院印发了《关于加强和改进新形势下高校思想政治工作的意见》,意见指出,在新形势下"要推进思想政治工作改革创新"。高校社会实践育人是一项系统工程,我们要通过深入剖析这个系统工程构成要素之间的耦合关系及运作原理,理解和把握高等教育的发展规律。

高等学校社会实践育人是我国高等教育的重要内容,是高等教育整体系统中的一个子系统,对这个系统进行考察,我们首先要弄清楚的一个问题是:高校社会实践育人系统是否具有内在的独立性。任何一个系统在受外在因素影响的同时也会形成独特的内在结构方式,高校社会实践育人系统机制全面反映了这一内在结构方式,它包含了这一系统各要素的构成方式、作用模式以及在此基础上建立的作为整体的运作原理。就其内在构成要素而言,社会实践育人系统有领导机构,有专门的课程设置,有学生与教师组成的社会实践育人的核心关系,有教育行政部门针对社会实践育人的宏观政策,以及高校自身制定的社会实践育人目标、理念和考核评估方式,等等。

阳光学院在近 20 年的办学历史中形成了"学风严谨、崇尚实践"的优良传统。重视社会实践,将社会实践作为育人平台是阳光学院重要的教育理念。2019 年,学校贯彻落实上级的相关精神,将学生的暑期社会实践纳入全体本专科学生的必修课程之中,使社会实践由一项活动转变为一门课程,形成了独具特色的"阳光学院"模式。这一模式的基本内容是:在社会实践的准备阶段,建立了以校领导任组长的"大学生社会实践"课程领导小组,负责整个课程的顶层设计和整体推进,领导小组下设两个具体系统——一是思想政治教育指挥系统,由马克思主义学院提供师资力量,为社会实践出谋划策,保证社会实

践的思想政治教育功能得以发挥；二是实践活动指挥系统，由校团委来实施，主要是为社会实践提供统一的组织和管理工作。学校一般在三四月份开始制定整体工作方案，开展宣传动员，并提出年度社会实践选题；五六月份开展理论授课、全校学生团队申报，领导小组办公室进行审批并组织进行安全培训；七八月份学生在指导教师的带领下外出实践；九月份进行社会实践答辩；十月份进行评奖考核；十一月份和十二月份进行成果的提升转化；到了次年的元月份和二月份，对上一年度的社会实践育人活动进行全面反思，提出改进意见，为下一年度社会实践活动的开展做准备。同时，这一活动以“大学生社会实践”课程为依托，实现了理论教学与实践教学的双推进。“大学生社会实践”课程分为理论授课与实践活动，前期在课堂进行，在理论上对社会实践的意义、方法进行统一讲授，后期由专业的指导教师或经验丰富的相关领域专家来进行实践方案的具体细化，指导实践报告的撰写，为社会实践育人工作的专业性提供有力保障。

对高校社会实践育人机制的研究，是为了探析这一特定教育系统构成要素的状态以及各要素之间的关系，从而发现高校社会实践育人系统的规律，修正或改进高校社会实践育人系统存在的问题。这一模式的关键环节是教育对象、育人目标、育人理念、宏观育人政策与课程执行、育人结果等。在把握关键节点的基础上，高校社会实践育人机制的构建应注意以下几个方面。一是要建立目标机制。育人理念是高校社会实践教育系统中的一大主观性要素，它所指向的是社会实践在我国高等教育系统中的定位。在过去，传授知识—接受知识是一成不变的教育模式；而在社会实践育人中，学生通过主动参与成为教育的主体，这一方式将有计划与有选择性的社会实践纳入高等教育教学之中，社会实践不再是一项短、平、快的学生工作，而是内生于高等教育体系的不可或缺的部分。二是要完善运行机制。各高校社会实践育人宏观政策的制定是基于特定的社会实践育人问题的，并且以社会实践育人理念与目标为基础。高校社会实践育人宏观政策的建立能够及时调整社会实践育人结构，使教育系统各要素处于动态平衡之中。三是要合理设置课程。课程是整个教育系统最为显性的结构要素，它是落实教育理念、实现教育诉求、贯彻教育政策的附着实体。在过去，大多数高校在社会实践育人的开展过程中对课程设置这一关键要素认识模糊，操作缺失，这就导致社会实践育人工作仅仅成为学工系统开展暑期学生工作的一项任务，而非上升到教学、课程执行的教育活动。因此，当前在高等教育深化改革中，推进创新性人才培养以及进行思想政治理论课改革要构建社会实践育人的微观课程执行机制。

二、社会实践育人是促进人全面发展的根本途径

社会实践育人本质上是一种教育方法，强调的是实践对教育的重要作用。毛泽东曾经指出过实践对教育的重要作用，他说："一个人从那样的小学一直读到那样的大学，毕业了，算有知识了。但是他有的只是书本上的知识，还没有参加任何实际活动，还没有把自己学得的知识应用到生活的任何部门里去。像这样的人，是否可以算得一个完全的知识分子呢？我以为很难，因为他的知识还不完全。"①那应该怎么办呢？毛泽东同志指出了一条正确的道路，"有什么办法使这种仅有书本知识的人变为名副其实的知识分子呢？唯一的办法就是使他们参加到实际工作中去，变成实际工作者"②。

实践是实践主体运用劳动工具作用于劳动对象并使之发生改变的过程。实践活动的结果分为两种：一种以物质形态表现出来，代表着已经形成的生产力；另一种以观念、理论的形态表现出来，代表着潜在的生产力。人的实践活动与生产力密不可分，可以说，人类实践水平与生产力的发展程度是成正比的。实践活动的水平越高，生产力水平就越高。因此，发达的生产力只有通过实践活动的充分发展才能够实现，没有实践活动日益广泛深入的进行，就没有生产力的发展和进步。马克思和恩格斯指出："我们首先应当确定一切人类生存的第一个前提……这个前提就是：人们为了能够'创造历史'，必须能够生活。但是为了生活首先就需要衣、食、住以及其他东西。"③这些"衣、食、住以及其他东西"从何而来？只有从实践中来。按照马克思主义原理，生产力决定生产关系，在马克思主义看来，"人是社会关系的总和"，而在社会关系中最重要的是生产关系，所以，人也是生产关系的总和。从这个角度来说，实践决定着人的生存和发展。

在马克思看来，实践是促进人全面发展的根本途径，他说："生产劳动和智育、体育相结合，它不仅是提高社会生产的一种方法，而且是造就全面发展的人的唯一方法。"④任何现实的个体人都是在一定的社会历史条件下进行实践活动的，只有在一定的社会关系尤其是生产关系中，人才能得到生存和发展。

---

① 毛泽东.毛泽东选集(第3卷)[M].北京：人民出版社，1991：815.

② 毛泽东.毛泽东选集(第3卷)[M].北京：人民出版社，1991：816.

③ 马克思，恩格斯.马克思恩格斯选集(第1卷)[M].北京：人民出版社，1972：32.

④ 马克思，恩格斯，列宁.马克思 恩格斯 列宁论教育[M].北京：人民出版社，1993：108.

而所谓生产关系，指的是人们在生产劳动过程中结成的人与人之间的关系，它包含三个方面：生产资料归谁所有，人们在劳动中的地位如何，产品如何分配。人如何发展、怎样发展都由社会关系决定，归根到底是由生产关系决定的。在私有制社会尤其是资本主义社会，由于生产资料归私人占有，就形成了资本家剥削工人这样一种基本的生产关系，导致人成为资本主义生产链条上的一环，使资本主义社会中的人只能畸形发展，而人与人之间关系的本质全面异化，这是对人全面发展的反动。资本主义这种不合理的社会关系归根到底是由狭隘的实践活动造成的，因为社会关系本质上是在实践活动中形成的，是实践活动的结果。因此，对不合理社会关系的否定，代之以全面的、丰富的、合理的社会关系，就必然要通过实践活动及其发展来完成。随着实践活动的不断深入进行，人与人之间的联系越来越紧密，越来越多样化，实践活动创造的生产力也越来越发达。人们的认识水平会不断提高，对社会发展规律的认识也更加科学，人们必然会运用对社会发展规律新的更为正确的认识去变革旧的不合理的社会关系，建立新的符合社会发展规律要求的社会关系，促进社会关系向着符合人的全面发展的方向前进。社会主义制度的建立，就是对私有制社会不合理社会关系的根本否定，它使人真正成为社会关系的主人，为人的全面发展开辟了广阔的前景。

但是，人类到达社会主义社会并不意味着实践的中止，因为人的全面丰富的社会关系及其合理构建是一个不断实践的过程，它只有通过实践活动的发展才能最终实现。[①] 而且，实践不仅仅是在人们的生产过程中发生的，还是在人们的认识过程中发生的。实践决定认识，认识促进实践。因此，在社会主义初级阶段，“我们要坚持正确的前进方向，但不可能也没有必要对遥远的未来做具体的设想和描绘”。也就是说，我们必须立足现实，在大力发展生产力的同时，采取切实可行的措施实现经济体制和经济增长方式的转变，深化政治体制改革，加大依法治国的力度，发展社会主义物质文明、精神文明、政治文明和生态文明，努力构建全面的、丰富的、合理的社会关系，促进人的全面发展。

马克思说过：“物质生活的生产方式制约着整个社会生活、政治生活和精神生活的过程。不是人们的意识决定人们的存在，相反，是人们的社会存在决定人们的意识。”[②]按照马克思的说法，在社会主义社会，一个人是否拥有人文情怀，是否拥有崇高的道德观念、高度的政治自觉和强烈的法律意识，与他所

---

① 李尚明.实践与人的全面发展[D].安徽师范大学硕士论文，2007：8.

② 马克思，恩格斯.马克思恩格斯选集(第2卷)[M].北京：人民出版社，2012：2.

从事的实践活动密切相关。人思想意识的进化取决于实践活动的水平,因为实践过程本身就是不断修正、不断完善的过程。实践改造着外部世界,也改造着人自身,塑造着人的思想和观念。随着实践活动的不断发展、生产力的不断进步、社会关系的合理构建,人的思想意识和道德水平不断提高,每一个个体人将会得到全面的发展。人的全面发展不仅仅依赖于人在创造物质财富方面的发展,还依赖于人在创造精神财富方面的发展,尤其是人思想意识和道德水平的提高。但是,人的思想意识和道德水平的提高离不开教育。目前,我国的教育事业相对落后,人均教育投入相对偏低,受教育人口,特别是受高等教育的人口占总人口的比例较小,整体教育水平不高,教育体制和教育方法还存在许多与经济社会发展不相适应的地方,这不仅制约了经济社会的发展,也限制了实践的发展,最终限制了人的全面发展。因此,我们必须把教育摆在优先发展的战略地位,大力提倡和实施素质教育,实施科教兴国战略,形成全民学习、终身学习的学习型社会,促进人的全面发展。马克思指出,教育“不仅是提高社会生产的一种方法,而且是造就全面发展的人的唯一方法”①。教育作为传递知识和交流经验的手段,用来培养人的能力、提高人的素质。因此,高等院校依靠教育手段,通过灌输先进的思想意识提高人的思想觉悟是非常重要的实践。

三、社会实践育人是培养大学生文化自信的重要手段

习近平在党的十九大报告中指出:“文化是一个国家、一个民族的灵魂。文化兴则国运兴,文化强则民族强。没有高度的文化自信,没有文化的繁荣兴盛,就没有中华民族的伟大复兴。”②高等学校是培育当代大学生文化自信的主阵地,思政课教学是培养当代大学生文化自信的强有力途径,因此,在高等院校思政课社会实践育人教学中正确引导当代大学生的文化价值取向,培养大学生的文化自信,对促进我国文化软实力建设,推动实现中华民族的伟大复兴十分重要。

今天,在中华民族这样一个伟大复兴的时代,“世界的各种文明成果相互融合、相互借鉴、相互促进,对于人类文明的发展、思想的进步起到了不可替代的作用。”③然而,随着这些交流的深入,各种社会思潮也不断出现,高校校园

---

① 马克思,恩格斯.马克思恩格斯选集(第 3 卷)[M].北京:人民出版社,2012:710.

② 十九大报告辅导读本[M].北京:人民出版社,2017:40.

③ 黄蕾.基于社会主义共同理想的中国梦[J].广西社会主义学院学报,2014(5):12.

文化呈现多元化，也致使当代大学生的文化价值取向向多元化发展……如果我们不能拥有足够的文化自信，不能通过社会实践育人将文化自信贯彻到青年一代的教育中去，我们势必会在相互竞争中处于下风。所以，我们要加快在高等院校中增强文化自信的培养，而且在这项工作中，尤其要注意以下几个方面：

一是要坚持正确的方向。习近平指出，在进行中国优秀传统文化教育、培养文化自信的过程中，必须坚持社会主义的方向，"要讲清楚每个国家和民族的历史传统、文化积淀、基本国情不同……讲清楚中华文化积淀着中华民族最深沉的精神追求，是中华民族生生不息、发展壮大的丰厚滋养；讲清楚中华优秀传统文化是中华民族的突出优势，是我们最深厚的文化软实力；讲清楚中国特色社会主义植根于中华文化沃土、反映中国人民意愿、适应中国和时代发展进步要求，有着深厚历史渊源和广泛现实基础。"①习近平的讲话高屋建瓴，为我们如何培养大学生的文化自信指明了方向。

二是要提升思政课教师的能力。思想政治理论课教师是学校思想理论教学工作的重要主体，是广大青年学子健康成长的引导者和领路人，其开展社会实践育人活动的能力及其效果，对大学生的思想理论教育和文化素质培养具有十分深刻的影响。对大学生而言，价值取向、文化素质主要是在日常生活中和课堂教学中培养起来的，其中社会实践是重要的环节。思政课教师的自身素质、文化素质高，有正确的价值取向，对大学生的价值观意识、文化自觉意识潜移默化的作用就大。因此，提高高校思政课教师自身素质的重要性不言而喻。

三是要激发大学生的文化主体意识。大学生的文化主体意识，是指"大学生对自身的文化主体地位、主体能力和主体价值的一种自觉意识"②。在过去，我们的社会实践育人活动过于注重将学生当作教育的对象和客体，单纯地对其进行意识形态灌输。然而，越是简单地进行意识形态灌输，越容易激发被教育对象的逆反心理。这种情况发展下去，就会产生一些奇特现象：有的学生在课堂上做其他科目的作业，有的学生在课堂上睡觉、玩手机，有的学生在课堂上吃东西、"开小会"，导致整个教学没有任何效果。为改变这种局面，高校要大胆地对思政课教学进行改革，改变过去填鸭式的教学方式，从多方面激发

① 习近平谈文化自信[N].人民日报(海外版)，2016-07-13.

② 张华，李久东，于晓波.基于思政课的大学生文化自觉与文化自信培养途径[J].黑龙江教育，2015(12)：39-40.

学生的主体意识，尤其是通过社会实践进行潜移默化的教育，变思政课教学的“你要怎样”为“我要怎样”。

四、社会实践育人是开展课程思政的重要方法

今天，高等院校思政课教育坚持马克思主义的指导思想地位，秉承中国特色社会主义的发展理念，按照教育部关于开展“思想政治理论课”教育的具体规划，开设了“马克思主义基本原理概论”“毛泽东思想和中国特色社会主义理论体系概论”“思想道德修养和法律基础”“中国近现代史纲要”等系列课程，这些课程在教学中贯穿着主流意识形态，取得了明显成绩。近年来，教育部继续加大思政课程的建设力度，尤其是今年，印发了《普通高等学校思想政治理论课教师队伍培养规划(2019—2023 年)》。规划提出，要面向全国高校思政课教师进行“习近平新时代中国特色社会主义思想专题理论”轮训计划，开设“周末理论大讲堂”，组织马克思主义经典著作专题培训，每年暑期以“习近平新时代中国特色社会主义思想的生动实践”为主题开展专题研修。与此同时，高校应依托拥有马克思主义理论一级学科博士学位授权点的高校，实施马克思主义理论学科博士、硕士层次人才培养专项支持计划，扩大马克思主义理论学科研究生培养规模，推动马克思主义理论本、硕、博一体化人才培养，并开展骨干教师研修项目，通过国内研修和国外研修等多种形式，提升高校思政课教师的理论水平。特别地，教育部还提出，要每年依托全国高校第一批 19 个马克思主义理论一级学科博士点，招收 100 名从事高校思政课专职教学 5 年以上的在岗教师在职攻读马克思主义理论学科博士学位。

然而，不可否认的是，在我们强调加强思想政治教育的同时，部分高校将大学生人格培养和人文教育的功能逐渐边缘化。首先，部分大学生对中国优秀传统文化缺乏认同。中华人民共和国成立以后到改革开放以前，我国与西方国家相比在很多方面相对落后。改革开放以后，我们开始大力引进西方的先进技术和装备，在此过程中，当代西方思想文化也随之流入。这种情况不可避免地要影响高校的部分学生，致使他们不认同中国优秀传统文化，“言必称希腊”、行必效西方。

其次，部分大学生对中国特色社会主义的发展方向认识不够。中国特色社会主义是我们当前的政治意识形态，它与马克思列宁主义、毛泽东思想一脉相承，主要包含邓小平理论、“三个代表”重要思想、科学发展观等重要内容，而习近平新时代中国特色社会主义思想是中国特色社会主义的最新发展。但是，目前我们所看到的情况不容乐观，个别大学生不认同马克思主义，认为高

校校园里的马克思主义是意识形态灌输，是搞形式主义。由于没有崇高的理想信念，部分大学生精神颓废、不思进取、自甘堕落、得过且过，甚至还有少数大学生“不信马列信鬼神”，崇信宗教，极个别大学生相信邪教，等等。

最后，大学生对西方价值观盲目崇拜。随着全球化进程的不断加快，西方思潮涌入中国，对大学生的文化观、价值观、道德观进行了冲击，尤其是“西方发达国家凭借雄厚的经济实力和传播媒介优势，竭力推销资本主义的思想文化、价值观念和生活方式”①，这导致一部分大学生对西方价值观盲目崇拜，崇洋媚外现象日益增多。例如，部分大学生热衷于过西方节日，却几乎不关注甚至不知道我国传统节日有哪些；部分大学生在生活方式上模仿西方，在饮食上虽然觉得西餐并不好吃，但热衷于进西餐厅，觉得是一种时髦；在日常用语上，很多大学生在说汉语时故意夹杂着英语，认为这样是精英人士的表现；等等。

这些情况表明，虽然当前高校在进行思想政治教育方面做了大量的工作，但相对于日益繁重的思想政治工作任务，这些工作还远远不够，我们必须建立“课程思政”思维，将“思政课程”理念转向“课程思政”理念。所谓“课程思政”，特指在高校课程教学中，要贯穿思想政治教育理念，也就是说，无论是思想政治教育课程还是其他专业课程，都要具备思想政治教育功能。在实际操作中，思想政治教育课程具有思想政治教育功能是明确的，但是专业课程的思想政治教育功能往往就流于形式，而社会实践育人就为专业课程进行思想政治教育提供了方式方法，它是专业课程进行“课程思政”的重要载体，也是专业课程开展“课程思政”的重要依托。我们在具体操作中，要通过多种方式将“课程思政”建成有依托、有载体、有形式、有内容的思想政治教育方法，并贯穿始终，坚持不懈，才会最终取得实效。

第三节　研究社会实践育人的重要意义

近年来，全国各个高校持续开展社会实践育人，取得了明显成绩，“实践育人理念日趋完善，实践育人内容不断丰富，实践育人形式不断拓展，实践育人机制逐步健全，实践育人氛围日益浓厚，实践育人规律的把握更加客观全

① 王易，宋友文.新形势下大学生理想信念教育的问题与对策[J].思想理论教育导刊，2011(4)：58.

面"[①]。然而,从高等教育的现状来看,社会实践育人仍然是目前高校开展思想政治教育的薄弱环节,具体表现在:各个高校对开展社会实践的认识不够,包括教师、学生和家长在内的整个社会对社会实践育人的认知还存在一定的误区;高校开展社会实践育人的运行机制还不够健全,各个高校在开展社会实践育人的过程中事实上处于一盘散沙、各自为政的局面,而且随意性很大,基本上没有形成制度机制。鉴于这种情况,高校开展社会实践育人的效果就不明显。因此,我们必须加大对高等院校社会实践育人的研究。社会实践教育是高等教育规律的集中体现,是提升高等教育育人工作的内在要求和必然选择,开展社会实践育人研究具有深刻的理论价值和实践价值。就宏观而言,它能够推进高校思想政治育人工作,能够提高高校开展社会实践的科学性,能够推动高校思政教育理论向深处、广处拓展。就微观而言,它有利于整合校内外社会实践育人的资源,有利于优化现行高校社会实践育人模式,实现高校、政府、企业等多主体的合作共赢。

一、高校开展社会实践育人研究的宏观意义

从宏观层面来讲,高校开展社会实践育人对国家、社会和整个教育体系都具有重要意义。从国家和社会层面来讲,开展社会实践育人研究,是推动人才强国、建设创新型国家的重要支撑;从整个教育体系来讲,开展社会实践育人研究,有利于全面提升教育质量,推动高校进行思想政治教育研究,落实立德树人。

(一)开展社会实践育人研究,是推进人才强国战略、建设创新型国家的重要支撑

江泽民说:"创新是一个民族进步的灵魂,是一个国家兴旺发达的不竭动力,也是一个政党永葆生机的源泉。"[②]建设创新型国家是时代赋予我们的伟大使命,是全面建成小康社会、实现中华民族伟大复兴中国梦的必然要求。如何进一步提升创新能力是时代要求我们必须回答的课题。建设创新型国家,人才是第一要素,教育是第一动力,高等教育是第一资源,高等教育承担着培养人才、科学研究和服务社会等职能,更应该在工作中进行创新。社会实践育人是高等教育进行教育创新的必然要求,其要通过社会实践育人研究,沟通校

① 甘霖.高校实践育人研究[D].武汉:武汉大学,2014:9.

② 江泽民.江泽民文选(第3卷)[M].北京:人民出版社,2006:537.

内校外，整合社会资源，联结学习运用，提升知识能力，整合人与社会，构建以教师为主导、学生为主体、学校为保障、社会共参与的教学实践、社会实践、科研实践和生产实践体系。

（二）开展社会实践育人研究，探索实践育人规律，有利于全面提升高等教育质量

胡锦涛指出："不断提高质量，是高等教育的生命线，必须始终贯穿于高等学校人才培养、科学研究、社会服务、文化传承创新各项工作之中。"[①]提高高等教育质量，人才培养质量是核心，而提高高等教育人才培养质量，必须把社会实践育人放在一个重要位置，融入高等教育人才培养的全过程，引导学生把理论学习、创新思维和社会实践相统一，向群众学习、向实践学习。加强高校思想政治教育实践育人研究，不仅可以丰富高校思想政治教育的内容，还可以创新高校思想政治教育的途径和方法，进而提高高校思想政治教育的理论化、系统化和科学化的水平。

（三）开展社会实践育人研究，推动高校思政课程实践改革，有利于落实立德树人

当前，各个高校都开设了"马克思主义基本原理概论""毛泽东思想和中国特色社会主义理论体系概论""思想道德修养和法律基础""中国近现代史纲要"等思政教育课程，这些课程具有不可替代的重要作用，在实践中取得了明显成效。然而，传统上，高校学者研究基础理论的较多，研究实践环节的较少，就目前有限的参考文献而言，这些研究要么是从某一点切入，缺乏整体性和系统性；要么缺乏具体的一手资料，显得比较单薄而没有说服力；要么是广而言之、泛泛而谈，缺乏明确的目标和重点。开展社会实践育人研究能够填补这一空白。就思想政治课程的课堂教学效果而言，思想政治教育教学不但不能削弱，反而仍需加强，开展社会实践育人研究，弄清楚当下的现实情况和存在的问题，通过大量的一手资料发现高校社会实践育人的规律，并总结和提炼出科学、适用、系统的社会实践育人理论，对社会实践的目标、主体、客体、方式方法等具有重要意义。特别地，从立德树人的角度探讨如何加强新时期高校思想政治教育实践育人，探讨高校思想政治教育研究的新路径、新方法，能够为下一步推进高校思想政治教育提供新的形式、方法、手段和视阈。

---

① 胡锦涛在庆祝清华大学建校100周年大会上的讲话[N].人民日报，2011-04-25(1).

二、高校开展社会实践育人研究的微观意义

从微观层面来讲，高校开展社会实践育人研究，对高校、企业和学生都具有重要意义。对高校来讲，开展社会实践育人研究，有利于整合校内外社会实践育人资源，提高高等教育社会实践育人的科学性；对企业和学生来讲，开展社会实践育人研究，有利于推动校企合作，进而培养合格人才。

（一）开展社会实践育人研究，有利于整合校内外社会实践育人资源

高校社会实践不是无源之水、无本之木，也不是闭门造车、按图索骥，需要政府、企业、社会等提供一定的资源和平台。就高校社会实践育人系统而言，国家的宏观政策非常重要，但企业的参与度和社会的育人氛围等要素同等重要。在高校社会实践育人中，需要政府与企业、高校之间的通力协作，通过政府、企业和社会的介入将社会资源引入，为大学生社会实践提供平台，创造空间，打造舞台。高校在社会实践育人方面要及时整合相关资源，建立协同机制，将个体的单独优势整合转化为系统整体的竞争优势，根据新时代立德树人的根本任务，以整体性、系统性的视野构建多元主体协同参与的工作体制机制。

阳光学院自建校以来就进行了社会实践育人，近20年来，社会实践育人取得了显著成绩，成千上万的大学生在社会实践活动中受教育、增才干、做贡献，成长为祖国的栋梁。然而，在过去的社会实践中我们发现，传统的社会实践育人模式存在高校各个部门之间缺乏协同合作、各个部门之间“两张皮”的现象。例如，高校校团委、学工部、教务部门以及各个系部都根据上级精神和人才培养目标对学生的社会实践活动进行了安排，但是在安排中各自为战，未能形成合力，导致在社会实践育人过程中浪费了大量的人力、物力和财力。而对学生而言，由于没有系统完整的指导以及个性化培养方案，他们在具体实践操作中无所适从，导致社会实践育人的效果大打折扣。高校进行社会实践育人研究，在总体层面上整合高校资源，达到校内各部门之间的协同合作，树立“一盘棋”思想，避免“眉毛胡子一把抓”，将中心工作聚焦于大学生成长成才这个目标，能够明显地提升高校社会实践育人成效。

（二）开展社会实践育人研究，能够提高高校开展社会实践的科学性

思想政治教育研究是一个长盛不衰的热门话题，高校思想政治教育理论

研究更是这个热门话题中的焦点。目前,学术界就思想政治教育理论研究做了许多工作,尤其是就高校思想政治教育研究的内容、目的、方法、意义等方面进行了深入探讨。然而,如何开展社会实践却并没有科学的理论指导,尤其缺少具体的操作方法。在现实中,进行指导的思政课教师往往是任务一布置就撒手不管,高校学生在具体实践中如同“放羊”,社会实践毫无效果。开展社会实践育人研究,要弄清楚开展社会实践育人的目的、意义、原则、主体、客体、内容、方式、方法、手段、载体、进程和总结,从而建立高校社会实践育人理论,为高校开展社会实践课程提供科学的指导。

(三)开展社会实践育人研究,有利于推动政、企、校合作,共同培育人才

随着社会主义市场经济的稳步发展,当前,我国的人才供求关系发生了变化。对企业而言,随着企业的转型升级,对流水线上低端劳动力的需求日益减少,而对创新型、技能型、应用型、服务型人才的高端需求不断增加,这就使企业越来越需要从高校中引进更多的人才,以适应经济新常态的发展需求。而对大部分高校而言,培养学生的目的是培养合格的社会主义劳动者,这就需要让劳动者适合就业市场需求,以满足社会经济发展的要求,因此,高校就要与企业协同合作,根据企业的实际需求及时调整人才培养方案,而社会实践就能够成为高校与企业对接的平台,高校可以与企业合作,让学生提前进入企业进行实践,提前适应工作岗位,使培养出来的毕业生能够快速融入企业的生产、研发和管理。对政府而言,高校培养高素质的劳动者可以促进整个社会的发展,而企业接收高校毕业生则解决了就业问题,高校与企业之间的良性合作可以促进政、企、校之间的良性循环。

第四节　社会实践育人的相关研究综述

目前,国内外对高校社会实践育人均进行了一定的研究,取得了丰硕成果。具体来说,国内外的社会实践育人研究又各有特点。

一、国内社会实践育人研究现状

我国很早就开始开展社会实践育人研究,改革开放以后,社会实践育人研究又得到了快速发展,高校的社会实践育人研究越来越受重视,尤其是进入新

世纪以来，高校的思想政治教育受到了全球化的挑战，这促使思想政治教育面临着新课题、新任务，并进一步促进了高校社会实践育人研究的发展，主要表现在以下几个方面。

(一)社会实践育人理论的研究关注“知”与“行”的关系

通过社会实践育人是我国传统的教育理念，我国古代的教育理念中一直存在“知”与“行”的关系，即理论与实践的关系。中国古代著名教育家朱熹就提出“知先行后”，朱熹说：“知行常相须，如目无足不行，足无目不见。论先后，知为先；论轻重，行为重。”[①]他在回答学生提问时还说：“夫泛论知行之理而就一事之中以论之，则知为先，行之为后，无可疑者。”[②]与朱熹相反，王阳明则主张“知行合一”，他说：“知之真切笃实处即是行，行之明察精察处即是知，知行工夫，本不可离。”[③]到后来，知名教育家陶行知提出“生活即教育”，这是王阳明“知行合一”理论在近代的应用。马克思主义主张实践先于认识，既不同于朱熹的“知先行后”，也不同于王阳明的“知行合一”，而是“行先知后”。马克思主义哲学认为，实践是认识的来源，只有先进行实践，人们才会在实践中总结出规律，形成认识。

(二)社会实践育人理论的研究都离不开马克思主义的指导思想

实践的观点是马克思主义首要的、基本的观点。在当代，很多学者根据马克思主义分别从哲学、心理学、教育学、社会学等角度对“知”“行”关系进行了深入研究，提出了一些新观点。比如，我国著名的马克思主义哲学家李秀林就指出：“实践是人能动地改造客观世界的物质活动，是人所特有的对象性活动。”[④]武汉大学的骆郁廷和史姗姗认为：“实践的观点不仅是马克思主义认识论首要的、基本的观点，也是马克思主义德育思想首要的、基本的观点。实践在人的思想道德进步和全面发展的过程中，起着基础的、决定性的作用。”[⑤]而

① 朱熹.朱子语类·论知行(卷 9)[M]//朱杰人，严佐之，刘永翔.朱子全书(第 14 册).上海：上海古籍出版社，合肥：安徽教育出版社，2002：298.

② 朱熹.晦庵先生朱文公集·答吴晦叔(卷 42)[M]//朱杰人，严佐之，刘永翔.朱子全书(第 22 册).上海：上海古籍出版，合肥：安徽教育出版社，2002：1914.

③ 王阳明.传习录[M].昆明：云南大学出版社，2003：69.

④ 李秀林.辩证唯物主义和历史唯物主义原理[M].北京：中国人民大学出版社，1995：73.

⑤ 骆郁廷，史姗姗.论马克思主义实践育人的德育思想及其现实价值[J].马克思主义研究，2013(10)：136-137.

中国计量大学的孙彩霞则认为："马克思主义的实践观点是实践育人理念最根本的理论基础……人借助实践活动与客观物质世界发生联系，不断改变客观物质世界；人类还通过实践不断改造自己的内在世界，发展着自己的本质特征。"①

(三)社会实践育人理论的研究深入探讨了高校社会实践育人的路径

西南大学的唐启华和汤莉提出，要加强思想政治教育，就要从政策育人、细节育人、情感育人以及活动育人四个方面构建实践育人体系。② 乐山职业技术学院的杨高副教授则提出，要以社会主义核心价值观引领实践育人功能，将专业见习实习作为实践育人的主要形式，切实做好实践育人的基础保障。③ 东北师范大学的韩泽春则提出，要着力构建思想政治教育实践教学体系，科学实施社会实践育人评价，规范和强化社会实践育人的实践环节，有效提升大学生的思想政治素质和人格道德品质。④ 中国计量大学的孙彩霞则认为，社会实践育人的路径选择一定要注重大学生自身的主体性，要以教师为主导，学生为主体，最大限度地调动学生参与各类活动的积极性、主动性和创造性。⑤

(四)社会实践育人理论的研究加强了高校社会实践育人的制度建设

扬州大学的刘勇教授指出，要建设社会实践育人的组织领导机制、宣传引导机制、运行保障机制以及考核评估机制。⑥ 辽宁建筑职业学院的李景龙副教授提出，社会实践育人的长效机制包含多个方面，在领导机制中，要建立社会实践育人组织机构，建立校党委领导下的评价机制；在保障机制中，要注重经费保障、时间安排和基地建设；在评价机制中，要建立学生评价标准、成绩评价方式和教师评价内涵；在激励机制中，要区分活动主体的激励机制和活动主

---

① 孙彩霞.实践育人理念的理论架构[J].学校党建与思想教育，2012(16)：73.

② 唐启华，汤莉.免费教育师范生思想政治教育实践育人体系研究[J].西南农业大学学报(社会科学版).2011(5)：184-186.

③ 杨高.高校实践育人的大学生思想政治教育探析[J].理论观察，2013(2)：111-112.

④ 韩泽春.思想政治教育实践育人路径探析[J].中国教育学刊，2013(9)：87-89.

⑤ 孙彩霞.实践育人理念的理论架构[J].学校党建与思想教育，2012(16)：74.

⑥ 刘勇.论思想政治教育实践育人机制的建构[J].黑河学刊，2012(12)：3-5.

导者的激励机制。[①] 广东白云学院的李冰冰等人则认为，高校思想政治教育工作者要与时俱进，不断建立健全实践育人机制，形成一个具有科学性和现代化的实践育人体系，营造高校实践育人的良好氛围；要挣脱传统高校实践育人的禁锢，对一系列的思想、理论、方法、机制进行创新时，还需要牢牢把握“立德树人”这一根本任务，审视自我，在继承中创新，不能片面地追求高校实践育人的数据，要追求高校实践育人的质量，充分调动教育者和受教育者的主观能动性，以促进高校学生的全面的、可持续的发展。[②] 辽宁师范大学博士徐曼丽在其博士论文《高校思想政治教育实践育人模式研究》中提出，要建立“一体两面”式的社会实践育人模式，“一体”指的是思想政治教育，而“两面”分别指的是高校对活动类课程的设置与高校对德育类课程的设置。

二、国外社会实践育人研究现状

在国外，社会实践育人也受到了充分重视，国外社会实践育人历史悠久，最早可以追溯到亚里士多德提出的实践智慧。亚里士多德指出，“德性确保目的正确，实践智慧确保实现目的之手段”[③]，也就是说，“德性显示目的，实践智慧使我们去做受目的所支配的事情”[④]。在他看来，实践智慧是与理论智慧并列的东西，“实践智慧只考虑具体环境和事实，而理论智慧追寻事实的原因；实践智慧的对象是个别的事件，理论智慧的对象却是普遍的本质；最后，实践智慧乃是长期经验积累的结果，年轻人所能获得的只是像数学这样的理论智慧”[⑤]。

国外对社会实践的研究有其特点，其中最突出的特点是他们都重视德育。法国教育学家爱弥尔·涂尔干在其著作《教育思想的演进》中说：“从根本上讲，真正的德性在于以一种适当的方式行事，能够将自己身上某种内在的方面加以外化，而根本上不在于对高尚的图景和动人的品格闷头进行精神构建和个人沉思。”[⑥]美国的教育学家弗雷德·纽曼认为，进行道德教育必须注重公

---

① 李景龙.高职院校思想政治教育实践育人模式的研究[J].辽宁高职学报，2012(12)：83-85.

② 李冰冰，邹丽晨，袁圆，等.新时代高校大学生实践育人机制体制构建研究[J].中国高等教育评估，2018(4)：30-33.

③ 亚里士多德.尼各马克伦理学[M].廖申白，译.北京：商务印书馆，2017：204.

④ 亚里士多德.尼各马克伦理学[M].廖申白，译.北京：商务印书馆，2017：208.

⑤ 赵敦华.西方哲学简史[M].北京：北京大学出版社，2001：90.

⑥ 爱弥尔·涂尔干.教育思想的演进[M].李康，译.上海：上海人民出版社，2003：290.

民的社会行为，注重对公民个体道德的培养。劳伦斯·柯尔伯主张将道德讨论与课程教学相结合，并在教学中注重道德讨论，使道德判断能够影响学生的实践行为。美国学者瑞安提倡五种德育学习模式，从理论灌输到个体体验无所不包。在此基础上，美国形成了一个社会实践育人的道德认知学派，他们主张进行德育的途径是：进行讨论、社会渗透、法律基础、心理影响以及性教育。这些教育方式既注重理论启发，也注重隐性影响。英国官方曾资助了一批道德教育机构。日本也在教育中推行感知价值教育，日本的学校大都设置了道德研究课程，在各个专业中都渗透了德育教育的内容，并通过多个学科的交叉渗透提升德育教育的有效性。

除了重视德育，国外社会实践活动非常重视对学生实践创新能力的培养。麻省理工学院、剑桥大学、哈佛大学等高校在其大学理念中渗透了加强实践教育的思想，制订了严格的实践教育和学生科研计划。剑桥大学提出要“从普遍的生活世界中提高学生的能力”[①]。卡耐基教育基金会的第七任主席欧内斯特·博耶认为，大学教育的效果是与学生在校园时代参加各种活动的质量联系在一起的，所以他非常重视学生在大学阶段的实践活动。费德里科等人主张，在学校教育中应该建立一个有力的系统，在这一系统中，师生能够完成互动，促进教学相长；学生之间能够相互学习，促进集体协作；各学科能够相互交叉，使学生能够在实践中了解到不同专业的知识。耶鲁大学规定，课堂教学与实践教学的比例应该是1∶4，而德国亚琛大学在每年的教学安排中都给实践教学安排了充足的时间，一般将时间安排在四月、六月和八月三个时段，分别进行实习、参观交流和项目研究。

国外的社会实践育人形式也比较多样。比如，英国进行社会实践的途径就多种多样，主要有宗教教育、体育实践、各种社会活动以及教师品行示范影响。他们往往组织集体活动，通过角色扮演、舞台戏剧、参观展览会和博览会、举行辩论赛等激发学生的积极性和创造性。与此同时，他们也注重大众传播媒介、社会上的科学研究机构以及社区活动和政党活动。国外的社会实践育人形式看似自由，但实践上存在严格的管理。就教育形式而言，国外学生的课程设置相对较少，留给学生的自由实践时间较多，但这并非让学生自由散漫。在学生的自由实践中，教学形式虽然不是集中的，但是任务更重。尤其是国外推行精英教育，一部分学生在基础教育阶段即被淘汰，一部分学生，尤其是公立学校的学生无法获取良好的教育资源，而私立学校的学生则投入了大量的

---

① 宋珺.论实践育人理念在高等教育中的实施[J].思想教育研究，2012(7)：84-87.

时间、精力、人力、物力和财力去拓展教育资源，获取知识。

第五节 本书研究的思路方法和创新点

本书研究以习近平新时代中国特色社会主义思想为指导，在习近平关于教育思想论述的框架范围内，从立德树人视角对我国高校社会实践育人的历史沿革、发展情况进行深入分析、系统梳理。在具体论述中，它以阳光学院开展社会实践育人的典型经验为基础，总结经验教训，分析存在的问题，提出相应对策，为民办高校开展社会实践育人工作提供了参考。

一、本书研究的总体思路

第一章，民办高校新时代立德树人的使命。本章主要从分析民办高校立德树人存在的问题开始，直面民办高校立德树人面临的挑战和机遇，分析民办高校立德树人是对社会实践育人的遵循，是时代的要求。

第二章，民办高校社会实践育人的内涵。本章注重讨论社会实践育人的相关概念，以及社会实践育人的特点、功能和本质要求，深入剖析民办高校社会实践育人的内涵。

第三章，民办高校社会实践育人的理论基础。本章首先回顾马克思主义经典作家关于实践观点的经典理论，在此基础上，全面梳理并分析马克思主义传入中国以后产生的实践育人理论，结合中国古代“知行合一”的实践观，对比“知先行后”“行先知后”等传统实践理论，提出社会实践育人中教育“三个面向”的现实要求，分析青年在实践中锻炼成长的规律。

第四章，民办高校社会实践育人的目标和途径。本章从分析民办高校社会实践育人的目标着手，提出民办高校社会实践育人的原则以及途径，重点落在民办高校社会实践育人中政府、企业、高校之间的协同合作。

第五章，高校社会实践育人的机遇与挑战。本章分析了高校社会实践育人的历史沿革和现实反思，重点分析高校社会实践育人面临的机遇和挑战，当今高校如何进行社会实践育人的创新与发展。

第六章，阳光学院的党建与社会实践育人。本章重点阐述阳光学院党委加强对社会实践育人工作的领导，使党的建设始终贯穿于社会实践育人的全过程，并以红色逐梦之旅的深入开展为例，说明党的建设与社会实践育人相结合所取得的成效。

第七章，阳光学院社会实践育人的实践探索。本章以阳光学院积极响应立德树人要求，呼应应用型人才培养需求，有效开展社会实践育人的实践探索，阐述阳光学院社会实践育人的组织、实践情况，从五个方面的实证案例着手论证实施屏南耕读文化建设、北墘书艺童年开发、黄酒特色文化小镇、仕洋果蔬特色小镇和村头村彩福特色小镇等乡村振兴实践探索。

第八章，阳光学院社会实践育人的经验与启示。本章从服务社会的价值导向、扎根基层的人生价值和知行合一的实践价值着手，阐述了如何搞好实践育人的理论建设、高校服务乡村振兴的理论建设和高校社会实践育人的理论建设，以及完善实践育人的校地协同机制、校村协同机制、课堂协同机制、教书育人机制和持之以恒机制。

第九章，提升民办高校社会实践育人成效的对策。本章重点阐述了三个方面：一是加强实践育人顶层设计，提升实践育人成效，主要从建立思政课程与课程思政实践育人体系、完善学校实践育人培养教育政策制度建设和构建多学科融合共同培养人才的教育制度着手；二是加强师资队伍建设，提升实践育人成效，主要从打造优秀的课程思政实践育人师资队伍、打造优秀的课程思政实践育人师资队伍和建设实践育人地方导师队伍形成合力着手；三是深化乡村振兴实践，提升实践育人成效，主要从搞好服务乡村振兴的调查设计、实践项目与人才培养紧密结合、整合各方面资源以提升育人成效和提升乡村振兴服务项目有效性着手。

二、本书的研究方法

（一）文献研究方法

本书通过学习相关的制度、法规、政策等文献，查阅、分析和阅读相关的书籍、文章，为全面充分地研究社会实践育人做好理论准备。

（二）理论研究与实证研究相结合的方法

本书通过实地问卷调查、入户调查、访谈调查等多种方式收集大量的相关资料与数据，并通过实证研究与典型案例相结合来分析，进行社会实践育人的验证与评价。

（三）多学科交叉综合法

社会实践育人问题涉及社会学、教育学、法学等多个学科和领域，横跨人文科学、社会科学和自然科学，这就需要对包括马克思主义理论、社会学、思想政治教育、哲学、社会心理学、民族学等多个领域的理论知识进行深度融合和综合创新。因此,本书采取多学科交叉的研究方法,进行更加全面与细致的研究和探讨。

(四)个别考察与一般抽象相统一的研究方法

本书通过对福建省屏南地区进行实地研究,将对个别研究对象的调研与对一般现象的抽象相结合,从案例考察中发现社会实践育人的规律性和解决问题的途径。

三、本书研究的创新点

本书基于阳光学院开展社会实践育人的理论与实践,在近20年探索的基础上,阳光学院分析了思想政治理论教学与研究现状,反思进行社会实践育人存在的问题,探究了民办高校社会实践育人面临的机遇与挑战,提出了社会实践育人的理论创新与实践创新。

一是研究理念的创新。本研究把社会实践育人与“育德”“育智”有机地结合在一起,实现了教育促进立德树人的发展目标。在过去,国内进行思想政治教育研究,尤其是社会实践育人多从“育智”出发,偏重于大学生知识的获得与应用,尤其是民办高校,大多数办学层次低,偏重于实践应用和技术应用,但从效果来看,目前我们亟须加强社会实践的“育德”方面。阳光学院虽然是一个民办院校,但办学定位高,以建设国内一流民办应用型大学为办学目标,目前在很多办学领域都不断加强应用型建设,探索高水平的应用型办学之路。在社会实践育人工作中,阳光学院力推“育智”与“育德”的统一,理论与实践相结合,人才培养与社会服务相统一,使社会实践育人机制成为一个系统性的整体,为应用型人才培养探索新路。因此,本书在研究理念上是一种创新。

二是研究角度的创新。虽然在某种程度上,当前学术界对社会实践育人进行了研究,但是既没有形成系统化的研究体系,又缺乏相应的文献和数据资料。本书拟首先从目前国内高校已经开展的社会实践育人相关研究进行梳理,对社会实践育人的理论基础进行深入的历史考察和追根溯源,在此基础上,准确定位民办高校社会实践育人的当代处境,明确民办高校社会实践育人的目标、形式、原则、理念,分析民办高校社会实践育人存在的问题,以问题为导向,通过对民办高校社会实践育人的反思,总结经验教训,反思存在的问题,构建民办高校社会实践育人新理论。

三是实践经验及改进措施的创新。在过去,对社会实践育人的研究大多采取定性研究的方法,之所以如此,是因为过去的社会实践研究大多数是从理论上进行研究,研究者大多数是坐在书斋里面进行研究。阳光学院在近20年的办学中始终采用“走出去”的办法开展社会实践活动，尤其是多年以来在福建省闽东红色革命老区进行了深入的社会实践，坚持不懈，开展了大量的乡村振兴实践活动，积累了宝贵经验，总结出搞好实践育人必须强化服务社会的价值引导、形成长效机制是社会实践育人的基础工作、建立调研规划执行评价系统制度等9个方面的经验，并且提出了加强社会实践育人顶层设计、加强社会实践师资队伍建设、深化乡村振兴实践等9个方面进一步加强社会实践育人成效的对策，为民办高校社会实践育人提供了实际可借鉴的强化措施。

第一章　民办高校新时代立德树人的使命

民办高校承担着立德树人的重要使命。其办学质量的好坏直接影响到我国高等教育的质量。当前，民办高校在落实立德树人这一根本任务时还存在诸多问题。分析问题产生的原因，探索解决问题的思路和方法，提升立德树人的实效，是当前民办高校的迫切任务。提升民办高校立德树人的实效，既面临巨大挑战，也存在着很多机会。民办高校必须勇敢地迎接挑战，紧紧抓住机遇，坚持改革创新，不断提升自己的立德树人工作成效。

第一节　民办高校立德树人现状与反思

中国大陆的民办高校兴起于 20 世纪 80 年代，经过近 40 年的发展，获得了巨大的进步。民办高校历来重视立德树人，把培养社会主义事业的合格建设者和可靠接班人作为自己工作的重心。但民办高校过去几十年主要采用的是外延式发展模式，重视规模的扩张和速度的增加，忽略了质量的提升，存在着立德树人体制机制不完善、方法不到位等问题，需要通过自我革命来进一步改进和提高。

一、民办高校立德树人概况

中国大陆的民办高校历经近 40 年的发展，在高等教育中已占据越来越重要的地位。立德树人是民办高校的根本任务，民办高校遵照国家教育工作方针，通过建立思政工作队伍，从多方面开展思想政治教育工作，教书育人、管理育人、服务育人，组织开展社会实践活动，不断提升立德树人的成效。

（一）民办高校发展现状

民办高校是指国家机构除外的社会组织或个人，利用非国家财政费用举办高等学历教育的学校。我国现有的民办高校，起步于 20 世纪 80 年代初。其发展历程大致可划分为萌芽探索期（1982—1998 年）、扩张发展期（1998—2015 年）、分类规范期（2015 年以后）三个发展阶段。1982 年，中华社会大学成立，这是改革开放以来我国的第一所民办大学。1984 年，北京海淀走读大学创立,成为首所国家承认学历、实行公有民办体制的民办教育高校。随后,各类民办高等教育机构在全国涌现,1986 年全国已有 370 所民办高等教育机构。随着 20 世纪末全国高等教育的扩招,民办高等教育迎来了黄金发展期,一大批民办高校和公办高校举办的独立学院陆续创办。民办高校抓住高等教育大发展的机遇,迅速崛起,办学层次亦稳步提升,成为我国高等教育大众化的重要力量。《2018 年全国教育事业发展统计公报》的数据显示:2018 年民办高校 750 所(含独立学院 265 所,成人高校 1 所),民办高校普通本专科招生 183.94 万人,在校生 649.60 万人;而 2018 年全国普通本专科招生 790.99 万人,在校生 2831.03 万人。[①] 民办高校普通本专科在校人数占整个高校在校人数的 22.95%。以上数据说明,我国民办高校已经成为高等教育发展新的增长点。民办高校通过近 40 年的发展,丰富了高等教育人才培养的类型,创新了人才培养模式,激活了高等教育的内部竞争,逐渐受到政府的肯定和社会的认可。

(二)立德树人是高校的根本任务

近代大学产生以来,大学主要承担着培养人才、传承文化、开展科学研究和做好社会服务等工作任务,其中最根本的任务是培养人才。2012 年,党的十八大报告明确提出,教育的根本任务是立德树人。2016 年,习近平在全国高校思想政治工作会议上进一步强调:“高校立身之本在于立德树人。要坚持把立德树人作为中心环节,把思想政治工作贯穿教育教学全过程,实现全程育人、全方位育人。”党和国家明确提出我国高等教育的中心工作和根本任务就是立德树人。

高校要认真落实立德树人这一根本任务,必须准确理解立德树人的含义。立德树人,树人是目的,立德是重要手段和基本途径,是树人的关键因素。夫德者,立心之本也,立行之源也。“德”从心而发,由行而成。社会主义高校强调立德树人,一定要明确所立之德到底是一种什么样的“德”。社会主义高校在办学过程中所要立之德为社会主义的德业,立德包括明社会主义之大德、守社会主义之公德和严社会主义之私德三个层次。其中,明社会主义之大德就是要树立崇高的共产主义理想,坚定马克思主义信念,构建正确的世界观和人生观,能明辨是非曲直;守社会主义之公德是指遵守社会主义的公序良俗和道德法律规范,构建和谐的人际关系;严社会主义之私德是指严格约束自己的操

① 2018 年全国教育事业发展统计公报[N].中国教育报,2019-07-25(2).

守和行为，勇于承担自己的责任和义务。立德树人强调要“以德为先”，“德”是检验人才培养的首要标准，要在保证德育优先的同时，抓好智育、体育、美育以及劳动教育，使德育在整个教育活动中产生统领作用。立德树人，树人是目的。教育在本质上是一种人的再生产。人被父母“生产”下来，只是“第一次生产”，这次生产只是产生了一个有无限潜能但又只是生物意义上的人的躯壳。教育的意义就在于将这个生物意义上的躯壳注入社会精神文化，把人从一个具有巨大潜在价值的人培养成具有巨大内在价值的人，通过文化的嫁接使人成为完整的人。教育的“再生产”使得人有能力超越动物式的、简单的趋利避害的生存方式，追求“有意义”的人生。高校立德树人，就是通过引导和教育，激发学生良知，滋养德行文化，培养“担当民族复兴大任的时代新人”，把人培养成为有修养的文明人、善合作的社会人、高素质的劳动者、讲奉献的担当者，使其在社会实践活动中能处理好人与人、人与社会、人与自然之间的各种关系，成为社会主义事业的合格建设者和可靠接班人。我们不能把“立德树人”单纯理解为对学生进行狭义的品德教育。“立德”意味着教师要以德立世并垂范他人，通过构建一种良好的德育环境，使学生受到潜移默化的影响，自觉做到明大德、守公德、严私德。“树人”是要树全面发展的人，蕴含着对人总体性的深刻关切。“立德”与“树人”之间应当是递进关系，“立德”是“树人”的基础和保障，“树人”是“立德”所要实现的全面性目标或总体目标。

（三）民办高校落实立德树人工作的基本情形

自新中国成立以来，党和政府就非常重视高校的德育工作，党和国家的教育方针始终强调教育要为社会主义培养合格的建设者和可靠的接班人，强调要培养又红又专、全面发展的社会主义新人，并出台了一系列相关的政策文件，对高校的德育工作做出指示和安排。1995 年，国家教委颁布了《中国普通高等学校德育大纲》，对高等学校的德育目标、德育内容、德育原则、德育途径、德育考评和德育实施等七部分内容做出了规定，成为高校开展德育工作的基本遵循和行动指南。2004 年，中共中央国务院发出《关于进一步加强和改进大学生思想政治教育的意见》，深刻论述了新世纪新阶段加强和改进大学生思想政治教育的极端重要性和紧迫性，明确提出了加强和改进大学生思想政治教育的指导思想、基本原则、主要任务、主要途径和方法，是新世纪新阶段指导大学生思想政治教育的纲领性文件。

民办高校的立德树人工作基本上是按照国家教委 1995 年颁布的《中国普通高等学校德育大纲》和党中央 2004 年出台的《关于进一步加强和改进大学生思想政治教育的意见》文件精神来执行的。民办高校要做好立德树人工作，主要涉及下面几个问题:立什么德,树什么人,如何立德树人,谁来承担立德树人工作,要建立什么样的运行机制和保障体系。其基本思路是全员参与育人、全过程育人和全方位育人。首先,强调全校所有教职员工都有立德树人的责任和义务。思想政治理论课是对学生进行思想政治教育的主渠道和基本环节,专业课教师通过课程思政实现教书育人,辅导员和班主任是日常思想政治教育的直接组织者和协调者。教学管理和行政管理工作者在管理工作中实现管理育人,后勤服务工作人员在服务工作中实现服务育人。其次,强调全程育人,坚持把立德树人作为学校工作的中心环节,把思想政治工作贯穿教育教学全过程,自始至终在教学各项活动中坚持正确的政治方向。再次,学校通过教学、党团活动、社会实践以及校园文化建设等形式全方位开展立德树人工作。在这一整个立德树人的运作体系中,课堂教学是立德树人的主渠道,思想政治理论课与其他各类课程同向同行,形成协同效应。同时,大多数民办高校还积极开展文明校园创建,举办形式多样、健康向上、格调高雅的校园文化活动,广泛开展各类社会实践活动,使立德树人工作渗透到学校工作的方方面面。

二、民办高校立德树人工作存在的问题

虽然我国民办高校经过了数十年的蓬勃发展,无论是从发展态势还是从发展趋势上都有较大的进步,但总体而言,其立德树人工作还存在着较多问题,立德树人的成效还有待提升。

(一)立德树人体制机制不合理

民办高校对教职员工的考核体制不合理。民办高校对教职员工的考核评价制度受公办高校影响很大,往往会把容易量化的因素作为考核指标。民办高校教师一般都同时要承担教书育人、科研和社会服务等工作,由于科研成果比较容易量化,因而民办高校往往会把它作为一个重要指标来评价老师,而立德树人的成效不易量化,则在对教师的评价中体现不出来。因此,教师会根据学校的评价导向重视科研而忽略教书育人,这必然会导致立德树人成效的下降。同时,在立德树人的过程中,教师的道德水平对学生的道德水平会产生潜移默化的影响,教师的道德水平应成为考核教师的重要指标。但是,教师的道德水平也是不易于量化的指标,因而也常被忽略。当前民办高校教师考核普遍存在重视业绩考核而忽视道德水准考核的问题。民办高校内部对教学和行政管理部门的评价也存在着重视业务水平而忽略服务育人水平的问题。民办高校这种对教职员工的考评机制会导致教职员工对立德树人这一根本任务不重视,学校整体上全员育人意识不强,降低了立德树人的成效。

民办高校对学生的考核评价机制不合理。人才培养是高校的中心工作，人才培养质量是衡量高校办学质量最重要的标志。民办高校对学生的评价机制度引导着学生的行为方式和价值取向。现行民办高校对学生的评价体系，存在着重智育评价而轻德育评价的倾向。[①] 尽管一些民办高校会把立德树人这一根本任务写进学校发展的纲领性文件中，但在学校教育教学的实际运行过程中，缺乏对学生德育水平进行考核的具体方案和标准，往往存在着对学生德育水平的考查不准确、不充分等问题。德育评价标准和举措的缺乏，自然会影响到学生的行为选择，导致学生不重视自己的德育水平的提升。民办高校学生毕业时的品德评价存在着“报喜不报忧”的问题，评价不能真实地反映学生的思想道德水平，这导致选人用人过分看重学历及毕业学校的知名度。社会用人选人的这种标准反过来又导致学校忽视德育教育。

民办高校立德树人工作机制有待进一步完善。习近平明确指出：“要用好课堂教学这个主渠道，思想政治理论课要坚持在改进中加强，提升思想政治教育亲和力和针对性，满足学生成长发展需求和期待，其他各门课都要守好一段渠、种好责任田，使各类课程与思想政治理论课同向同行，形成协同效应。”民办高校立德树人工作是一项系统性的工程，并非某个部门分散经营、各自为政能够做好的。它需要各个系统之间的联动与配合，既需要教师团体守好主渠道，也需要学校教学、行政、事务管理部门种好责任田，要促使它们同向发力、同向同行，发挥好各系统内部的联动效应和系统之间的协同效应。与此同时，作为民办高校的环境系统，高校本身的校风和学风对民办高校思想政治工作的效果存在着显著的影响。从现实来看，很多民办高校的校风和学风建设还有欠缺，没能与其他各个系统同向同行，从而制约了思想政治工作实效的有效发挥。

（二）立德树人方法手段滞后

民办高校立德树人社会实践相对薄弱。民办高校普遍缺乏有针对性的德育实践课程，学生课堂得来的知识缺乏与实践结合的场所，导致学习停留在理论环节，影响学习效果。尽管国家建立了较为丰富的爱国主义、集体主义和社会主义教育实践基地，但相对于高校扩招后巨大的学生人数还是略显不足，再加上让所有大学生都参加社会实践，存在着组织管理难度较大、指导教师相对不足等诸多问题，多数民办高校的立德树人社会实践仍相对薄弱。而爱国、敬

---

① 秦华，闫妍.习近平在全国高校思想政治工作会议上强调：把思想政治工作贯穿教育教学全过程 开创我国高等教育事业发展新局面[N].人民日报，2016-12-09(1).

业、诚信、友善等品质是无法完全在课堂教学中培养起来的，有意识地设置教学场景又具有一定的难度，这造成德育课程与实践课程之间脱节，影响了学习效果。基于立德树人实践教学比较难以实施这一现实，大多数民办高校的德育工作仍然是以课堂教学的形式存在，实践教学只是一种点缀，能够完全在老师指导下参与社会实践的学生比重较低。

民办高校校园文化建设对立德树人的支撑力度不够。校园文化建设是高校精神文明建设的重要组成部分，对学生德育教育起着重要作用。当前，我国民办高校校园文化建设对德育建设的支撑力度不足。首先，民办高校在快速发展过程中，重视硬件建设，忽视软件建设，特别是校园文化建设，导致整体上校园文化底蕴不足。其次，教师作为民办高校校园文化建设的重要主体，普遍承担着较重的工作任务，无暇顾及校园文化建设。再次，民办高校在规章制度建设、良好行为规范养成等方面还存在不足，没有形成较为完整的制度文化和行为文化。最后，校园文化活动的组织开展没有做到经常化和常态化，校园文化氛围不浓厚。以上四个方面的不足都直接影响着民办高校立德树人的成效。

思政课程和课程思政的立德树人手段单一。立德树人是一项综合性、系统性的工程，需要学校全体教职员工在长期的教育教学、管理服务以及社会实践中，通过多种形式多方面的教育才能完成，并且各个环节、各个部门的工作要密切配合、环环相扣才能有良好的效果。民办高校现有的办学模式，还是以课堂教学为主来培养人才。思政课程和课程思政是立德树人的最主要的形式。思政课程是立德树人的主渠道，民办高校的思政课程存在着教学形式偏重理论讲授、忽视学生体认和感悟、教学手段单一、教学班级为大班上课等问题。这些问题直接影响到民办高校立德树人的效果。课程思政尽管是最近几年才提出来的，但我国的学校教育一直提倡教书育人，其实就是提倡在各种专业课程学习中，要发挥思想道德教育的作用。民办高校在课程思政方面存在着专业课程教师对课程思政重视不够、方法不多等问题，使得民办高校课程思政效果不佳。除此之外，民办高校本身市场化运作的特点，导致民办高校难以组建起一支完整稳定的政工队伍，政工队伍流动性大，加大了民办高校立德树人工作的难度。

第二节　民办高校立德树人面临的挑战

民办高校经过几十年的粗放式增长，在数量上已经具备了一定的规模。随着中国特色社会主义进入新时代，社会主要矛盾发生了改变，高质量发展成为新时代的主题。民办高校迈入由外延式发展向内涵式发展转变的新阶段，降速提质成为新时代的新要求。在中国特色社会主义新时代，民办高校立德树人的旧有模式与经济社会发展对高质量人才的需求之间的矛盾，给民办高校立德树人工作带来了新的挑战。

一、新时代立德树人面临着社会经济发展人才培养需求的新挑战

中国特色社会主义新时代产生了许多新变化和新特点，其中就包括人才需求的改变。中国特色社会主义新时代，要实现中华民族伟大复兴中国梦，要建成中国特色社会主义现代化强国，国家对创新型、复合型、应用型人才的渴求更加迫切。这就对民办高校提出了如何培养适应社会需要的创新型、复合型、应用型人才的要求，这种人才需求的变化形成了对民办高校立德树人的新挑战。

（一）新时代民办高校立德树人面临着培养创新型人才的挑战

坚持创新是引领发展的第一动力，必须把创新摆在国家发展全局的核心位置，以深入实施创新驱动发展战略、支撑供给侧结构性改革为主线，全面深化科技体制改革，大力推进以科技创新为核心的全面创新。目前，我国正在由传统的资源主导型国家向技术创新型国家转型，为使我国经济建设又好又快地发展，高校就必须全面深化教育改革，为社会培养高素质创新型人才。这就要求高校把创新创业教育贯穿于人才培养的全过程，让创新创业教育成为学生谋求学业发展、为未来职业做准备的自觉行动。社会对创新型人才的强烈需求形成了对民办高校的重大挑战。现有的民办高校对学生创新创业能力和素质的培养普遍较弱。民办高校过去的粗放发展模式，存在着对创新人才培养的意识不强、机制缺乏，具有创新能力的师资力量严重不足等问题。国民经济高质量发展对创新型人才的强烈需求与民办高校较弱的创新型人才培养能力之间的矛盾，构成了对民办高校立德树人的重大挑战。民办高校需要改变人才培养的目标理念，建立新的体制机制来应对这一挑战。尽管一部分民办高校已经开设创新创业课程，但仍没有与专业课程的学习实现有机的融合。

民办高校创新创业教育课程的设置存在着零散化、学生的实践环节较少等问题。现有的办学体制还不能把创新创业教育贯穿于人才培养的全过程，学生创新潜能不能充分地被挖掘出来，这需要我们做出更大的努力来改进提升。

(二)新时代民办高校立德树人面临着培养高质量应用型人才的挑战

社会所需要的人才多种多样。一般而言，人才类型主要有两种：学术型(研究型)人才和应用型人才。十九大提出到20世纪中叶，要把我国建设成为现代化社会主义强国。实现这一目标既需要发现和研究客观规律的学术型人才，更需要运用客观规律为社会谋取直接利益的应用型人才。在过去几十年高等教育快速发展的过程中，民办高校普遍注重培养人才数量的提升，而忽略了人才质量的提高，因而导致千校一面的同质化现象非常严重。很多民办学校在办学模式上，不考虑自己的校情，盲目地模仿复制北大、清华等名校，结果导致培养出的人才质量不高。2014年，为适应不断增长的应用型人才需求，国家提出地方本科院校应用型转型战略，民办高校借此东风，纷纷朝应用型转型发展。而民办高校原有的办学模式，注重知识的传授，不注重分析问题和解决问题能力的培养，应用型转型和高素质应用型人才的需求给民办高校的人才培养带来了巨大的挑战。

(三)新时代民办高校立德树人面临着培养复合型人才的挑战

复合型人才是指具有两个或两个以上专业(或学科)的基本知识和基本能力的人才。复合型人才具有知识的集成性、能力的复合性和素养的全面性等特点，不仅在专业技能方面有突出的经验，还具备较高的相关技能。进入新时代以来，社会对复合型人才的需求日益增大。长期以来，我们赋予高等教育的职能主要是培养高级专门人才，是高层次的专业化教育。因此，根据社会经济发展中各行各业对专门人才需要的预测决定各专业类别的招生数量，学校按照各专业方向对学生进行专业化教育，毕业后让他们按专业方向“对口就业”就成为高等教育运作的基本模式。这种办学模式已为我们培养了成千上万各种专业的人才，对促进社会经济的发展做出了不可磨灭的贡献。但如今科学技术的迅猛发展使多学科交叉融合、综合化的趋势日益增强，任何高新科学技术成果无一不是多学科交叉、融合的结晶。因此，如何培养出高质量的复合型创新型人才以满足形势发展的需要，已是摆在高等教育面前的十分突出的问题，当然也是摆在民办高校面前的突出问题，成为民办高校立德树人面临的巨大挑战。

二、新时代民办高校立德树人面临着社会快速发展的巨大挑战

随着经济一体化和科技高新化以及世界全球化浪潮的到来，我国高校立德树人也面临着现代化浪潮的冲击和社会转型变迁所带来的深刻挑战。民办高校传统的立德树人工作在多元价值取向的价值重构中面临很大的困境，其德育模式在新的历史时期逐渐显露弊端，德育实效性也逐渐式微。民办高校有必要在新的历史时期，审视传统德育的不足，构建一种适应时代变迁需要的新的德育模式，提升立德树人的实效性。

（一）新媒体的快速发展对民办高校的立德树人工作构成了巨大挑战

新媒体、新技术的网络虚拟性和价值多元性，冲击着民族道德观与价值观。网络社会与传统社会“在场”的存在方式不同，其最突出的变化在于主体交往的“缺场”化、人际关系的虚拟化以及网络技术工具理性的扩展。这使得人与人之间的沟通交流以符号、数字等信息为主，人们之间的交往没有了社会角色的顾虑，可以随意地进行生存体验的多元认知和情绪表达，从而导致网络世界中“去权威化”现象出现，不受现实世界中道德规范的约束。长此以往，人们便形成了去中心化的自我，个体自我意识过分膨胀，进而造成集体意识的缺失和社会责任感的丧失。道德教育中教师的主导地位受到了很大挑战。新媒体具有打破时空限制、消解主体边界的特点，在拉近线上距离的同时，一定程度上不仅使得人际交往的能力下降，也容易诱发大学生产生心理信任危机和人格障碍等心理问题。与此同时，新媒体不仅为大学生提供了娱乐休闲、控诉发泄等的平台，也提供了引发各种病态人格和网络犯罪的土壤。随着新媒体时代的到来，高校思想政治教育强行灌输和社会舆论的制约力量已失去了原有的优势，高校思想政治教育引导与规范难度日益加大，环境变得越来越复杂了。随着新媒体的不断发展，新媒体参与者的主体意识不断增强，主体地位不断提高。发达的网络使得大学生在信息获取方面更加快捷、方便，来自社会各界的人士不断参与到新媒体行列，不同的价值观念和处事方式涌入新媒体，这些都对高校道德教育提出了挑战。新媒体的发展使得世界各地的价值观念和道德观念相互传播和影响成为必然，外来的多元价值观念更是对我们的传统道德教育观念提出了新的要求。现代大学生获取信息的速度远远超越教育者，有相当一部分大学生已不再轻易接受主流媒体或教育者的单向灌输，教育者的信息先得优势地位被改变。这使得教师在道德教育中的主导地位受到了

很大挑战。新媒体时代信息“把关人”的缺失导致对大学生道德教育活动具有侵蚀性的负面信息泛滥成灾。自媒体最大的特点是即时互动性,它能够实现点对点、点对面、点对线、线对线等的网格式交叉互动信息传播,并且能够实现图文、音频、视频的同步在线。自媒体的这种灵活多样且可以自由表达的方式对当前大学生道德教育所采用的单纯理论灌输、说教式等方式方法提出了挑战。

(二)社会价值观的多元化对民办高校的立德树人工作构成了巨大挑战

消费主义思潮对民办高校立德树人工作构成了挑战。随着中国改革开放的不断发展,消费主义社会思潮涌入中国,对我国大学生的思想产生了一定的负面影响,比如,武汉两万多名大学生借“高利贷”购买电子产品。消费主义(consumerism)是 19 世纪末 20 世纪初兴起于美国的一种社会思潮,消费主义在一定意义上指的是一种价值观念和生活方式,激发人的购买欲望。它与一般的消费行为的根本区别在于,消费主义不在于仅仅满足“需要”(need),而在于不断追求难以彻底满足的“欲望”(desire)。这是消费主义的实质,追求消费至上和及时享乐的价值观,它具有符号性、炫耀性、异化性等特征。随着经济全球化时代的来临,消费主义广泛地向发展中国家扩散,它具有内在的不可调和的伦理价值矛盾,是以不公平的世界体系为前提,以人剥夺自然界为基础,以扭曲人性为代价。消费主义社会思潮自传入中国后,对我国高校思想政治教育产生了一定的冲击,给民办高校立德树人工作带来了挑战。

消费主义思潮不利于大学生正确价值观的形成和健康人格的发展。民办高校部分学生的消费远远超过自身的承受能力,有的学生用助学贷款的钱买高档电子用品,有的学生刷信用卡高消费地谈恋爱,以致最后无力偿还本金和银行的利息。部分大学生甚至沉溺在消费带来的享乐中,不重视自我完善与提升,这容易使大学生学习和生活功利化,社会责任意识淡漠,不利于大学生正确价值观的形成和健康人格的发展。经济社会的快速发展,导致享乐主义思潮以其巨大的吸引力在我国高校大学生中迅猛蔓延,大学生正处于道德观形成的关键时期,其不可避免地对大学生产生负面影响,给高校思想政治教育工作带来诸多挑战。享乐主义幸福论由快乐主义和功利主义发展衍化而来,通常与个人主义、拜金主义、功利主义等密切相连。改革开放以来,我国社会经济不断发展,随着人们物质生活水平的显著提高,享乐主义乘虚而入,建立在纵欲奢侈之上的享乐主义成为风行的生活方式和价值理念。物质财富的积累、社会生活的安定为享乐主义思潮的产生提供了有利的条件，经济的大幅度增长又为其提供了宽阔的平台，同时，人们价值观念的变化又为享乐主义的产生和泛滥提供了现实基础。享乐主义思潮以其巨大的诱惑力吸引着很多大学生，诱导大学生迷失正确的价值观，倾向于个人主义，金钱至上的人生信条，引发大学生理想信念遭遇危机，对其思想和行为造成了极度消极的影响，消解着我国主流意识形态，猛烈冲击着我国高校思想政治教育的效果，给民办高校立德树人工作的开展带来了巨大的挑战。

（三）社会环境的复杂化对民办高校立德树人提出了新的挑战

社会环境的复杂化增加了立德树人的难度。德育工作是个系统工程，除了学校因素，家庭环境和社会环境也是重要因素。目前，我国家庭环境和社会环境存在着一些阻碍德育工作的因素。从家庭因素讲，高校学生的绝大多数为独生子女。在典型的“4＋2＋1”模式中，学生是家庭的中心，因此，他们关爱他人、奉献社会的意识淡漠，缺乏合作意识，集体意识、担当意识不强。进入高校后，其学习、生活等方面均需要配合。家庭生活养成的不良习惯，对德育工作具有阻碍作用。就社会因素而言，新中国成立后，占社会主流的儒家思想被否定，特别是改革开放以来，随着经济社会的不断发展，拜金主义、享乐主义、奢靡之风逐渐兴起，社会上出现了诸多有违传统社会道德的行为，这对青少年的人生观、价值观的形成产生了极大影响。利己主义、个人主义逐渐渗透至高校，不断挑战着学生在学校接受的德育知识，学生的行为也在学校教育和社会影响之间游移。

人才培养是决定大学之为大学的最基本的功能或者根本功能，但是人才培养绝非仅仅是智力的开发、才能的发现和培养，也是人格、心理的型塑和陶冶，高尚道德情操的养成和升华，是立德与立智的有机统一，并且德在其中居于价值引领和导向的重要地位。必须注意的是，虽然立德与立智、立体、立美是辩证的统一，但在现实生活中，谋生总是人的第一需要。对大学生个人而言，其走出校门后在社会上立足，首先必须具备生存和发展的基本技能，具备较高的智力和才能，否则生存和发展就无从谈起。因此，作为受教育者的大学生多自发倾向于更好的智力开发和才能培养，并且倾向的程度与社会发展状况密切相关，即科学技术越发展，对从业人员的科学技术素质要求越高，从业人员越多，竞争越激烈，大学生的这种自发倾向就越明显，从而很容易重智力开发、轻道德情操和心理品质养成。在现代化转型过程中，由于市场经济逐步建立和发展，利益驱动在推动社会快速发展的同时，也诱使人们片面地注重经济利益，一切向钱看。思想文化逐步活跃，传统文化重新受到关注，西方思想文化大量涌入，拓展了大学师生的视野，活跃了高校的学术文化和日常生活，也导致泥沙俱下，封建文化沉渣泛起，西方腐朽文化乘机渗入，误导了大学生甚至是一些教师的思想和行为。为加速推进现代化进程，党和政府实施科教兴国战略，高校成为科教兴国的重要力量。但在这一过程中，由于科学研究更能迅速提升大学的地位，传播大学声誉，同时为高校和教师带来比较丰厚的经济实惠等原因，重科研轻教学、重智育轻德育、重经济利益轻立德教育等问题也随之出现，对大学的办学定位、人才培养产生了严重的消极影响。

第三节　民办高校立德树人面临的机遇

机遇与挑战总是并存的，新时代为民办高校的发展也提供了巨大的发展机遇。发现机遇，并果断地抓住机遇，通过改革创新，实现变道超车，是民办高校的最佳选择。

一、新时代民办高校落实立德树人根本任务获得政府的政策支持

新时代的到来，改变了民办高校发展的时空背景。国家提出了推动经济社会高质量发展、教育强国、乡村振兴等战略安排，制定出台支持教育发展的相关政策制度，这些都为民办高校的立德树人工作提供了良好机遇。

（一）民办高校应用型转型发展的政策支持

2014 年，国务院发布《关于加快发展现代职业教育的决定》，提出要引导普通本科高等学校转型发展：采取试点推动、示范引领等方式，引导一批普通本科高等学校向应用技术类型高等学校转型，重点举办本科职业教育；独立学院转设为独立设置的高等学校时，鼓励其定位为应用技术类型的高等学校。引导支持社会力量兴办职业教育。2015 年 10 月，为了解决高等教育结构性矛盾突出，同质化倾向严重，毕业生就业难和就业质量低，生产服务一线紧缺的应用型、复合型、创新型人才培养机制不完善，人才培养结构和质量尚不适应经济结构调整和产业升级的要求等问题，教育部、国家发展改革委、财政部三部门联合发布《关于引导部分地方普通本科高校向应用型转变的指导意见》（以下简称《指导意见》），提出各地各高校要从适应和引领经济发展新常态、服务创新驱动发展的大局出发，以改革创新的精神，推动部分普通本科高校向应用型本科高校转型发展。《指导意见》为民办高校如何转型提供了基本思路，给民办高校做好立德树人工作带来了新的机遇。2019 年，国务院制定出台了

《国家职业教育改革实施方案》,该方案指出,随着我国进入新的发展阶段,产业升级和经济结构调整不断加快,各行各业对技术技能人才的需求越来越紧迫,职业教育的重要地位和作用越来越凸显。没有职业教育现代化就没有教育现代化。国家计划利用5～10年时间,职业教育基本完成由政府举办为主向政府统筹管理、社会多元办学的格局转变,由追求规模扩张向提高质量转变,由参照普通教育办学模式向企业社会参与、专业特色鲜明的类型教育转变,大幅提升新时代职业教育现代化水平,为促进经济社会发展和提高国家竞争力提供优质的人才资源支撑。到2022年,职业院校的教学条件基本达标,一大批普通本科高等学校向应用型转变,建设50所高水平高等职业学校和150个骨干专业(群),落实好立德树人根本任务,健全德技并修、工学结合的育人机制,完善评价机制,规范人才培养全过程。该方案进一步强调民办高校的应用型转型,为民办高校培养应用型人才,做好立德树人工作提供了支持。民办高校要充分利用好国家高等教育发展规划提出的创办应用技术型大学的重大战略调整的机遇,真正解决好一直困扰民办高校办学定位的这个根本性问题,明确学校的发展方向和努力目标;顺应转型的契机瞄准应用技术型突出的特色专业,以深度工业化发展前景和长久的城市化趋势着眼谋划,精磨细雕打造优势专业,创立自己的拳头专业,以支撑学校的健康发展。民办高校必须在国家高等教育战略调整的大背景下,尽早找准自己的位置,合理设置自己的目标,不仅力争尽快转型,而且要转得彻底、转得成功。民办高校要严格按照应用技术型大学建设的标准和要求,扎实细致地逐一检查、保证落实。唯有如此,才能确保在未来的高教竞争潮流中立于不败之地。

（二）民办高校可持续发展的制度保障

2016年,国务院发布了《国务院关于鼓励社会力量兴办教育　促进民办教育健康发展的若干意见》的政策文件。文件提出,要统筹教育、登记、财政、土地、收费等相关政策,营造有利于民办教育发展的制度环境;要加强党对民办学校的领导,切实加强民办学校党的建设,加强和改进民办学校思想政治教育工作,全面提升思想政治教育工作水平。国家积极鼓励和大力支持社会力量举办非营利性民办学校,各级人民政府要完善制度政策,在政府补贴、政府购买服务、基金奖励、捐资激励、土地划拨、税费减免等方面对非营利性民办学校给予扶持,落实税收优惠等激励政策。非营利性民办学校按规定享受与公办学校同等税收优惠政策。非营利性民办学校按照税法规定进行免税资格认定后,其符合条件的收入免征企业所得税。对取得社会力量办学许可证的非营利性民办学校承受土地、房屋权属用于教学的,免征契税。对企业办的各类学校、幼儿园自用的房产、土地，免征房产税、城镇土地使用税。

二、民办高校立德树人的社会主义体制机制优势

作为体制外的产物，民办高校拥有灵活高效的决策机制和更大的办学自主权，可以自主地确定规划战略、组织架构、薪酬待遇、学科专业、发展重点；凭借体制机制的优势，可以在诸多方面开展先行的办学探索，不断丰富高等教育实践的内涵，不断激发整个高等教育体系的改革与发展的活力，这正是民办高校的独特价值。

（一）拥有较多体现大学自治和学术自由精神的办学自主权

灵活的办学机制、多样的办学类型、强大的发展主动性和驱动力等因素是民办高校自有的内生优势。灵活、高效的管理为公办高校所望尘莫及。民办高校因自身具有相对的独立性、自主性和灵活性，因而较少受行政化的制约，有较大的自主权。同时，办学者有较多的办学自由，能自主地选择办学宗旨、办学目标、设置机构及使用经费，从而有较多独立决断和改革创新的余地，在办学实践中较易形成自己的特色和传统，以利于在激烈的竞争中得以生存和发展。首先，其在办学宗旨和目标上能独树一帜。其次，其在经费来源和运用上更为灵活。最后，其在人事制度上的用人权和分配权也比公办高校自主和高效。办学者的利益相关度高，核心成员认同感、危机感强。

（二）完全面向市场竞争为民办高校提供了强大动力

市场机制是影响民办高校核心竞争力形成的核心要素。市场体制机制是民办高校的基本的、主要的办学体制机制，市场性是我国民办高校办学体制机制的基本特性。这种民办高校与生俱来的市场竞争机制，使得民办高校具有以下几方面的优势。其一，市场主体有很强的进取性。民办高校是真正独立的自主经营、自负盈亏、自我发展、自我约束的市场经营主体和竞争主体。这种集责权利和成败荣辱于一身的主体性，内生了民办高校的进取性。民办高校的产权属性，决定了举办者对学校要负全责。由此，其也催生了举办者的风险意识、忧患意识、机遇意识和发展意识，迫使举办者殚精竭虑地办好学校，既要谋求学校的当前发展，还要谋划学校的长远未来。民办高校的校长虽然也只是学校的经营者而非学校的所有者，但由于其始终受到股东大会、董事会的关注和监事会的监督，必须具有很强的责任心和进取心，否则，将会被解聘。其二，内部运行的高效性。民办高校内部运行具有高度的自组织性、目标导向性和有效性。民办高校校级层面管理体制的基本形式是董事会领导下的校长

负责制。在这种管理体制下，重大的办学事务由董事会决定，校长执行董事会的决议。这既有利于发挥董事会集体决策的作用，保证决策的正确性，又有利于校长专心致力于学校的内部管理工作，提高工作效率和效益。民办高校的投入产出概念非常清晰，时时处处强调成本、效率，用经营产业（企业）的理念和方法来经营学校，机构精简、队伍精干、成本低廉、行事高效，大大降低了运营成本。其三，外部适应的快捷性。高校是在与社会的互动中生存发展的，民办机制是民办高校与社会互动的主渠道，这种机制天然具有快速调适功能。在招生和就业上，民办高校从一开始就瞄准市场，按社会需求办学——根据生源市场及时调整招生对象和招生政策，根据人才市场的需求设置和调整专业与课程。在人力资源的使用上，灵活的用人制度和工资制度使民办高校能快捷地适应人才市场供给和劳动力市场供给的新变化。

第四节 民办高校立德树人的现实需求

经过改革开放40年的发展，高等教育已经实现了由精英教育向大众教育的转化。供需趋于平衡，整个高等教育已由追求数量增长的外延式发展模式向追求质量提升的内涵式发展模式转化。民办高校在中国高等教育体系中，起步晚，生源素质、师资力量以及教学和科研资源等方面与公办高校相比较，都处于劣势。基于此，民办高校一定要充分把握国家急需高端应用人才的大好时机，利用政府鼓励民办高校向应用型转型的方针政策，本着为本地经济社会发展培养优秀应用人才的初心，从自身实际出发，做好人才培养目标的准确定位，走差异化发展道路。

一、结合自身实际确立合理的人才培养目标

立德树人作为民办高校的根本任务，需要进行全盘规划。民办高校必须根据社会发展要求和自身的特点，确立合适的人才培养目标；通过制度建设和文化建设使全体员工分工协作，构建立德树人工作共同体；通过建立良好的体制机制，使立德树人各项工作有序开展并良好运行；建立良好的保障体系，确保立德树人工作长期高效运行。

民办高校在过去几十年的发展中，大多走的是跟随公办高校发展的道路，专业设置、培养方案、课程设置基本上都是借鉴公办高校的模式，没有自身的特色和特点。培养出来的学生虽然能够找到工作，但待遇往往比公办高校学

生稍低一档。要改变这种状态，民办高校必须根据自身特点走差异化发展道路。当前中国正处于工业化加速发展期，伴随着工业化进程进一步加快以及产业结构调整和升级的驱动，中国制造业的应用技术和应用技能人才需求将有一个巨大的空间，如果我们每年毕业的700万大学生中有8成来自高等职业教育，那么中国制造业的创新水平和信息化能力至少提速2倍以上。然而，我国高层次技术技能人才在数量、层次和结构上都与需求存在较大的差距。当前，我国高等教育存在着结构性矛盾突出，同质化倾向严重，生产服务一线紧缺的应用型、复合型、创新型人才培养机制不完善，人才培养结构和质量尚不适应经济结构调整和产业升级的要求等问题。国家为解决这些问题，制定了相应的政策方针引导高等学校的发展。2010年，国务院审议通过的《国家中长期教育改革和发展规划纲要(2010—2020年)》指出，民办高校“要为国家和社会培养创新型、实用型、复合型人才”。2014年，国务院发布《关于加快发展现代职业教育的决定》，提出要采取试点推动、示范引领等方式，引导一批普通本科高等学校向应用技术类型高等学校转型，重点举办本科职业教育。2015年10月，教育部、国家发展改革委、财政部三部门联合发布《关于引导部分地方普通本科高校向应用型转变的指导意见》，提出各地各高校要以改革创新的精神，推动部分普通本科高校向应用型本科高校转型发展。国家重视职业教育和应用型人才培养的这一系列政策引导对民办高校转型发展来说是一大机遇，民办高校一定要抓住这一机遇，根据本校和本地经济社会发展的实际情况，找准学校发展的方位，对人才培养目标、毕业要求、专业培养方案和专业课程建设方案进行改革和创新，突出自己的办学特色，走一条与公办高校侧重培养学术人才不一样的应用型人才培养道路。所谓“应用型大学”是指人才培养目标与区域经济社会发展的现实需求一致，主要培养高素质复合型的应用性人才；教师所从事的科学研究主要面向区域经济社会发展的需要，课题主要来自区域经济社会发展特别是区域产业发展中的难题；高校所开展的社会服务主要是提高区域企事业单位广大劳动者的专业技能和文化素质。现在部分民办高校已经在进行如何办好应用型高效的探索，比如，阳光学院2015年完成从独立学院向新办普通高校的转型，其定位就是应用型本科高校。

二、实践育人对提升立德树人的质量具有重要意义

(一)社会实践是培养学生社会责任感的重要途径

个体社会责任感获得的基本途径是社会实践。社会责任感的形成要经历社会责任认知、社会责任感受和社会责任适应三个阶段的发展。学者研究发

现，影响学生社会责任感形成的因素有两种：一是自我意识障碍；二是与家庭、学校、社区疏远，所以需要积极引导学生开展一系列“亲社会”的行为来树立社会责任感。大学在学生的社会责任感教育与培养中比较注重学生的认知教育、理论教育，却忽略了学生真实的情感体验，无视学生在实践中的适应性行为。这往往会导致学生在社会责任感方面的知行不一和知行脱节。要在大学生的社会实践过程中真正培养学生良好的社会责任感，必须充分认识和发掘大学生社会实践的育人功能，即动力功能、导向功能和转化功能。动力功能解决的是“为谁成才”的问题，导向功能解决的是“成什么样才”的问题，转化功能解决的是“如何成才”的问题。当前，大学生社会实践一般包括三种类型：研究型、服务型和养成型。其中，服务型社会实践是高校大学生实践的主要途径，主要包括：暑期“三下乡”“四进社区”、社会调查以及志愿服务等形式。尽管这些实践也取得了不少的成绩，但是大多为“应景之作、形式之实”。就是说一些社会实践为校方根据形势要求而附会于宣传效应，并未真正使学生有所收获，“不痛不痒”，时效性差。要克服这些弊病，高校必须结合实际在社会实践的内容和形式的选择上动脑筋、下功夫，本着层次性、服务性和教育性的原则选择和取舍。层次性即要根据高校的定位和特色，服务性即要根据地方经济和社会发展需要及学生成才需要，教育性即要根据育人的目的，让学生在实践中学会做人，学会做事。

（二）大学生社会实践的思想政治教育功能

社会实践凸显了大学生的主体地位。在社会实践中，大学生不再是被动的客体，而是活动的主体，他们的积极性、主动性得到了较好的发挥。他们自己选择地点，自己设计路线，自己解决食、住、行，自己将得到的信息加以提炼，自己得出结论。即便是老师参与的活动，老师也不再以教育者的面目出现，而只是活动的参与人，是活动中的一分子。不论大学生参与哪种形式、哪个行业的活动，他们都拥有较大的自主权，都可以与那里的人们平等相处。这里没有明显的老师和学生，没有规定的教育者和被教育者，没有强加于人的硬性约束。正是在这种平等的关系中，学生们受军人、工人、农民和干部等精神的感染，为榜样的力量所驱使，主动地、自觉自愿地、无抵触地接受了许多正面的东西，接受了一些在校园里没有接受的观点，实现了由“要我”到“我要”的转变，达到了自我教育的目的。社会实践中的主体地位使大学生具备了接受积极外在因素影响的主观愿望，使社会上的各种正面影响能够通过大学生自身的思想矛盾运动产生令人满意的效果，较好地实现了让大学生升华认识、理解理论、化为行动之目的。社会实践整合了社会上优质的教育资源。现在，“全员育人”(或称“合力育人”“大德育”等)的观点已被人们普遍接受,即对大学生的思想政治教育不能仅靠有关人员,而要实现课内课外结合,社会、学校、家庭齐抓共管。在校内,对学生的思想政治教育不光是“两课”教师和专兼职政工人员的事,管理干部、专业教师和服务人员都要从各自的角度发挥作用,实现教书育人、管理育人和服务育人。在校外,我们要利用一切可能的条件,动员各行各业的人员,对大学生进行多种形式的思想政治教育,使之成为校园内思想政治教育的补充和延续,形成全方位的育人格局,填补思想政治教育在时空上的空白,提高思想政治教育的实效性。社会实践正是依靠社会力量育人的一种形式,正是挖掘了社会上宝贵的人力资源为我们的教育目标服务。在社会这个大课堂里,学生们面对的不是校园里的几个老师,而是成百上千、各行各业的老英雄、新模范,是数不清的工农兵、企业家、管理人员和干部等。这些人往往是大学生信得过的老师,他们以自己特殊的身份、丰富的阅历、质朴的语言和感人的行动,对大学生进行着最形象、最有说服力的教育,他们的言传身教是对大学生无形的教诲,在对大学生的思想政治教育中发挥着不可替代的作用。社会实践中感性认识的丰富提高了教育的效果。在社会实践中,学生们置身于沸腾的社会生活里,处在真实、生动、具体的环境中,这为他们理解和验证概念、原则提供了丰富的素材和不竭的源泉,可以解开他们的困惑和疑团,帮助他们找到理论得以存在的现实土壤,从而实现感性认识到理性认识的飞跃。社会实践是大学生的必修课,它所提供的大量感性材料在大学生的成长进步中发挥着其他教育形式无法比拟的作用。

(三)大学生社会实践能强化专业教育

应用型人才是指在社会生产和实践中将专业知识和技能应用于所从事职业或专业的一种人才类型,这种人才类型能熟练掌握社会生产或社会活动中某项生产环节和过程的专有知识和特殊技能。应用型人才的知识结构特别强调基础、成熟和适用的知识,在能力培养中突出对基本知识的熟练掌握和灵活应用,培养过程更加重视实践性教学环节。社会实践是促进大学生全面发展的重要举措,是提高大学生创新与创业能力的重要方式,是培养社会生产和实践应用型人才的重要途径。大学生社会实践最大的优势在于有比较专业的理论知识作为实践的基础,能够将学校里所学所思运用到具体的社会实践中。大学生在实践中会感受到学习理论的重要性,增加理论学习的兴趣。通过专业性较强的社会实践锻炼,让理论知识在实践中得以运用,能提高学生对所学知识的理解和掌握,不断加深和巩固所学的理论知识,会改变他们对理论学习的某些偏见。培养大学生具有一定的科研能力是大学教育的重要目标。开展带有一定科研性质的社会实践活动有利于对大学生进行科研创新教育，利于培养大学生的科研能力和创新能力。在社会实践中，引导学生根据所感兴趣的领域做好课题研究和调研报告或者其他形式的科学研究，最后形成一定的科研成果，有助于培养大学生的科研素养和创新精神。部分高校的社会实践在科研创新教育方面已经初见成效，部分团队通过社会实践进行科学调研已获得了国家级"挑战杯"大赛奖项，培养了大学生的科研创新能力。

三、改进社会实践育人方式，提升立德树人工作成效

长期以来，民办高校都比较重视社会实践育人，但民办高校在社会实践育人中也存在着社会实践参与面不广、社会实践的规划指导不具体深入、大学生参与意识不够强烈等问题，使得民办高校的社会实践育人成效不佳。新时代要为社会培养高素质的应用型人才，民办高校必须改进社会实践育人的方式方法，从学校层面对社会实践活动进行统一规划，建立合理的机制，调动全校教职员共同参与学生社会实践的组织和指导，从而在整体上提升学校立德树人的成效。

（一）民办高校社会实践育人工作存在的问题

1.大学生参与社会实践的面不广，程度不深

民办高校组织开展大学生社会实践的形式主要有两种，一种是集中组队实践，由教师带领学生有组织地参加社会实践。这类社会实践有学校的经费支持，有教师的全程指导，实践育人的功效比较突出，也很受学生的欢迎。但限于学校财力和教师的精力，团队实践的数量和规模不大，只限于部分较为优秀的学生参与，普通同学参与这类团队的机会较少，使学生受益的面相对狭窄。第二种形式是学生个体利用假期返乡实践，这是大多数民办高校调动学生参与社会实践的普遍做法。这种形式可以让学生广泛参与，但参与的程度低。学生利用返乡度假，参考老师提供的选题就近开展社会实践。由于学生的人数多，指导老师少，大多是远程指导，所以学生参与社会实践的程度完全取决于学生的自觉程度。尽管学校会要求学生提交实践报告，但学生可能会以各种方式敷衍了事，实践效果不佳，对学生立德树人的帮助不大。团队实践的小范围和全员实践的不深入，使得总体上社会实践育人成效不佳。

2.学校对大学生社会实践活动缺乏系统规划

尽管不少民办高校都把社会实践当作教育教学的一个重要环节，纳入了学校育人工作的全局，但从整体上来说，社会实践仍缺乏整体规划和实施细则，未能跟思政课程和专业课程有机结合，缺乏社会实践教学大纲和实践教学

课程计划，没有长期稳定的社会实践基地，在师资配置、课时认定及产学研结合方面无章可循。这势必导致师生参与的积极性不高。学校未能真正从培养应用型人才的角度出发去规划安排社会实践活动，不同程度地存在着社会实践重宣传、重声势，而忽视实践对立德树人所发挥的真正作用。重形式，轻实效。对社会实践整体动员、宏观指导多，对学生个体参与社会实践中的深入指导少。这种社会实践状态，其结果就是对整个学校立德树人的帮助很小。

3.未能充分激发大学生参与社会实践的主体意识

大学生参与社会实践有助于把时代的要求内化为他们的自我意识，主动迎接知识经济的挑战，勇敢担起促进社会发展的历史责任。社会实践的重要育人功能之一就在于让每个学生作为独立、理性、自为、自由的人格主体参与教育活动以及相关的社会情境之中，凭着自身的理智与激情去独立思考，根据社会的需求选择自己的行为与承担责任。由于未能形成激励学生积极参与社会实践的体制机制，学生面对新形势、新任务、新情况和新变化，对积极参与社会实践的社会价值认识不深刻，对参与社会实践之于个人成长成才的重要性认识不到位，使得学生参与社会实践的主动性、自觉性不够，将社会实践当作一项不得已而为之的学习任务来对待，因而这在行动上就表现为走马观花、敷衍了事，没能深入、扎实地实践，临近假期结束，往往是到实践单位盖个公章、写份实践报告就草草了事，由于参与程度低，没有带着问题去思考，他们更不会去主动帮助解决社会实践中遇到的问题，不论从思想认识，还是从行动能力的角度来说，对学生的帮助都不大。

（二）改进民办高校社会实践育人机制，提升立德树人工作成效

针对当前大学生社会实践育人功能存在的问题，民办高校要及时转变观念、提高认识，从培养具有创新性、应用型的技术人才出发，按全面推进素质教育的要求，营造全员参与的社会实践育人环境，推动大学生社会实践长效、稳定地发展。

1.从立德树人的高度全面规划大学生社会实践活动

民办高校一定要深刻认识到社会实践对高校立德树人的重要价值，从培养服务地方经济发展的应用型人才这一目标出发，来制定学校实践育人方案。首先，建立完整的社会实践育人领导组织机制，形成在学校党委领导下，由共青团组织牵头，教务处、宣传部、学工部(处)、科研处、各二级学院党总支、学生会等职能部门和学生组织齐抓共管，实践教育资源整合互动的领导管理机制。其次，建立高效的社会实践育人运行机制。社会实践育人要作为课程写进专业培养方案，开设课程，设立学分，把社会实践纳入学校教育教学的过程中，使

之真正成为每位学生的必修课。最后，建立有力的社会实践保障机制。建立健全校地合作、校企合作机制，与企事业单位共建大学生社会实践基地，将课程教学与社会实践有机结合，塑造一个面向全体学生的实践育人环境，保障社会实践能顺畅高效地完成。

2.加强社会实践指导和评价，提升立德树人工作实效

建立稳定的社会实践育人指导教师队伍，对实践指导老师要进行培训，提升他们的实践指导能力。建立有效的社会实践育人评价、激励机制。对积极主动参与社会实践并取得良好绩效的学生要给予奖励，对学生参与社会实践取得的优秀成果和良好社会效益，要进行广泛宣传，增强他们参与社会实践的价值获得感和荣誉感，让这些优秀成果激励所有学生更加积极地参加社会实践活动，激发他们自觉成才的潜能。对于教师参加指导学生社会实践活动，要建立相应的制度，教师指导社会实践要计入教学工作量，并把教师是否参与指导社会实践、参与社会实践取得的实际成效作为其职称(务)晋升、评先评优的考核依据。学校切实抓好督导机制建设，成立专门的社会实践督导小组，通过立项申报、实地访查、网络交流、信息报送等多种形式，从确定项目到组织实施再到总结，对学生开展社会实践交流的全过程和每个环节都进行评估和督导，以此来保证整个社会实践过程按既定目标实现，保证学生个体实践的真实有效。

3.结合专业知识开展社会实践育人，提升立德树人成效

学生参与社会实践要体现和突出专业特色。学生结合专业开展社会实践，既保证了社会实践与第一课堂的有效衔接，也有利于推动学生在广阔的社会实践活动中激发专业兴趣、巩固专业知识、增强专业技能，从而最大限度地实现社会实践“受教育、长才干、做贡献”的价值追求。结合专业开展社会实践需要找到学生、学校、社会“三方受益”的动态平衡点。在探索社会实践与专业结合的过程中，一个可行的切入点是推行“带课题下乡”的社会实践模式。该模式要求学校每年定期向全体学生公布社会实践参考课题，由学生自由组队申报，学校负责评审立项，审核结题，奖惩激励。参考课题可以由思想政治理论课教师、专业课教师和实践基地提供。学生既可以在学校提供的参考课题范围内申报课题，也可以就自己感兴趣的研究领域和方向申报课题。寒暑假期间，学生带课题参与社会实践，在实践中完成课题任务。课题经学校审核结项后，可以通过多种形式进一步实现它的价值，比如，转化为校内外各级各类科技竞赛的项目，或以论文形式发表，或者是促成成果转化，或将课题深化继续研究等。

4.不断拓展社会实践基地,提升立德树人成效

大学生社会实践基地是民办高校组织学生开展社会实践的重要阵地和稳定依托,只有组建起大批相对固定的社会实践基地,大学生社会实践才能长期稳定地开展下去,实践育人的功能和成效也才能得到可持续的实现。因此,民办高校要积极争取社会资源,按照“就近就便,优势互补,双向受益”原则,主动加强与地方的联系,从地方经济社会发展和大学生成长成才的实际需要出发,努力建好实践基地。高校要积极创新实践基地的运行机制,逐步实现社会实践基地由单一功能向教学科研基地、勤工助学基地、择业就业基地、创新创业基地等多种形式、多种功能的综合实践基地转化,从而把实践基地真正建设成学生走出校门、融入社会的实践平台,建成学生拓展素质、励志成才的广阔天地,建成学生科技成果转化、创新创业项目的孵化园区。

第二章　民办高校社会实践育人的内涵

实践育人是关系到个人、学校和社会的系统性、综合性和整体性的工程，是目前高等院校培养和育人的有效方式。民办高校由于其发展和管理方式的特殊性，为了提高实践育人的实效性，必须充分考虑到实践育人的概念、特点、功能以及本质要求。这对深入了解和不断丰富民办高校实践育人的内涵有深刻意义。

第一节　民办高校社会实践育人的概念

民办高校、实践、实践育人、社会实践育人等词汇在哲学和日常的社会生活中使用频率非常高。通过对以往的研究成果进行分析，我们对这些概念的准确内涵还没有形成统一的看法和意见。因此，本书在批判继承以往相关研究成果、系统学习党和国家有关高校实践育人的相关制度政策的基础上，结合马克思主义的一些基本观点和论述，尝试对实践育人的相关核心概念进行阐释，以此深化对民办高校实践育人的了解。

一、民办高等学校的概念

对于民办高等学校的概念和内涵，基于不同的视角，学者们对其给出了不同的解释。潘懋元教授的《关于民办高等教育体制的探讨》一文从民办高校的办学主体和办学经费来源两方面指出，“民办学校，实质上相当于私立学校。”[①]“在中华人民共和国成立初期，私立高等学校经过接收、调整等程序直接改为公办学校或者将其合并为公办学校。”[②]吴中魁教授认为，“民办高校长期与社会力量办学等同使用，只要不是国家和政府机构，只要不利用国家财政

① 潘懋元.关于民办高等教育体制的探讨[N].光明日报，1980-06-22.

② 魏贻通.民办高等教育研究[M].厦门:厦门大学出版社，1991:9.

性经费，所举办的学校或教育机构均在社会力量办学之列。"①而黄藤教授则"从由谁经营的角度出发，认为无论投资主体是谁，凡不是由政府具体经营、自主办学的所有学校，我们都可统称为'民办学校'或'民营学校'"。②

在我国改革开放至今的民办高等教育政策文本中，"社会力量"和"民办"的称谓交叉使用，存在表述上的不明确。1982 年 12 月通过的《中华人民共和国宪法》不仅是我国的根本大法，也是民办高等教育政策体系中的基本法。该法第 19 条提出"国家鼓励集体经济组织、国家企事业组织及其他社会力量依照法律规定举办各种教育事业"，这是第一次使用"社会力量"这一称谓。对于"民办"称谓的最早正式提出是在十四大报告中，该报告指出"要改变国家包办教育的局面，支持和鼓励民间办学"，这是首次提出了"民间办学"的概念。最早出现"民办"二字是在《民办高等学校设置暂行规定》之中，此规定将"民办高等学校"明确界定为"除国家机关和国有企事业组织外的各种社会组织及公民个人，自筹资金，依照本规定设立的实施高等学历教育的教育机构"。自此，"民办"二字开始出现在各项教育政策文本之中。《宪法》赋予了民办教育合法性。

改革开放 40 年来，我国社会、经济、民生发生了翻天覆地的变化。随着改革开放的不断深入，民办教育得到了迅速发展。《中华人民共和国民办教育促进法》(由第九届全国人民代表大会常务委员会第三十一次会议于 2002 年 12 月 28 日通过，自 2003 年 9 月 1 日起施行)规定："国家对民办教育实行积极鼓励、大力支持、正确引导、依法管理的方针""民办学校与公办学校具有同等的法律地位，国家保障民办学校的办学自主权"，政府对民办教育的重视，不仅为民办教育的发展指明了方向，也推动了民间力量建设民办高校的热潮。

在我国，没有"私立教育"的说法，与国外"私立高校"相对应的概念是"民办高校"。现阶段，我国虽然没有"私立教育"一说，但普遍用"民办教育"代替国外的"私立教育"。早在春秋时期，孔子就已经创办了私塾。虽然西方发达国家私立教育的创办时间要晚于我国春秋时期，但在发展规模和发展程度上却远远领先于我国私立教育的发展。在国外，私立高等教育是指主要由民间资本所维持经营的大学，一般是指由非地方或者中央政府投资，全部或者部分

---

① 吴忠魁.私立学校比较研究——与国家关系角度的分析[M].北京：北京师范大学出版，1991：19.

② 黄藤，王忍.对我国民办教育理论研究基本问题的思考[J].陕西师范大学学报(哲学社会科学版)，2004(3)：103-108.

地依靠学生的学费来维持大学的经营而非公共资金，而且校方有权自主选择生源的大学，其主要经费来源是社会捐款、募款等非政府资金，以维持其独立非营利组织之特性。虽然我国对民办教育的称呼与国外不一样，但我国民办高校与国外私立高校在办学性质上是一致的，都是由私人或私立机构投资设立，自主经营，自行管理。两者的区别在于，我国民办高校由于在筹集办学经费上的民间捐赠力度不够活跃，大部分属于投资办学，而非国外普遍的捐赠办学，加上我国现行的教育体制问题，我国民办教育对政府补助资金的依赖程度要远远大于国外对政府支持的依赖。与公立高校相比，民办高校具有办学自主性、办学灵活性、办学个性化的特点。民办高校办学的自主性体现在民办高校的办学主体是独立于政府之外的社会组织及团体个人，在国家法律和相关政策规定的框架之下，民办高校办学主体有权根据自身办学需要对教育教学活动进行自主安排。这包括教育经费的自我筹集、经费的自我管理及自我使用、教学管理人员的自我招聘、招揽生源的自我安排等；民办高校办学的灵活性体现在民办高校是市场机制的引入物，它根据社会经济要求可及时调整办学策略和办学思路。在筹措经费方式上形式多样，其可通过政府资助、社会捐赠、自我筹资、收取学费等多种途径灵活办学。民办高校办学个性化的特点体现在由于民办高校具有办学自主性与办学灵活性的特点，在与公办高校竞争的过程中，较容易形成自己独有的办学个性和办学特色。

因此，我国将民办高校定义为由企事业单位、社会组织、社会团体及个体，利用非国家财政性教育经费，依照国家和当地教育行政部门制定的高等学校的设置标准，根据人才培养模式，满足社会需求，受国家监督和监管，根据各级教育行政部门按照规定的审批权限，面向社会举办的实施国家承认的高等学历教育的学校。

二、实践的概念

实践的观点是辩证唯物论的认识论最基本的观点。苏格拉底说："只要一息尚存，我永远不停止哲学的实践。"[①]亚里士多德说："实践就是幸福，仁义和执礼的人之所以能够实现善德，主要就在于他们的行为。"[②]这一阶段中的实践是一个泛理想化的美学概念。最早把实践引入哲学范畴的是德国古典哲学创始人康德。他提出了主观的实践准则和客观的实践法则两个概念，认为人

① 北京大学哲学系.西方哲学著作选[M].北京：商务印书馆，1981：68.

② 亚里士多德.政治学[M].吴寿彭，译.北京：商务印书馆，1965：349.

作为有限理性的存在体，在实践理性的支配下追求趋向完美性的实践终极目的。黑格尔把实践引入了认识论，把实践看成认识的必然环节，并在一定程度上猜测到了实践是检验真理的标准。但是其实践观具有唯心主义的特点，从根本上限制了实践观的科学性。显然，旧哲学并不能科学地回答实践的本质问题。马克思鲜明地指出了唯心主义和旧唯物主义学者在这一问题上的狭隘认识，他说："唯心主义是不知道现实的、感性的、活动本身的"[①]"从前的一切唯物主义的主要缺点是：对对象、现实、感性，只是从客体的或者直观的形式去理解，而不是把它们当作感性的人的活动，当作实践去理解，不是从主体方面去理解"[②]。亚里士多德指出："实践涉及人生的意义与价值，生产的对象是物体。"亚里士多德最早把实践内容进行了二元论的划分，区别了实践和创新，认为实践区别于技术性活动，虽然两者都受行为主体主观思考的支配，但是实践是受明智支配的行为，是与道德关联的行为。实践本身就是目的，它的最高范畴是善，一切实践都以善为目标。亚里士多德把实践的基本意义理解为"正确的行为，一个完全圆满地完成自身构成目的的活动"。在这里，实践表现出了浓厚的追求人生价值和意义的色彩，在一定程度上开始上升为一个哲学名词。

马克思主义哲学吸取了哲学史上一切关于实践概念的优秀成果，正确阐明了实践的本质以及实践在认识世界和改造世界中的作用，创立了辩证唯物主义的实践观。马克思在《关于费尔巴哈的提纲》中，系统地阐述了有关实践的系列观点。

（一）实践是人类能动改造和探索现实世界一切客观物质的社会性活动

人类的产生、存在和所有活动，都是以实践为基本方式和标志的，人类的"全部的社会生活在本质上是实践的"。人类为了获得生存和发展，通过改造客观世界获得自己所需要的物质生产资料，这种实践活动也就决定了人的本真存在。实践不仅是人的一种特殊的活动和生存方式，也是构成人的存在的基本内容。正如马克思所说："这种活动、这种连续不断的感性活动和创造、这种生产，正是整个现存的感性世界的基础，它哪怕只中断一年，费尔巴哈就会看到，不仅在自然界将发生巨大的变化，而且整个人类世界以及他自己的直观

---

① 马克思，恩格斯.马克思恩格斯选集(第1卷)[M].北京：人民出版社，1995:54.

② 马克思，恩格斯.马克思恩格斯选集(第1卷)[M].北京：人民出版社，1995:54.

能力，甚至他本身的存在也会很快就没有了。”[①]实践是人类产生和存在的前提，人类只有通过实践才能把自身从动物界区分开来。“人开始生产自己的生活资料的时候，这一步是由他们的肉体组织决定的，人本身就开始把自己和动物区别开来。人们生产自己的生活资料，同时间接地生产着自己的物质生活本身。”[②]同时，实践是人类改造客观世界的一切活动，涵盖的内容十分丰富，实现形式也多种多样，分为政治、经济、文化、军事、宗教、教育等多种形式。这些实践活动的实践内容、实践主体、实践客体等都具有很强的普遍性。我们可以把这些内容丰富、形式多样的实践活动看作一般性实践活动。相应的，我们可以根据具体实践领域、实践主体等的不同，将实践活动分为政治性实践、经济型实践、军事型实践、教育性实践等不同类型的社会实践活动。

（二）人类通过实践活动加深对外部世界的认识

实践是人类一切认识的源泉，是认识发展的动力。人类通过实践活动改造客观世界，从而使人的认识不断地有可能转化为现实。毛泽东指出：如果要直接地认识某种或某些事物，便只有在亲身参加变革现实、变革某种或某种事物的实践斗争中，才能暴露那种或那些事物的现象，也只有在亲身参加变革现实的实践的斗争中，才能使自己同客观事物接触，才能使客观事物的形象反映到头脑中来，形成一定的经验判断，从而进一步形成人们的认识。不进行改变和改革客观世界的实践活动就没有直接经验，人类的认识不是一成不变的，它是由浅入深、由片面到全面、由低级到高级的一个过程。随着人类实践活动的进一步开展，人类会形成一系列的新经验和新认识，也必然会产生各种新矛盾和新问题，这对人类认识水平也提出了更高的要求。随着新问题和新矛盾的不断产生和不断解决，人类的认识水平也得到了不断深化和发展。以毛泽东为核心的党的第一代领导集体，深入了解中国的国情，经过多次实地调查，分析中国各阶级成分，写下了《湖南农民运动考察报告》，制定了我党的新民主主义革命总路线，尤其是吸取旧民主主义革命教训，确定了无产阶级的领导权，团结了一切可以团结的力量，坚决彻底地推翻了帝国主义、封建主义和官僚资本主义，完成了近代中国终于站起来的重大历史任务。以毛泽东同志为主要代表的中国共产党人在革命和新中国建设中，形成了毛泽东思想。自 1978 年十一届三中全会之后，我们党确立了解放思想、实事求是的思想路线，在这样

① 马克思，恩格斯.马克思恩格斯选集（第 1 卷）[M].北京：人民出版社，1995：77.

② 马克思，恩格斯.马克思恩格斯选集（第 1 卷）[M].北京：人民出版社，1995：67.

的思想路线指导下，中国开始了改革开放的伟大征程，迅速提高了我国的综合国力，改善了人民的生活水平。改革开放四十年来取得的伟大成就，恰恰证明了实践的重要性，在实践中探索真理。在中国共产党的继续探索下，我国形成了"三个代表"重要思想，科学发展观理论。十九大报告，充分展示了在中国共产党的领导下，全国人民团结在以习近平为核心的党中央领导下，凝心聚力，锐意进取，勇于实践，创造出了举世瞩目的成就，在经济、政治、文化、社会、生态五位一体的布局中，保持健康有效的发展，尤其在精准扶贫战略中，充分考虑到中国各地的实际情况，具体问题具体分析，2020 年全面建成小康社会，使我们迈向中华民族伟大复兴的中国梦又近了一步。中国的国际地位也越来越重要，在人类命运共同体的理念下，中国在国际上扮演着越来越重要的作用。中国的发展恰如毛泽东所说"实践、认识、再实践、再认识，循环往复以至无穷"，中国特色社会主义事业不断发展才促使中国特色社会主义理论的形成，中国特色社会主义理论又用来指导中国特色社会主义的实践。

（三）人类实践的活动证明，只有实践才是检验真理的唯一标准

我国爆发的自上而下的关于真理标准问题的大讨论，把实践在政治经济生活中的重要性提升到了前所未有的高度。实践是检验真理的唯一标准，检验真理就是判断主观认识同客观实际是否相符合，以及相符合的程度。认识是人的主观意识，不能自行检验是否与客观认识相符合；客观世界存在于人的意识之外，不具备检验人们主观认识的条件和能力，不能作为检验真理的标准。实践活动是主观见之于客观的活动，是人的主观认识同客观事物相联系的桥梁。只有通过实践活动才能检验人类的主观认识是否与客观存在相符合以及相符合的程度。正如马克思所说："人的思维是否具有客观的真理性，这不是一个理论的问题，而是一个实践的问题。人应该在实践中证明自己思维的真理性，即自己思维的现实性和力量，自己思维的彼岸性。关于离开实践的思维的现实性或非现实性的争论，是一个纯粹经院哲学的问题。"[①]同时，实践是认识的最终目的，人类获得一切认识的目的不仅是认识活动，而是为了更好地指导实践，通过不断获得正确的认识指导人们更好地改造客观世界，为人类更好地生存和发展提供充足的物质文化产品，这也是认识的根本价值和根本目的所在。毛泽东说："理论的基础是实践，又转过来为实践服务。"[②]

因此，综述有关文献研究和我国的发展演变，实践的定义如下：实践是人

---

① 马克思，恩格斯.马克思恩格斯选集(第 1 卷)[M].北京：人民出版社，1995：58.

② 毛泽东.毛泽东选集(第 1 卷)[M].北京：人民出版社，1991：284.

类在一定社会组织中，有目的认识和改造世界的活动，是人们改造客观世界的一切活动。一方面，实践是人类改造客观世界的物质性活动，具有物质性和直接现实性等特点。另一方面，实践是人类的主观能动性活动，实践把人类的要求、目的等通过实践活动表现为客观现实，体现人类的意志和特点。

三、实践育人的概念

“人”的道德情操的塑造和个人修养的养成，历来在我国古代受到了高度重视。如何育人的观念在我国传统文化中渊源深厚。“育”字在《现代汉语词典》中有三种解释：第一，生育之意；第二，养活之意；第三，教育之意。三种不同解释的核心都是个体的成长，体现了教育促进人的全面发展的思想。孔子在教育过程中提出了“君子博学于文，约之以礼”的教育理念，即要求学生学习老师教授的内容，不仅包括文化知识，还包括社会的行为规范和道德礼数。随着儒家思想的进一步发展和演化，一系列比较系统的“仁”“义”“礼”“智”“信”等教育思想也逐渐形成了。《大学》系统给出了“格物”“正心”“修身”等一系列做人和教育的准则。这些传统的育人理念，对中国古代传统文化和传统教育产生了重要影响，在今天对大学生个人品德的养成和构建和谐社会仍在起着一定的教化作用。

教育家徐特立指出：“教书不仅是传授知识，更重要的是教人做人。”[①]同时，他还提出了作为老师应该是“经师”和“人师”合一的结合，这样才能符合教师的要求。“做事情之前先学会做人”已经成为社会广大群体接受的普遍共识。育人的理念和方向强调，应该把育人工作放在教育的第一位，而不仅仅是停留在简单的知识传播和教授的阶段。

育人是教育活动本身的应有之义。育人要使教育真正站在人的立场上，以人的完善和发展作为基本出发点，以人的发展作为衡量育人工作的基本标准和价值判断。育人为本理念中的人的主体性还体现在育人为本应该是“教”和“育”的统一。教育是一种将价值引导与自我构建相结合的育人活动。“教”本身就是对教育对象的一种教化与培育，本身就意味着“育”，但是如果离开了受教育对象作为主体性的自我构建和完善，就不能真正实现教育的目的。

实践育人作为高校教育的有效方式，其实是有着可以追溯的理论渊源和迫切的现实需要的。一是从马克思主义哲学的观点解读实践育人。马克思主义认为，实践是人类社会中有目的和有意识地改造客观世界的一切活动的总

---

① 徐特立：徐特立教育文集[M].北京：人民出版社 2006：89.

和，通过实践活动仅能够改造客观世界，而且能够通过主观见之于客观的实践过程，改造实践主体的主观世界。实践是联系人类主客观世界的重要桥梁和纽带，也是人类一切认知的源泉，人们只有通过实践活动认识和改造客观世界，才能形成自己的认识，并在“实践-认识-再实践-再认识”的循环中，不断推动实践和认识的深入发展。毛泽东指出“感觉只解决现象问题，理论才解决本质问题。这些问题的解决，一点也不能离开实践。”①人们只有在不断深入的实践活动中，才能更好地认识和改造客观世界，才能获得自身的发展。实践育人的观点，完全符合马克思主义时间观的基本原理和要求。二是从高等教育的现实需要看待实践育人。高等教育的根本任务在于育人，在于培养能够满足社会发展需要的、各个方面得到全面发展的大学生。大学生的全面发展和全面成才，不仅体现在知识水平的不断提升和知识结构的不断丰富上，更要求学生各种能力和素质的全面提高和协调发展，并在实现个人发展的基础上，能够适应社会发展的需要，实现个人与社会的和谐发展。

基于有关文献的基本研究，我们对实践育人尝试如下定义：遵循教育规律和人才成长规律，开展与大学生专业知识学习和综合素质提高等成长成才相关的各种教育实践活动，不断强化大学生的理想信念，提升大学生的社会责任感，塑造大学生的良好道德品格和身心素质，使之成为社会主义建设者和接班人的实践教学活动过程。实践育人的形式包括教学实践、军事训练、主题教育、志愿服务、社会调查、创新创业和勤工助学等一系列和大学生相关联的实践活动。

四、社会实践育人的概念

近年来，大学生社会实践工作越来越受到社会有关方面的重视。1999年，党中央、国务院下发了《关于深化教育改革　全面推进素质教育的决定》；2002年，团中央、教育部、全国学联联合在高校开展了“大学生素质拓展计划”试点工作；2006年，十六届六中全会明确提出，要注重培养和增强学生的实践能力、创造能力、就业能力和创业能力；2010年，《国家中长期教育改革和发展规划纲要（2010—2020年）》也提出高等教育要“强化实践教学，社会实践是大学生思想政治教育的重要环节，对于促进大学生了解社会、了解国情、增长才

① 毛泽东.毛泽东选集（第1卷）[M].北京：人民出版社，1991：286.

干、奉献社会、锻炼毅力、培养品格、增强社会责任感具有不可替代的作用”。[①]习近平指出：“学到的东西，不能停留在书本上，不能只装在脑袋里，而应该落实到行动上，做到知行合一、以知促行、以行求知。”[②]

认识与实践的关系具体表现为“认识—实践—再认识—再实践”，这个过程以认识为起点，通过理论学习获得实践的基本指导，然后在实践中修正与完善，再将认识运用到实践，在“盘旋上升”的进程中完成认识与实践的互相促进。按照这一模式，社会实践在帮助青年学生认识社会现实、探索社会本质方面发挥着极其重要的作用，能够帮助大学生树立实现中华民族伟大复兴的理想信念，增强历史使命感和社会责任感。当代大学生大多是接受应试教育，备受家庭的关怀和呵护，对我国的社会现实了解甚少。思想政治理论课社会实践能够弥补这一缺失，促使大学生广泛地接触社会、了解社会，通过社会调查、志愿公益、体验观察等方式深入接触基层群众，体察国情民情，感受社会发展现状，从中挖掘深层次的社会规律，探求社会现象背后的本质。只有通过体察和把握当代中国社会大众的情感、认知方式以及生产、生存、生活状态，大学生才能够深入地了解人民群众的所思、所想、所需、所望，从而能正确、全面地看待中国的现状和发展。

社会实践是大学生实现知识转化的根本方法。在社会实践中，教育过程中的主客体地位能够得到准确的定位，指导教师始终处于从属地位，大学生始终处于主体地位。这种主体地位表现为，大学生在社会实践的过程中始终处于主动探索实践、感知认识的地位。在探索实践、感知认识的过程中，大学生掌握的专业知识能够得到检验，知识结构能够得到完善。思想政治理论课社会实践能让大学生把在校学习的理论和专业知识运用到实践中去，将理论转化为实践。大学生在实践中结合学科专业特点，深入社会、深入基层，开展行业专业调研、科技推广、企业帮扶等类型的活动，将专业实践活动与专业学习相结合、与服务社会相结合，树立服务和就业意识，思考和规划人生道路，将个人发展同国家、社会发展紧密结合。

社会实践是素质教育的重要内容。对高等教育而言，社会实践是课堂教学的必然延伸和有益补充。社会实践可以激发学生的能动性与创造性，是教育的重要组成部分，是提升大学生综合素质的有效载体。大学生在社会实践

---

① 教育部社会科学司.普通高校思想政治理论课文献选编(1949—2008)[M].北京：中国人民大学出版社，2008.

② 习近平.在北京大学师生座谈会上的讲话[N].人民日报，2018-05-03(2).

活动中开阔了眼界，受到了教育，得到了锻炼，提高了自身素质。社会实践是大学生从大学校园走上社会的一个顺利过渡的桥梁与平台，它将大学生的理论和知识运用到具体实践当中，让大学生向群众学习，从实践中学习，强化各种知识和技能，追求全面发展，在服务和奉献中提高自身综合能力和素养。

社会实践有利于大学生塑造优良品质、发展实践能力和增强创新意识。社会实践活动没有固定的模式，也没有固定的场地和对象。学生自行组织活动，要独立面对和解决各种问题，进而可学会如何与同学分工合作，与老师、群众配合学习，如何恰当地处理人际关系、融洽地与他人相处等，最终实现自我成长。思想政治理论课社会实践能够培养和锻炼大学生的实际工作能力，使其在实践中能够发现自身不足，从而及时地改进和提高，更新知识结构。大学生通过社会实践能够看到自己和社会需求之间的差距，认识到自己在知识和能力上的不足，从而更加客观地重新认识自我、评价自我，摆正个人与社会、个人与人民群众的位置，以便更好地适应社会需要。社会实践育人，就是把理论与实际、课堂与社会、学习与研究紧密联系起来，以学生主体活动为主要形式，以激励学生主动参与、思考和探索为基本特征，以促进学生整体素质全面发展为目的，培养学生联系实际思考问题、运用理论分析问题、自主研究解决问题等实践能力的教育教学活动。

总之，在参考前面讨论的实践、实践育人等概念的基础上，结合社会实践育人对人才培养的重要意义，我们可以把社会实践育人概念定义为，是以高等教育人才培养目标为指导、以大学为依托、以社会为舞台，接触社会、了解社会、服务社会，并从中接受教育、培养综合素质的一系列有组织、有计划的活动的总称。

第二节　民办高校社会实践育人的特点

实践育人是根源于马克思主义实践观，并在追寻教育发展规律和人才培养模式的基础上形成的相对科学的一种教育理念。民办高校办学特色突出，应用性强，灵活高效，注重社会对人才培养的需求的特点，决定了其实践育人也具有鲜明特色。我们可以从普遍性和特殊性相结合的特点来了解民办高校实践育人的特征。

一、民办高校实践育人具备的普遍性特点

高校的社会实践活动渗透于育人工作的各个环节,以大学生为参与主体,以主观见之于客观的实践活动为主要载体,形式多样、内容丰富。在实践育人的各个环节中,预定目标的确立具有非常清晰的方向性和指引性。

(一)社会实践育人目标的指引性

实践育人作为育人途径的一种,是一种目的性和针对性很强的教育实践活动。实践育人的根本目的在于通过各种实践活动,提升大学生的综合素质,促进大学生的全面发展,努力使大学生成为社会主义的合格建设者和接班人。实践育人的目标性和针对性,也决定了实践育人活动必然具有导向性的特征。实践育人的目标指引性,是指实践育人工作有着明确的目标和方向,工作内容和安排都是以提升大学生的思想政治素质、培养大学生的实践创新能力和促进大学生的全面发展等为导向,设计时间与工作的各项环节和内容,以实践活动为载体,不断实现并强化育人目标。

实践育人的目标指引性要求实践的内容和设计以强化大学生的理想信念,提升大学生的社会责任感,塑造大学生的良好道德品格和身心素质,培养大学生用于探索实际问题的实践能力为工作的出发点和落脚点,服务于思想政治教育和育人工作的大局,最终实现实践育人的目标。育人模式的核心是高校培育办学特色,提高核心竞争力,说到底是为了实现办学目标,形成特色化的人才培育模式和教育教学模式。这是民办本科高校强化比较优势、保持长久竞争力的重要途径。以培育一线应用型人才为目标,民办本科高校在一系列有关实践育人模式的环节上,要大胆探索、勇于创新,使本科教育突出应用性和职业性,培养出有特色的人才。当前,高等教育理论界不少有识之士,依据大学毕业生就业难的新形势,主张应用型本科高校在专业设置上要突出针对性,课程结构上要突出教学组织,实施中要突出实践性,这种面向市场需求创新人才培育模式的思路,完全适用于民办本科高校。

实践育人的目标指引性还体现在,高校在开展实践育人的工作时,都应围绕培养大学生综合素质这个目标,根据育人工作的整体要求,对实践育人的开展情况和整体安排进行整体规划,对实践育人的时间、方式、效果都有一定的预期和监控,保证活动开展的效果。各高校开展的实践育人活动形式多样,内涵丰富,但无不落脚在“育人”这一点上。实践活动紧紧围绕立德树人的根本任务,把提升大学生的实践创新能力等各项综合素质作为工作开展的目标和方向。实践育人的导向性是实践育人区别于一般性实践活动的主要特征。

（二）社会实践育人的广泛参与性

实践育人与课堂的理论育人的最大区别在于充分发挥学生的主观能动性，最大限度地挖掘学生的热情，积极投身在社会活动中，实践育人不同于理论知识学习等其他形式的教育工作，它不以课堂理论知识传授和经验传承为主要内容，它区别于其他育人活动的最大特征就是实践育人工作中学生的主体参与性。实践育人以提高大学生的实践创新能力等综合素质为导向和目的，以主观见之于客观的活动为载体，通过组织、引导大学生参与到形式多样、内容丰富的实践中去，通过生动活泼的实践体验，在认识、改造客观世界的同时，更为丰富深刻地认识和改造自己的主观世界，并在实践的过程中实现自身各种能力和综合素质的锻炼提升，从而实现大学生的自我教育和自我成长。实践育人的参与性决定了实践育人是大学生实现自我教育的最佳手段。

对于高校实践育人的广泛参与性，我们可以从以下两个方面来了解：

1.大学生是实践活动的参与者

实践育人的所有内容都以大学生作为活动开展的主体，不管主动参与还是被动接受，学生都会参与实践育人的全过程。大学生通过实践活动，获得实践感悟和认识，改造自己的主观世界，提升自己的实践创新能力，优化自身的身心素质；大学生参与实践育人工作会对实践育人的工作安排产生积极的互动和影响。大学生是实践活动的参与主体，学校或教师在开展教育工作实践时，应尊重大学生的主体地位，根据大学生的实际情况，有针对性地开展实践育人的相关工作内容，并根据大学生的意见反馈进行调整。大学生充分发挥主观能动性，从而使其更好地达到育人效果。最后，大学生可以自主地参与实践过程。大学生可以根据自己的实际情况，选择适合自己的实践内容、实践方式、实践课题，自行组织、自行设计，只是在必要的时候寻求帮助和指导。在这种完全自主性的实践活动中，大学生自己既是实践活动的参与者，更是实践活动的组织者和倡导者。高校通过自行组织实践育人活动，既达到了实践育人的主要目的，又能全面地培养大学生的能力。

2.实践育人的直观体验性切合教育规律

在校大学生的学习主要以课堂理论知识学习为主，但是理论知识学习存在着形式单调、内容枯燥、参与性和活动性较差等明显的缺点，尤其在思想道德素质和意志品质等方面的教育作用更是非常有限，实践育人的体验性特征，决定了实践育人工作能够达到其他育人工作所不能达到的效果。在实践活动中，大学生不仅能够获得知识和文化，完善自己的知识结构，提升自己的认知水平，还能够体会并形成新的情感和意义，锻炼新的思考方式和思维模式，获得心智上的成熟和发展。其通过理论与实践的有效结合，通过不断获得并升华丰富的实践体验，能够强化大学生在育人工作中的主体地位，调动大学生参与育人工作的积极性和主动性。同时，实践育人能更好地激发大学生的创新思维，锻炼大学生的身心意志，强化大学生的精神归属和价值认同。

二、民办高校社会实践育人的突出特点

创新是高校未来发展的动力，高校教育的创新性建立在系统性和学术性的基础上，培养学生的审视、反思、批判等能力和敢闯敢干、不怕挫折的精神。但这种创新性教育对民办本科高校而言，更多表现在创造性地完成职业岗位工作，具有一定的创业精神和创业能力上。因此，民办高校实践育人除了具有一般高校的特点，还体现在以下几点：

（一）应用型办学定位与社会实践高度契合

民办高校一般是定位于应用型办学模式，注重培养学生的动手能力，密切关注社会对人才的需求，制定符合时代发展变化的培养方案，突出实践教育对大学生成长成才的意义。因此，无论是从学校的办学思路，还是对学生日常传递的思想，民办高校的大学生参加社会实践的愿望十分强烈，特别是低年级的学生，希望能参加学校组织的社会实践活动。在学校组织的社会实践活动中，学生的报名人数远远超过了预期，大量的学生表达了想参加社会实践的愿望。在社会实践过程中，很多学生表现出参与意识和对社会实践的深刻认识。这说明大学生开始充分发挥自身的积极性，主动性和自我意识在增强，也意识到通过社会实践活动可以增加自身的社会经验，培养自己的实践操作能力，拓展自己的视野，积极面对可能遇到的困难。

（二）实践育人内容与时代主题深度融合

民办高校由于大多是与企业联合办学，因此对社会的发展变化、不同时期亟待解决的主要问题反应更为灵敏，办学机制也更为灵活，更加关注大学生社会实践的内容与时俱进，与社会发展相适应，紧扣时代主题和社会发展，关注社会发展中的热点和难点问题。大学生社会实践围绕改革开放和新中国发展变化所取得的成就，开展理论及成就宣讲团，围绕新医改方案，开展医疗合作政策宣讲、流行性疾病预防、基本医疗卫生知识普及等活动；围绕节能减排，开展环境保护、污染源调查、公民环境意识调查等活动；围绕农村教育落后状况，开展中小学辅导、支教活动；结合专业知识，开展学生科技支农服务活动；十九大报告提到乡村振兴战略，学校党委给予政策倾斜，指派专业教师带队和学生

一起深入农村，将智力扶农和文化扶贫结合起来，挖掘地方特色，从文化、经济、生态、宣传等多个角度，进行纯公益性的社会实践服务，这些都体现了民办高校的社会实践与社会发展和时代主题相结合。

（三）运行机制与社会实践育人高效衔接

作为高等学校的办学体制机制，由诸多方面构成，民办高校内部运行具有高度的组织性、目标导向性和有效性。首先是校级层面的管理运行。民办高校校级层面的管理体制的基本形式是董事会领导下的校长负责制。在这种管理体制下，重大办学事务由董事会决定，校长执行董事会的决议。这既有利于发挥董事会的集体决策作用，保证决策的正确性，又有利于校长专心致力于学校的内部管理工作，提高工作效率和效益。其次是机构设置和人员编制。民办高校的投入产出概念非常清晰，时时处处强调成本、效率，用经营产业（企业）的理念和方法来经营学校。机构精简、队伍精干、成本低廉、行事高效可以说是民办高校的一大特点。而这一特点也恰恰为高校实践育人提供了准确的思路和高效运行的保障。

总之，民办高校大多拥有相当强的办学实力，在高等教育从精英阶段发展到大众化阶段的历史进程中，发挥了不可忽视的作用。随着公办高校深化改革、增加投入，民办高校普遍感受到了压力，唯一正确的出路是突出社会实践育人特点，发掘自身优势资源，面向社会，增强核心竞争力，形成有特色的人才培养模式和教育教学模式，让社会实践育人的功能得到最大程度的发挥。

第三节　民办高校社会实践育人的功能

民办高校面向社会人才需求，走特色发展道路，为国家培养了大量的应用型人才。它把社会实践教学放在重要地位，重视培养学生的社会实践能力。目前来看，大学生社会实践的功能越来越凸显，一方面可以培养大学生多方面综合能力，实现教育目标；另一方面对促使大学生在实践中受到教育，具有十分重要的意义。民办高校与公立普通高校相比，更突出学生在解决实际问题的动手能力上，注重社会实践育人功能得到最大程度发挥。

一、提升社会化和专业化功能

社会实践能够帮助大学生很好地把学校教育、社会教育和自我教育融为一体，可以推动学生从“要我怎样”到“我要怎样”的转变。通过社会实践，大学生可以对自己所学的知识进行检验和完善，使课堂教学与实践活动形成良性互动，并从中获得直接经验，这种经验的获得不仅能够加深大学生对所学专业知识的理解，锻炼大学生对专业知识的综合运用能力，弥补学校教育的不足，还能够丰富大学生的知识结构，提升大学生的专业水平、创新实践能力和就业创业能力。同时，在社会实践中，大学生可以通过真实的职业体验和职业要求培养自身良好的职业操守，这种教育效果远远大于理论化的说教和理论灌输。社会实践能够促进大学生更多地了解社会，加快社会化的进程，这种将社会与所学专业联系在一起，对理论联系实践、加深所学专业理解具有重要的意义。"社会化"是指从自然人到社会人转化的过程，是个体不断学习和掌握必要的知识、技能及特定的社会规范、准则，以获得社会成员资格的过程。大学生社会化，是大学生在积极参与社会生活的过程中，自觉接受和掌握一定的社会文化、价值理念、规范准则、道德习俗等必要的社会生产知识和生活技能，不断走向成熟，从而获得社会承认，成为社会一员的过程。社会实践是大学生认识社会、认同社会、走向社会的关键环节之一。通过社会实践所提供的岗位和实践机会，高校可以培养大学生的多角色意识，提高大学生对社会的认识水平和适应能力，使其掌握必要的进入社会角色的社会生产知识和生活技能，加速其社会化进程。

二、提升理论与价值认同的功能

民办高校的宗旨和定位决定了实践育人在大学生理论积淀过程中的重要地位，在某种程度上，社会实践成为满足大学生内在需求的思想政治理论第二课堂。高校社会实践以其特有的政治敏锐性，善于抓住和利用关键时机。其在一些国际国内重大事件和突发性事件发生前后，推进并形成最新的学习高潮，把时事教育和理论学习引向深处。重大历史事件往往是学生关注的热点、焦点，同时也是涉及马克思主义的基本理论问题，比如，十八大召开后，党和政府关于改革发展过程中的一些新提法、新举措即是事关马克思主义中国化的新成果的凝练与解读。党的十九大召开后，开展了一系列社会实践，比如助推乡村战略，将实践和习近平讲话结合起来，深刻了解中央精神，在解决大学生思想困惑的同时，也提升了其马克思主义理论认知，对培养一批立场坚定、信仰明确的青年马克思主义者发挥了不可估量的作用。

社会实践在学校党团组织的领导下开展活动，直接针对当前大学生群体中不同程度出现的"政治信仰迷茫、理想信念模糊、价值取向扭曲、诚信意识淡薄、社会责任感缺乏、艰苦奋斗精神淡化、团结协作观念较差、心理素质欠佳"

等问题。现状越是多样、复杂就越需要唱响主旋律，通过系列实践活动形成健康的舆论，使科学理论和正确思想对大学生产生积极影响。另外，同一社会实践团队的成员，互动学习，平等交流，共同提高，自觉为社会实践团队的成长壮大而努力，为共同的事业合作，对社会实践活动产生认同感、归属感，从而在认同社会主流价值观的基础上，传播主流价值观、激发正能量。

三、培养认识自我和社会的功能

高校开展实践育人活动，目的是提升大学生的综合素质，及时弥补单纯理论知识传授和学习所带来的不足，尤其是在实践过程中，要更加认清自己的优点和缺点，促进大学生各方面能力的综合提升。邓小平指出："实践是培养理论与实际结合、学用一致、全面发展的新人的根本途径。"[①]教育部等部门在《关于进一步加强高校实践育人工作的若干意见》中指出："实践育人是全面落实党的教育方针，把社会主义核心价值体系贯穿于国民教育全过程，深入实施素质教育，大力提高高等教育质量的必然要求。"这都强调了实践育人在提升大学生综合素质中的重要作用。

在大学生的学习过程中，在实践教学环节，学生可以进一步巩固所学的理论知识，这有利于学生在理论联系实际的基础上实现融会贯通，提高学生对专业知识的综合掌握和运用能力。同时，实践环节能够激发学生的学习兴趣和参与热情，调动学生参与学习的积极性，提升学生的专业认同感，增强自我认识和塑造，并且懂得沟通和合作，尤其是善于发现问题和解决问题。这就更加需要发挥大学生的积极性。大学生结合自身特点和当时当地的实际情况选择开展实践活动，学生开展实践的过程也是不断战胜自我、获得发展的过程，学生的主体意识和主体精神在实践过程中得到了深度的挖掘和锻炼。正是在实践过程中，大学生的综合能力都得到了锻炼和培养，潜移默化地达到了挖掘自我能力的目的。

四、提升思想道德境界的功能

我国高校于入学的第一学期就开设"思想道德修养与法律基础"课程，由此可见，我们对大学生优良品德培养的重视程度。实践育人一系列活动的开展，能全面地锻炼大学生各方面的能力，有利于培养大学生的健康人格和良好的身心素质，实现教育感化的目的。我国高等教育由于过度重视分数的高低，

---

① 邓小平.邓小平文选(第 2 卷)[M].北京：人民出版社，1994：107.

一般较多关注专业知识学习，较少关注道德情感培养；较多进行课堂理论传授，较少进行动手实践教育，这样培养出来的学生，很难实现人的全面发展，更难以适应未来社会的发展进步。借鉴国外教学经验，大学生参加高校实践育人活动，接受思想上的教化和熏陶，创新意识和实践能力得到提升，良好的品德意志得以形成，道德自觉内化为学生的修养。同时，高校在理论联系实践的过程中，可以将实践的感性经验同理性思维相结合，并对自身建设进行反思，提高学生的认识水平，塑造良好的精神风貌，达到实现实践育人教化的目的。

大学生社会实践基本是团队组织，集体运作，这就要求大学生必须要有较强的团队合作意识和沟通技巧，这对大学生情商的养成有积极的锻炼作用。为了促使活动顺利进行下去，其要求成员正确地处理好个人与集体、局部与整体利益的关系，这都会对大学生的社会化规范教育产生积极的影响。在实践活动开展中，不论是调查访谈、生产实习，还是志愿服务、创新创业等，大学生都是作为一个社会人参加社会经济生活的各种活动。只有按照一定的道德规范和社会制度规范行为，大学生才能保证实践任务的顺利开展。大学生在这之中也将自觉学习社会基本规范和社会经验，自觉调整、规范并约束自己的行为。“在现实生活中，人的自由发展必定是在一定的社会规范的基础上进行的。”大学生通过社会实践，既实现了个人的自由成长，又接受了社会规则的教化，对和谐的人际交往有了更深刻的认识。

个体品德的形成需要在具体、真实的情境和处理人与社会关系的过程中得以体现与升华。当前，我国的人文教育还较多停留在知识层面，要完成从人文知识到人文精神的转化，需要自我消化和在实践中内化。一方面，大学生通过社会调查等形式的社会实践活动，能够全面了解社会，正确认识国情，在实践过程中增长才干、培养自主意识，提高自己发现问题、分析问题并寻求解决问题的能力；另一方面，大学生参加社会实践活动，需要与形形色色的人和事打交道，需要克服各种困难，这些都给学生带来了不同的挑战，在征服挑战、完成实践任务的同时，大学生也在不知不觉中养成了诚信守法、平等合作、勤奋自强、艰苦朴素、吃苦耐劳、乐业奉献的道德品质。同时，社会实践还可以把大学生丰富的感性经验和理论思维结合起来，培养和提升大学生良好的精神境界和生活态度。这些都是传统的思政教育所无法替代的。

第四节 民办高校社会实践育人的要求

实践育人观念体现了马克思主义实践论的基本观点，是遵循马克思主义教育原理的基本要求。民办高校实践育人坚持马克思主义实践观，充分结合民办高校的一些特点，促进大学生全面成长成才。它充分体现了以人为本的价值观，遵循了人才成长规律和立德树人的本质要求。

一、社会实践育人体现了以人为本的价值观

习近平2014年在联合国教科文组织总部演讲指出："我们要积极发展教育事业，通过普及教育，启迪心智，传承知识，陶冶情操，使人们在持续的格物致知中更好认识各种文明的价值，让教育为文明传承和创造服务。"以人为本，把满足人的发展需求和促进人的全面发展作为经济社会发展的根本出发点和落脚点，是科学发展观的核心要义。党和国家一直把人的发展作为经济社会发展的重要内容和基本推动因素之一。推进人的全面发展，同推进经济、文化的发展和改善人民物质文化生活，是互为前提和基础的。人越全面发展，社会的物质文化财富就会创造得越多，人民的生活就越能得到改善，而物质文化条件越充分，又越能推进人的全面发展。

由于实践育人工作效果显著，结合时代背景，根据学生个性发展的特点，各大高校，尤其是民办高校开展了越来越多的形式多样和内涵丰富的活动。民办高校的实践育人活动集中体现了实践育人的本质，主要表现在以下几点。

（一）实践育人体现人的自身价值

马克思主义认为，实践是人类作为人类自身产生和存在的前提，"可以根据意识、宗教或随便别的什么来区别人和动物，一旦人们自己开始生产自己的生活资料的时候，这一步是由他们的肉体组织所决定的，人本身就开始把自己和动物区别开来"。

实践是主观与客观的统一，是主体与客体的统一，是人的基本存在方式。人类只有在实践中，才能不断地获得认识，不断地按照人类的主观意愿改造客观世界，推动客观世界的发展，为人类社会生存和发展创造更好的基础条件。在实践的过程中，人类也不断地获得并发展对客观世界的认识，在实践的过程中改造自己的主观世界，最终实现人类自身的进步和发展。大学生作为人类社会群体的成员，既是自然的产物，也是社会的产物，人的全面发展首先体现

在能获得生存和发展所需要的物质生活资料上，能通过主观见之于客观的活动获得精神体验和享受。大学生参加的实践育人的相关实践活动，虽然不以直接创造生产生活资料为内容和目的，但是在实践的过程中，大学生通过走出校园、走向社会、走进人民群众生产生活实际，能利用自身文化知识和聪明才智，为广大一线的生产群众提供帮助和指导，同样能满足社会的某种需求，得到社会的认同，体现大学生作为社会成员的价值。同时，大学生在实践活动中，不断地体验生活，并取得各种形式的物质、文化实践成果，帮助自身获得丰富的实践体验和精神体验，促进自身获得发展。

（二）实践育人实现人的全面发展

实践是人类社会获得进步和发展的基本途径和基本方式，也是人获得全面发展的基本途径。正如马克思所指出的："人作为主体是通过他自身的实践活动来参与和接受客观的影响，从而获得主体自身的发展。"[①]恩格斯在《共产主义原理》中指出，人的全面发展就是要使社会全体成员的综合素质得到极大的提高。这样，人和人类社会才能获得更好的发展。大学生通过参与实践育人的相关活动，一方面能将平时学习的课堂理论知识加以检验和提升，在理论联系实践的基础上加深理解、认识和掌握，提升自己的专业技能和科学文化素质；另一方面，能锻炼自身的人际交往能力、抗压抗挫能力、实际动手能力等，提升自身的情感认知水平和身心健康素质，同时还能激发大学生的独立思考能力和创新思维等，从而提升大学生的综合素质。此外，高校通过有意识、有目的地对大学生的实践活动加以引导，能帮助大学生在实践中加深对中国特色社会主义事业的认同，引导大学生成长为社会主义建设者和接班人。

（三）实践育人提升认识世界和改造世界的能力

实践育人工作能帮助大学生正确处理个人与社会的关系，实现个人与社会发展的和谐统一。马克思主义认为，人类社会全面发展的最高境界就是每个社会成员的自由发展，每个社会成员的自由发展应该与社会整体的发展相互促进、相互协调。大学生在参加实践育人工作中，通过与广大人民群众共同生活、共同生产，能学习到社会的基本道德规范和社会规则，提升大学生的思想道德修养水平和社会化程度。同时，大学生在社会实践中，能深入了解人民群众生产和生活一线的需要，了解经济社会发展对人才的需要，把个人成长与社会发展需要结合起来，在未来投身社会主义现代化建设的伟大事业中，实现

① 马克思，恩格斯.马克思恩格斯选集(第3卷)[M].北京：人民出版社，1995：332.

个人与社会的相互促进与和谐发展。

二、社会实践育人遵循人才培养的规律

“人才是指具有一定的专业知识或专业技能，进行创造性的劳动并对社会作出贡献的人，是人力资源中能力和素质较高的劳动者。”[①]随着知识经济和经济全球化发展的不断深入，人才在一个国家的经济社会发展中起着越来越重要的作用，在当今世界各国的竞争中起着越来越重要的作用。当今世界各国的竞争，无论是科技实力、经济实力还是综合国力的竞争，归根结底都是人才的竞争、整体国民素质的竞争。人才是一个国家社会文明进步、人民生活富裕和国家繁荣富强的基本力量。“人才是我国经济社会发展的第一资源”。为全面建成小康社会，实现中华民族伟大复兴，我国必须不断加强人才培养工作，实现由人力资源大国向人力资源强国的转变。

作为以人才培养为首要任务的高等学校，必须分析研究并遵循人才成长规律和教育发展规律，并在此基础上设计出符合人才成长规律的教育培养模式，才能保证人才培养的质量，才能培养出符合经济社会发展需要的人才队伍，实现高等教育的基本目标。实践育人以各种形式和内容的实践活动为载体，通过主观见之于客观的活动，帮助大学生在参与社会实践的过程中改造客观世界，同时改造自己的主观世界，实现大学生整体能力和素质的提升，实践育人具有其他教育形式所不可替代的基本规律。

马克思主义哲学认为，规律是事物发展中本身固有的、本质的、必然的、稳定的联系，体现在事物发展的过程中。规律具有普遍性，它总是体现、贯穿于事物发展的现实过程中，是事物的本质联系在发展中的表现。人才的成长作为一种普遍而特殊的事物变化发展过程，有其内在蕴含的必然规律。人才成长规律可以理解为人才成长过程中所体现的与成长的各种因素之间的一种本质的、必然的联系。马克思主义哲学认为，全部社会生活在本质上是实践的，实践是认识的基础，是获得知识的源泉，是检验真理的标准，在认识论上处于有限地位。参与各种形式的社会实践是大学生获得全面成长的基本途径，在大学生的成长过程中起着至关重要的作用。《国家中长期教育改革和发展规划纲要(2010—2020 年)》也要求，“坚持教育为社会主义现代化建设服务，为人民服务，与生产劳动和社会实践相结合，培养德智体美全面发展的社会主义建设者和接班人。”大学生在完成各类专业实习实验的过程中，能进一步弥补

① 国家中长期人才发展规划纲要(2010—2020 年)[M].北京：人民出版社，2010：5.

课堂理论知识学习的不足，深化对专业学习的认识，巩固专业知识的学习，提升专业技能和素质；通过设计、组织、参与各种社会实践活动和创新活动，能锻炼大学生的动手实践能力、创新能力、独立思考解决问题的能力等各种能力，提升大学生的综合素质；通过走出校园，走进广大人民群众的生产生活实践，接受社会化教育，能提高大学生的心智成熟程度、身心健康水平和思想道德素质，实现大学生的全面发展。

三、社会实践育人是立德树人的重要途径

教育是实现人类社会文明传承发展和社会进步的基本途径，是促进经济社会可持续发展的动力之源，是实现中华民族伟大复兴和中国特色社会主义事业进步的基石，是提高全体劳动者国民素质、促进人的全面发展的根本途径。“优先发展教育、提高教育现代化水平，对实现全面建设小康社会奋斗目标，建设富强、民主、文明、和谐的社会主义现代化国家具有决定性意义。”[①]立德树人是教育的根本任务。《中共中央国务院关于进一步加强和改进大学生思想政治教育工作意见》指出：“学校教育要坚持育人为本、德育为先，把人才培养作为根本任务，把思想政治教育摆在首要位置。”党的十八大报告指出：“要坚持教育优先发展，全面贯彻党的教育方针，坚持教育为社会主义现代化建设服务，为人民服务，把立德树人作为教育的根本任务，培养德智体美全面发展的社会主义建设者和接班人。”这说明教育的根本任务在于立德树人。《中共中央关于全面深化改革若干重大问题的决定》强调：“全面贯彻党的教育方针，坚持立德树人，加强社会主义核心价值体系教育，完善中华民族优秀传统文化教育，形成爱学习、爱劳动、爱祖国活动的有效形式和长效机制，增强学生的社会责任感、创新精神、实践能力。”[②]这再次强调了立德树人的重要性，是党的教育方针的具体化，系统回答了“培养什么人，如何培养人”这一根本性问题。

立德树人作为民办高等教育的根本任务，强调了“德”作为一种素质，在德、智、体、美等各种素质中的核心地位，突出了德育在人才培养中的首要作用和地位。习近平提出：“要把立德树人的成效作为检验学校一切工作的根本标

① 国家中长期教育改革和发展规划纲要（2010—2020年）[M].北京：人民出版社，2010：9.

② 中共中央关于全面深化改革若干重大问题的决定[M].北京：人民出版社，2013：42-43.

准。”这句话足以体现出立德树人的重要地位，同时也确保了立德树人的根本地位不可撼动。我们运用这个根本标准，不断督促，鼓励高校坚持把立德树人作为发展教育的中心环节，真正做到以文化人、以德育人。习近平还指出：“以培养担当民族复兴大任的时代新人为着眼点”。习近平对立德树人的成效提出了更高的要求，也就是说新时代高校贯彻立德树人，就是要为党和人民培养出能担当民族复兴大任的时代新人。国家的富强昌盛、民族的复兴，一定是跟个人的发展密切相关的。面对新形势、新考验，教育相应的也就有了新的要求。时代新人关键在于“新”，即新思想、新担当、新作为。时代新人要具有坚定的理想信念，志存高远，脚踏实地；强化使命意识、责任意识、规则意识和奉献意识，能够承担自己的社会责任；要有一技之长，把学习作为首要任务。高校要落实新时代立德树人的根本任务，应从全面提升大学生的综合能力入手，为培养一代代有理想、有本领、有担当的青年大学生做出新贡献。

高等院校，尤其是民办高等学校更要注重立德树人，即高等教育事业不仅要传授知识、培养能力，还要加强对学生进行包括“富强民主文明和谐、自由平等公正法治、爱国敬业诚信友善”的社会主义核心价值观在内的社会主义核心价值体系教育，引导大学生树立正确的世界观、人生观和价值观，坚定大学生的理想信念，帮助大学生努力成为社会主义建设者和接班人。做好高校的立德树人工作，需要加强课堂理论知识教育，充分发挥主阵地和主渠道的作用，需要加强校园文化建设，发挥校园文化对大学生品德教育的潜移默化的作用。但是，做好立德树人工作，必须要做好实践育人工作，实践育人是立德树人的基本途径。

实践育人为实现教育的目标提供保障，也是育人的基本途径之一。在实践育人工作中，大学生是实践活动的主体，因而，大学生的主观能动性和积极主动性得到了极大的发挥，最大限度地发挥了其在大学生德育教育中的重要作用。《中共中央国务院关于进一步加强和改进大学生思想政治教育的意见》中指出：“要积极探索和建立社会实践与专业相结合、与服务社会相结合、与勤工俭学相结合、与择业就业相结合、与创新创业相结合的管理体制”。要增强社会实践活动的效果，培养大学生的劳动观念和职业道德；要认真组织大学生参加社会调查、生产劳动、志愿服务、公益活动等社会实践活动；重视社会实践基地建设，不断丰富社会实践的内容和形式，提高社会实践的质量和效果，使大学生在社会实践活动中受教育、长才干、做贡献。这充分体现了实践育人在立德树人中的重要作用。各种实践活动对大学生了解国情、了解社会，树立正确的世界观、人生观、价值观，提升他们的实践动手能力、创新思维能力等起着不可替代的作用。实践育人能很好地弥补枯燥的课堂知识学习和简单的理论说教的不足,起到其他育人手段所不能起到的作用。

习近平在2014年曾指出:“核心价值观,其实就是一种德,既是个人的德,也是一种大德,就是国家的德、社会的德。国无德不兴,人无德不立。”如果一个民族、一个国家没有共同的核心价值观,行无一归,那这个民族、这个国家就无法前进。综上所述,实践育人是基于马克思主义的实践观,在总结高校教学经验的规律,根据学生的思想变化特点,由党团组织经过统筹安排,有计划、分步骤进行的从第一课堂走向第二课堂的教学活动。它改变了传统课堂教学由教师为主导的模式,学生也可成为实践活动的主导者,激发了大学生的创造性,锻炼了实际动手能力,增强了社会责任感,培养了创新精神,尤其是它将能力培养和品德培养相结合,使大学生真正体悟到教育立德树人的本质,实现了人的全面而自由的发展。

第三章　民办高校社会实践育人的理论基础

理论和实践有着密不可分的辩证统一关系。一方面，没有正确的实践活动就不会产生科学的理论，另一方面，没有科学理论指导的实践也不可能达到预期目的。如果说实践对认识、理论起着源泉、动力和检验标准等作用的话，理论则对实践起着引领、指导作用。理论的重要性在于，它一旦掌握群众，就会变成物质力量。理论掌握群众的途径便是理论本身的彻底性，所谓彻底，就是这种理论能够满足一个国家、民族或群体的实际需要。任何一项活动都有其理论基础，高校社会实践育人作为高校立德树人的重要形式和手段，也是以一定的理论为依据的。民办高校社会实践育人活动是以经典马克思主义实践育人理论、我国马克思主义实践育人理论和中国传统知行学说实践育人理论为指导，以教育“三个面向”的现实要求和青年在实践中锻炼成长的规律为根本依据而开展的。

第一节　经典的马克思主义实践育人理论

马克思主义实践观是在批判唯心主义和旧唯物主义实践观的基础上确立起来的，是唯物主义一元论世界观的核心和基础。马克思主义的实践观立足于实践，从实践角度揭示社会生活的所有领域，这也是马克思主义实践观区别于唯心主义和旧唯物主义的根本所在。在马克思主义看来，实践是人类的全部历史运动，它既包括现实的、经验存在的生产活动，又包括思维和意识、认识和精神生产活动。马克思主义实践观从整体上贯穿了全部人类活动都是实践的观点，并且从主观与客观、主体与客体以及主体与主体的关系中把握实践范畴。只有准确地理解和掌握马克思主义实践教育的相关理论，教育者才能在思想上树立科学的实践育人理念，从社会发展与进步的高度理解实践育人的重大理论和现实意义，将相关教育工作引入科学轨道。关于实践教育，马克思、恩格斯及列宁都有过经典论述。

一、马克思主义实践观的科学内涵

实践是人类生存和发展的最基本的活动，是人类社会生活的本质，是人的认识产生和发展的基础，也是真理与价值统一的基础。马克思主义实践观深刻揭示了实践在自然演化与社会发展中的作用，揭示了实践的构成要素、本质特征、基本形式以及实践与人的存在之间的深层关系，为贯彻落实社会实践育人奠定了基础。

（一）实践的构成要素

作为物质运动的形态，实践与机械运动、化学运动形态一样是由物质要素构成的动态结构。马克思在论述生产劳动构成时指出："劳动过程的简单要素是有目的的活动或劳动本身，劳动对象和劳动资料。"

劳动过程"首先是人和自然之间……物质变换的过程。"[①]正如生产劳动是最基本的实践活动形式一样，生产劳动构成的三项基本要素也是实践构成的基本要素。马克思主义实践观认为："实践结构是由以人为主体，以物质……对象为客体和以中介手段作为工具的三大基本要素综合而成的动态物质结构体系。"[②]也就是说，主体、客体和工具是实践的三个构成要素。人是实践活动的承担者，在社会生活中，凡是从事物质和精神创造活动的人，处于一定社会历史关系中的人或群体都是实践的主体。从社会历史观的视角看，客体范畴是指产生于社会历史活动，纳入主体对象性活动，并同主体一起构成实践两极而发生主体—客体功能关系的事物和现象。工具是指置于主体和客体之间的、作用于客体并实现主体目的的中介手段。

（二）实践的本质特征

根据马克思关于实践的有关论述，我们可以把实践定义为主体能动地探索和改造客体的社会性的感性的客观物质活动，是人类社会得以存在的根据和现实基础。实践的本质既不是片面的主体性，也不是片面的客体性，而是以科学的实践观为基础的主客体相统一的总体性，它具有客观物质性、主观能动性、社会历史性、双向互动性等基本特征。第一，实践的客观物质性。马克思把人的实践活动称为"感性活动"，说明在实践中，作为主体的人同作为客体的外部对象及实践手段——工具都是现实的，而不是唯心主义者所理解的"现象

① 马克思，恩格斯.马克思恩格斯全集(第23卷)[M].北京：人民出版社，1972：202.

② 聂世明.马克思主义实践观新探[M].北京：当代中国出版社，1994：123-124.

的主体和想象的主体”。也就是说,实践的主体(人)、实践的对象(外部世界或人本身)、实践的手段(工具等)、实践的结果(变化了的事实)都是客观的。第二,实践的主观能动性。如果说客观物质性是实践的客体性的反映,那么,主观能动性则是实践的主体性的显现。实践是客观活动,但不是一般的客观活动,而是与主观相联系的、包含着主观性的主观见之于客观的活动。人是有主体性的有意识的存在物,具有主观能动性,即人具有能动地认识世界和改造世界的能力。人要按照自己的需要和意志去改造自然、创造适应人类生存的环境,在客观世界打下自己主观的烙印。当然,主观能动性的发挥要受到客观物质条件和客观规律的制约,这就是所谓的受动性。人的实践活动是主观性与客观性、能动性与受动性的统一。第三,实践的社会历史性。人的实践活动是在一定社会关系中的活动,并受到了一定社会历史条件的制约。实践的主体是依赖于一定社会历史条件的现实的人,实践的客体和工具也是历史地发展着的,因而实践的能力和水平都受到了一定社会历史条件的制约,并且随着历史的发展而发展。每一个时代的人都只能在继承前人实践成果的基础上开始自己的实践活动,并且把前人实践活动的成果纳入自己的活动之中,从而不断地提高自己的能力和水平,这就决定了实践属于社会历史观范畴。第四,实践的双向互动性。马克思主义不但强调主体通过实践创造客观世界,而且强调在创造客观世界的同时也在创造主观世界。马克思说:“环境的改变和人的活动或自我改变的一致,只能被看作是并合理地理解为革命的实践”①。“个人怎样表现自己的生活,他们自己就是怎样。因此,他们是什么样的,这同他们的生产是一致的——既和他们生产什么一致,又和他们怎样生产一致。”②这里讲的“人的活动或自我改变的一致”以及“他们是什么样的同他们的生产是一致的”,就是指主体在创造客观世界的同时创造主观世界。

(三)实践的基本形式

物质生产实践、社会政治实践、科学文化实践是实践的三种基本形式。其中,物质生产实践是基础,社会政治实践与科学文化实践都是由物质生产实践派生出来的。物质生产实践是人类改造自然界的实践活动,包括物质生产、人的自身生产两个方面,是人的生命活动的最直接存在形式,其目的在于解决人同自然之间的矛盾。物质生产实践还是人类认识的最基本来源和人类认识发展的最根本动力。人们在改造自然界的物质生产实践中,不仅获得了对自然

① 马克思,恩格斯.马克思恩格斯选集(第1卷)[M].北京:人民出版社,1995:54.

② 马克思,恩格斯.马克思恩格斯选集(第1卷)[M].北京:人民出版社,1995:67.

现象、本质、规律及人和自然关系的认识，推动了自然科学的产生和发展，而且不断加深着与自然具有不可分割的联系的社会和思维的认识，促进了社会科学和思维科学的产生和发展。在物质生产实践的基础上，人类其他各种形式的实践活动才得以进行和发展。精神生产实践最初就是直接与人们的物质生产实践交织在一起的，当物质生产实践发展到一定历史阶段后，精神生产实践才分化出来，形成了一种具有特殊类型、相对独立的实践形式。社会政治实践是解决社会矛盾，维护、发展和变革各种社会关系的实践活动，是在物质生产实践的基础上发生的。马克思主义不仅把物质生产实践作为人和人类社会生成、存在与发展的最基本、最原初的历史活动，而且揭示了人类物质生产实践的社会性，强调人们在生产过程中既要同自然界发生关系，形成生产力，又要发生他们之间的相互关系，形成生产关系。生产关系是一切社会关系中最基本的关系，人们在此基础上形成其他社会关系，如政治关系、道德关系、法律关系或民族关系、家庭关系，等等。当一种社会关系非常稳定，相互适应，人们需要对它进行维护和发展；而当社会关系出现矛盾、不相适应的情况，人们就需要调整或变革它。这种维护和发展、调整或变革即处理人与人之间的社会关系的实践活动显然也是实践的基本形式之一。科学文化实践作为一种相对独立的实践活动出现较晚，它是同近代科学的产生与发展密切关联的。科学文化实践是学习性、尝试性、探索性和发现性的实践活动，是以获取科学知识为直接目的的一种实践形式，但它归根到底还是物质生产实践和处理社会关系的实践，是为改造自然和变革社会服务的。随着科技的进步和社会的发展，科学文化实践在整个社会生活中发挥着越来越大的作用，因而，它也是一种基本的实践形式。生产实践、社会政治实践、科学文化实践这三种基本实践形式各有其特殊的规定性和相对独立性，并在社会生活中发挥着不同的功能，不能互相替代。同时，它们又是相互联系、相互促进的。生产实践是其他一切实践活动的基础，决定和制约着社会政治实践和科学文化实践的发展状况，社会政治实践对生产实践和科学文化实践有着重大影响，科学文化实践服务于生产实践和社会政治实践，并贯穿于这两种及其他实践活动之中。这三项实践的相互作用、共同发展对社会的全面进步和人类认识水平的发展具有极其重要的意义。

（四）实践与人、人的存在之间的深层关系

在探讨实践的构成要素、本质特征和基本形式的基础上，我们有必要更深入地分析实践与人、人的存在之间的深层关系，从而进一步明确实践育人的重要性。《1844 年经济学哲学手稿》是马克思早期重要的经济学、哲学方面的经

典著作。马克思在这一手稿中,用以下经典语句概述了劳动的重要作用。“对社会主义的人来说,整个所谓的世界历史不外乎是人通过人的劳动而诞生的过程,是自然界对人来说的生成过程,所以关于他通过自身而诞生、关于他的形成过程,他有直观的、无可辩驳的证明。”[①]可以看出,劳动或劳动观贯穿着手稿的整个内容。或者说,在这部极为重要的文献中,马克思通过对劳动的分析,对人的存在、发展做出了全面、系统、科学的探讨,固然这种分析是从当时社会即资本主义社会非人化的异化劳动的剖析或批判开始的。他说:“劳动本身,不仅在目前的条件下,而且就其一般目的仅仅在于增加财富而言,在我看来是有害的、招致灾难的,这是从国民经济学家的阐发中得出的,尽管他并不知道这一点。”[②]这就是说,劳动仅仅以增加财富为目的时,在资本主义社会条件下是极其有害的。这种有害性表现在劳动所得越多,资本积累程度越大,劳动者贫困化程度越大,这便是劳动者和劳动果实——产品的异化、劳动者和劳动活动之间的异化以及劳动者和人的类本质——自觉自愿的活动即劳动本身的异化现象,其结果必然是人与人之间的异化。这种异化是可怕的,但它的结果是可喜的,因为这种异化的极限化便是资本主义社会的灭亡和社会主义革命的胜利,社会主义、共产主义社会的实现。进一步说,劳动的一般目的仅仅在于增加财富时,也是有害的。如果劳动的目的不是为了通过劳动掌握人应具有的人的本质力量,并且通过劳动展示自我的本质力量,而仅仅是为了生存,那么,这时的劳动与动物的生产活动没有任何区别。“劳动这种生命活动,这种生产生活本身对人来说不过是满足一种需要即维持肉体生存的需要的手段。”[③]在这种劳动中,人的精神状况不是愉悦的,而是痛苦的,人的肉体得不到快感,而是苦难的降临。这就是说,并不是所有的劳动、所有的实践都能给人们带来幸福,换句话说,并不是所有的实践活动都能育人,只有克服了异化现象的实践活动,即劳动才能够做到正面育人,才能够发挥其正能量。这就要求教育者有组织地指导大学生开展社会实践,明确社会实践教育目标、内容和形式,展示大学生的能力与风采。马克思还阐述了人的劳动和动物劳动的根本区别。在他看来,“有意识的生命活动把人同动物的生命活动直接区别开来。正是由于这一点,人才是类存在物。但是异化劳动把这种关系颠倒了过

① 马克思.1844年经济学哲学手稿[M].北京:人民出版社,2000:92.

② 马克思.1844年经济学哲学手稿[M].北京:人民出版社,2000:13.

③ 马克思.1844年经济学哲学手稿[M].北京:人民出版社,2000:57.

来。”[①]即人的有意识的生命活动不是真正意义上的人的活动，而是变成了动物学意义上的活动。那么，如何才能克服这种倒置的现象？对此，他是这样回答的——“通过实践创造对象世界，改造无机界，人证明自己是有意识的类存在物，就是说是这样一种存在物，它把类看作是自己的本质，或者说把自身看作类存在物。动物只是在直接的肉体需要的支配下生产，而人甚至不受肉体需要的影响也进行生产，并且只有不受这种需要的影响才进行真正的生产；动物只生产自身，而人再生产整个自然界；动物的产品直接属于它的肉体，而人则自由地面对自己的产品。动物只是按照它所属的那个种的尺度和需要来构造，而人懂得按照任何一个种的尺度来进行生产，并且懂得处处都把内在的尺度运用于对象；因此，人也按照美的规律来构造。”[②]这句话有着极为深刻的含义，我们对此可以从以下四点加以分析。

第一，实践是人的对象性存在。人能够通过实践活动创造对象世界，这种对象世界既可以是自然界，亦可以是人类世界。人们通过创造对象世界，从对象世界中直面自我。如，人可以按照自然规律改造自然，创造青山绿水，从这种青山绿水中感知自己的本质力量，人也可以用自己的本质力量培养经济社会发展需要的合格人才，在引导他人思想政治品德的形成与发展中看到自己的本质力量。动物只生产自身，而人再生产整个自然界。这也说明实践育人的重要性，大学生是受教育对象，既要接受理论教育，也要通过实践环节来改造自身，让他们在社会实践中，在人与人的交往关系中培育自己改造自然和塑造他人的能力和素质。

第二，人的实践活动具有全面性。人可以按照任何物种的尺度进行生产，这是人和动物的根本区别。动物也能生产，很多动物甚至还能利用工具。如，燕子能盖窝，蚂蚁、蜜蜂能筑巢等，很多灵长类动物都会用石块打碎坚果，等等。但是动物的生产是片面的，让蚂蚁给蜜蜂筑个巢穴就不可能了，而人可以按照任何物种的尺度进行生产，即人既可以给自己建造兼具实用性和鉴赏性的楼宇、别墅，又可以给自己的爱猫、爱犬建造温暖且美观的“室舍”。这对高校社会实践育人的启示是，要通过形式丰富多样的社会实践激发出大学生的无限潜能，全面提升其综合素质。

第三，人不仅懂得按照任何一个种的尺度来进行生产，并且懂得处处都把内在的尺度运用于对象，因此，人也按照美的规律来构造自然界。人的内在尺

---

① 马克思.1844 年经济学哲学手稿[M].北京：人民出版社，2000：57.

② 马克思.1844 年经济学哲学手稿[M].北京：人民出版社，2000：58.

度是真、善、美的尺度。首先,人的实践活动是为了发现真理,把真理变为人们认识世界和改造世界的锐利武器;其次,人的实践活动是为了创造善的世界,不仅要善待自己身边的人,而且要善待人类群体,构建和谐社会,也要善待自然;再次,人的实践活动是为了建造美的世界,使世界到处呈现出自然美和人造美。这都是社会实践育人中要着重培育的重要内容。所以,高校在给大学生灌输正面的"应该做什么"的教育的同时,也应该灌输反面的"不应该做什么"的教育,加强正面引导,以便使他们在实践中正确把握"应该"与"不应该"。

第四,动物只是在直接的肉体需要的支配下生产,而人甚至不受肉体需要的影响也进行生产,并且只有不受这种需要的影响才能进行真正的生产。动物生产和人的生产有相同的一面,即都是为了肉体的生存,也都是为了下一代的繁殖与培育。这种生产体现的是人与动物的自然属性,即两者的同类型。人的生产高出动物生产的最主要标志之一,是人能够不受肉体需要的影响而进行生产,并且只有这种不受肉体需要影响而进行的生产才是真正的生产。这种生产是属于人的生产,是人在生存需要完全得到满足前提下的精神的生产,这种生产中内在地包含着人的自由、全面发展的需要之满足和人们对真、善、美之需求的满足。所以,这种生产是满足人们更高需求的生产,即精神上的生产。这也就为社会实践育人的目的在于让大学生形成和发展社会要求的思想品德提供了理论依据。

二、教育与生产劳动相结合理论

生产实践是人类最基本的实践活动。教育与生产劳动相结合是马克思主义教育原理之一,是社会主义教育方针的基本要求,是实现立德树人,培养高素质人才,提高民族素质的重要途径,也是实践育人的重要理论基础。

作为人类最基本的实践活动,生产实践是人生产、存在和发展的前提和基础。而教育与生产实践的关系是密不可分的:一方面,生产实践是教育的基础,是教育的源泉和归宿;另一方面,教育推动和促进着生产实践的不断发展。马克思在《资本论》中提出了"把教育同物质生产结合起来"的思想。他认为,资本主义机器生产对人的全面发展提出了要求,并且为人的全面发展提供了物质前提。只有把生产劳动同智育、体育和综合技术教育结合起来,才能实现人的全面发展。列宁非常重视教育与生产劳动相结合,指出,"没有年轻一代的教育和生产劳动的结合,未来社会的理想是不能想象的:无论是脱离生产劳动的教学和教育,或是没有同时进行教学和教育的生产劳动,都不能达到现代技术水平和科学知识现状所要求的高度。"[①]这就是说,教育必须和生产劳动相结合,只有把教育与生产劳动结合起来,才能更好地推动科学知识的增长和现代科技的发展。这些论述,对高校实践育人具有重要的指导意义。

高校社会实践育人是一种以实践的方式实现高等学校教育目标的教育途径和形式,它无可否认地成为促进"教育发展与生产发展的必然联系""理论与实践的必然联系""脑力劳动与体力劳动的必然联系"的首选方式和基本途径。大学生社会实践是教育与生产劳动相结合的具体形式,是新形势下解决大学生思想困惑、促进大学生思想品德健康成长的必然选择。

三、人的全面发展理论

马克思、恩格斯在总结前人理论成果的基础上形成并发展了关于人的全面发展的理论。马克思主义人的全面发展的理论经历了一个从抽象到现实,从思辨到科学的发展过程。马克思、恩格斯从社会实践出发理解人,把人看成现实的活生生的人,进而揭示了人的本质和人的全面发展的内涵。

人的全面发展指的是人的能力的全面发展。人的能力的全面发展是马克思的人的全面发展理论中最为重要的价值目标,是"人的本质力量的公开展示"[②]。恩格斯指出,人的全面发展,就是要"使社会全体成员的才能得到全面的发展"[③]。人的能力的全面发展,这里的能力是一个复杂的组织体系,而马克思所指的能力,包括人的体力和智力、自然能力和社会能力、潜在能力和现实能力。同时,它既包括从事物质生产的能力,又包括从事精神生产的能力;既包括社会交往能力,又包括道德修养的能力和审美能力;既包括和谐人与自然关系的能力,也包括和谐人际关系的能力,还包括政治力、思想力、情感力、意志力、知识力、信念力,等等。所以,马克思指出:"任何人的职责、使命、任务就是全面地发展自己的一切能力。"[④]

作为人类基本活动的实践是人的全面发展的重要前提。因此,人的全面发展的一切条件中最重要的条件是人自身实践活动的条件,其他条件最终都要通过人的活动发生作用。在人们的各种活动中,劳动实践特别重要。实践是生理活动的基础、心理活动的源泉、社会活动的主要内容。劳动实践的发展

---

① 列宁.列宁全集(第2卷)[M].北京:人民出版社,1984:461.

② 马克思,恩格斯.马克思恩格斯全集(第42卷)[M].北京:人民出版社,1979:125.

③ 马克思,恩格斯.马克思恩格斯选集(第1卷)[M].北京:人民出版社,1995:243.

④ 马克思,恩格斯.马克思恩格斯全集(第3卷)[M].北京:人民出版社,1960:330.

和人的发展是一致的。劳动实践发展了，人的身心就相应得到了锻炼，人的能力、关系和个性自然也随之发展。促进人的全面发展的过程也就是改造客观世界和改造主观世界的实践过程。

马克思主义关于人的全面发展的理论对高校社会实践育人工作具有重要的指导意义。它奠定了实践育人的理论基础，科学地确立了人的发展观，指明了人的发展的必然规律，为确立实践育人的目的任务提供了重要的理论依据。

第二节 我国的马克思主义实践育人理论

作为人的存在方式的实践活动是实现人的全面发展的具体而现实的本体活动。以毛泽东、邓小平、江泽民、胡锦涛、习近平为核心的中国历代领导集体都十分注重总结中国革命、建设和改革、发展的实践经验，以马克思主义实践观为指导，在实践中发展了马克思主义实践观，对教育与生产劳动相结合理论、人的全面发展理论进行了进一步的阐释，形成了符合中国国情的理论创新和马克思主义的实践育人理论体系，为民办高校社会实践育人工作提供了进一步的指导。

一、毛泽东有关实践育人的重要论述

毛泽东有着丰富的实践育人思想成果，主要包括如下几个方面：知识分子与青年学生要走与工农相结合的道路，坚持教育与生产劳动相结合，培养德、智、体全面发展的人等。这些思想是对马克思主义实践观的继承与发展。

“毛泽东提出知识分子必须与工农群众相结合，并非仅仅依据经验、现象的积累，而是使之上升到系统理论的高度，他在社会历史大背景下，从阶级分析入手，来勾画整个知识分子群体在革命中的思想行为倾向和可能的变化。”[①]毛泽东在1939年5月4日延安青年群众举行的五四运动20周年纪念会上的讲话中指出：“中国的知识青年们和学生青年们，一定要到工农群众中去，把占全国人口百分之九十的工农大众动员起来，组织起来。”[②]这其中，既有要求知识分子和青年学生走进工农做好思想工作的要求，也包含了走与工农相结合道路的希望。新中国成立后，他指出，“希望我国的知识分子继续前

① 杨静云.毛泽东思想政治教育理论研究[M].北京：中共中央党校出版社，1995:90.

② 毛泽东.毛泽东选集(第2卷)[M].北京：人民出版社，1991:565.

进，在自己的工作和学习的过程中，逐步地树立共产主义的世界观，逐步地学习好马克思列宁主义，逐步地同工人农民打成一片，而不要中途停顿，更不要向后倒退，倒退是没有出路的。"[①]他根据知识分子的特点，提出知识分子必须改造世界观，而解决这个问题，就必须到最艰苦的第一线去，到工农中去，虚心向工农学习。这是毛泽东重要的实践育人思想。大学生在健康成长、改造主观世界的过程中，必须走出校门，走进社会，走到人民群众中去，向人民群众学习，而且这不是一个时期、一个阶段的事情，是伴随成长进步全过程的。

毛泽东一贯主张教育与生产劳动相结合，提倡理论联系实际，反对脱离实际。无论是在革命战争年代，还是新中国成立之后，无论是对学校还是对青年自身的要求，他都强调这一点。他希望在学习教育中把学到的东西用于生产实践。他曾在《整顿党的作风》中说："一个人从那样的小学一直读到那样的大学，毕业了，算有知识了。但是他有的只是书本上的知识，还没有参加任何实际活动，还没有把自己学得的知识应用到生活的任何部门里去。像这样的人，……他的知识还不完全。"[②]同时，他还认为劳动、实践是获得知识的主要路径和媒介，他强调："党的教育工作方针，是教育必须为无产阶级政治服务，必须同生产劳动相结合。"[③]他从而明确了学校教育要融入劳动教育，即将社会实践作为学校教育教学的重要组成部分。毛泽东在继承中丰富了马克思主义人的全面发展学说。他认为，青年认识的过程必须经过反复的实践，在成功与失败两个方面的经验比较中，提高认识，实现自由全面的发展。他指出，"我们的教育方针，应该使受教育者在德育、智育、体育几个方面得到发展，成为有社会主义觉悟的有文化的劳动者。"[④]他对青年学生的全面发展从内容上提出了明确要求，今天，这仍然是我国教育事业坚持和发展的原则和方针。同时，毛泽东还明确了德育、智育、体育全面发展的目标，就是政治上红和业务上专。毛泽东提出，"红与专、政治与业务的关系，是两个对立物的统一。一定要批判不问政治的倾向。一方面要反对空头政治家，另一方面要反对迷失方向的实际家"。[⑤] "又红又专"虽然是针对干部工作提出的，并指向政治工作和经济工作领域，但也是青年成长的核心要义，是教育青年的重要指导方针，是实践育

① 毛泽东.毛泽东著作选读（下册）[M].北京：人民出版社，1986：779-780.

② 毛泽东.毛泽东选集（第 3 卷）[M].北京：人民出版社，1991：1011.

③ 毛泽东.毛主席论教育革命[M].北京：人民出版社，1967：11.

④ 毛泽东.毛泽东著作选读（下册）[M].北京：人民出版社，1986：780-781.

⑤ 毛泽东.毛泽东著作选读（下册）[M].北京：人民出版社，1986：803.

人的指导思想。大学生在社会实践中要拥有一技之长，但决不能在实践中迷失方向，不能只做“劳动机器”，要在生动的实践中坚定理想信念，磨炼品格意志。

二、邓小平有关实践育人的重要论述

“文革”结束以后，邓小平根据特定的时代背景，恢复了党的“实事求是”的思想路线，突出人民群众在实践中的主体地位。针对在中国如何建设社会主义，确定了发展、改革的路线方针，从而发展了马克思主义实践观，创造性地提出了符合中国国情、具有中国特色的实践理论体系，并成为邓小平理论的核心内容。“教育要面向现代化，面向世界，面向未来”，是邓小平实践观在教育领域的集中反映。三个面向是“一个系统的整体，是邓小平同志关于教育工作一系列重要论述的高度概括和科学总结，体现了新时期党在教育工作上的根本要求”。① 三个面向包含了教育的一切领域和方面，既有对教育工作、教育者的要求，也有对受教育者的期望。从教育“三个面向”对育人的总体要求来看，它就是希望受教育者能够成长为适应国家经济社会建设和未来发展需求，具有国际化视野、国际竞争力的社会主义现代化建设的人才。显然，实践育人是其中的应有之意。

依据“三个面向”的教育思想，邓小平实践育人观主要体现在教育与生产劳动相结合的思想上。邓小平引用列宁的话说：“无论是脱离生产劳动的教学和教育，或是没有同时进行教学和教育的生产劳动，都不能达到现代技术水平和科学知识现状所要求的高度。”②实际上，这是对教育要面向现代化思想的进一步阐释，教育面向现代化就要培养面向现代化的人才，即能够适应现代化发展趋势的、运用现代化所需科学技术和生产资料的人。这就要求在教育中，引导受教育者接受教育过程与实际生产劳动相结合。关于如何结合的问题，邓小平指出，教育与生产劳动相结合最重要的是教育必须同经济社会发展实际相适应。他明确地说：“各级各类学校对学生参加什么样的劳动，怎样下场下乡，花多少时间，怎样同教学密切结合，都要有恰当的安排。更重要的是整个教育事业必须同国民经济发展的要求相适应。不然，学生学的和将来要从事的职业不相适应，学生学非所用，用非所学，岂不是从根本上破坏了教育与

① 张健.邓小平教育思想研究[M].杭州：浙江教育出版社，1992：89-90.

② 邓小平.邓小平文选(第2卷)[M].北京：人民出版社，1994：107.

生产劳动相结合的方针?”[①]由此可见,邓小平论述的教育与生产劳动相结合的核心是,教育必须与现实的经济建设、社会发展相适应;要求将劳动正式列入教学计划,作为学校教育的一部分补充进教学内容;强调到厂矿企业、农村乡镇生产生活一线的具体劳动,从而培养具有较高科学文化知识和社会实践能力的劳动者。

在教育要面向现代化、面向世界、面向未来的思想体系中,教育不仅是培养劳动者,更要培养社会主义现代化事业的“四有”新人。邓小平说:“我们在建设具有中国特色的社会主义社会时,一定要坚持发展物质文明和精神文明,坚持五讲四美三热爱,教育全国人民做到有理想、有道德、有文化、有纪律。”[②]在这里,他突出强调了物质文明和精神文明,两手都要抓,两手都要硬。从物质层面看,这就是要求受教育者通过理论联系实际,在实际生产生活中学习巩固科学文化知识,增长才干、做出贡献;而在精神文明层面上,还要通过教育并结合生产劳动,坚定正确的政治方向、坚定理想信念,完善中国特色社会主义事业所要求的道德品质和严明纪律。

三、江泽民有关实践育人的重要论述

江泽民依据“实事求是,与时俱进”的思想路线,针对发展中国特色社会主义的重大时代课题,提出了“三个代表”重要思想。“三个代表”重要思想是对马克思主义实践观的继承与发展,更是改革开放伟大实践的产物。江泽民特别强调:“理论创新的源泉在实践,实践的主体是人民群众。”[③]突出人民群众在实践中的主体地位的思想反映在包括教育在内的各领域各方面的工作中。根据这一思想,江泽民围绕实践教育,尤其是大学生社会实践,发表了一系列重要论述,主要体现在关于教育和生产劳动相结合,促进人的全面发展的思想上。他强调,教育要“全面贯彻党的教育方针,坚持教育为社会主义现代化建设服务,为人民服务,与生产劳动和社会实践相结合,培养德智体美全面发展的社会主义建设者和接班人。”[④]其继承并丰富了马克思主义教育与生产劳动相结合和促进人的全面发展理论。江泽民对马克思主义相关理论的发展主要

---

① 邓小平.邓小平文选(第2卷)[M].北京:人民出版社,1994:107-108.

② 邓小平.邓小平文选(第3卷)[M].北京:人民出版社,1993:110.

③ 江泽民.江泽民论有中国特色社会主义(专题摘编)[M].北京:中央文献出版社,2002:630.

④ 江泽民.江泽民文选(第3卷)[M].北京:人民出版社,2006:560.

体现在：一是拓展了教育与生产劳动相结合的路径，不仅大学生要从事生产劳动，还要参加各类社会实践；二是明确提出学习理论知识要与社会实践相统一，做到知行合一；三是强调青年学生到艰苦地区、经济社会发展相对落后的领域和基层锻炼品质、磨炼意志。江泽民在《关于教育问题的谈话》中指出，“如果只是让学生关起门来读书，不参加劳动，不接触社会实践，不了解工人农民是怎样辛勤创造财富的，不培养劳动人民情感，是不利于他们健康成长和全面发展的。学生适当参加一些物质生产劳动，应该成为一门必修课，不是可有可无，这一点必须充分认识和高度重视。”①他对各级党政、教育主管部门、高校、社会有关机构提出了具体要求。从这段重要论述可以看出，江泽民不仅重申了教育要为中国特色社会主义事业服务，要求青年学生参加与经济社会建设相适应的生产劳动，还强调了学校要作为必修课组织青年学生参加社会实践，从而增强同人民群众的情感，开阔视野、增长社会经验，这样才能使他们实现全面发展。

四、胡锦涛有关实践育人的重要论述

胡锦涛关于实践育人的思想是在科学发展观的指导下形成的。科学发展观是马克思主义与我国社会主义事业发展实际情况相结合的重大理论成果，是对马克思主义的继承与发展。科学发展观突出强调在建设与发展中国特色社会主义事业中要“坚持以人为本，树立全面、协调、可持续的发展观，促进经济社会和人的全面发展”。② 胡锦涛关于实践育人的思想主要体现在人的全面发展、教育要“育人为本，德育为先”“三贴近”的理念和要求上。

科学发展观的核心是以人为本，强调要从人民群众的根本利益出发，实现人的全面发展，从而继承和发展了马克思主义人的全面发展学说，教育自然也是题中之意。胡锦涛关于青年学生全面发展的思想集中体现在“四个新一代”和“三点希望”的论述中。2007 年 5 月，在给中国青年群英会的信里，胡锦涛指出，青年一代肩负党和人民的重托，要以革命先辈为榜样，自觉承担起党和国家赋予我们的时代责任，“努力成为理想远大、信念坚定的新一代，品德高尚、意志顽强的新一代，视野开阔、知识丰富的新一代，开拓进取、艰苦创业的

① 江泽民.江泽民文选(第 1 卷)[M].北京：人民出版社，2006：372-373.

② 中共中央关于完善社会主义市场经济体制若干问题的决定[N].人民日报，2003-10-22.

新一代。"[①]"四个新一代"系统地阐述了青年所要努力的方向，是科学分析青年的实际情况，面对社会发展需要所提出来的关于青年的发展目标。在庆祝清华大学建校100周年大会上的讲话中，胡锦涛对全国青年提出了"把文化知识学习和思想品德修养紧密结合起来""把创新思维和社会实践紧密结合起来""把全面发展和个性发展紧密结合起来"的三点希望。这一诠释的基本逻辑揭示了青年的成长规律。这个规律就是在新的历史时期，立足于中国特色社会主义现代化建设，青年大学生要以立德、修身作为基本要求，以学习、知识的积累为保证，以创新、实践作为有效路径，以全面成才、干事创业为目标定位，从而成长为全面发展的人。这其中社会实践不仅是成长成才的途径，也是中介、桥梁、必由之路。胡锦涛希望青年学生积极投身社会实践，通过社会实践为走上社会、成就事业奠定坚实的基础。为此他指出，"要促进学生全面发展，优化知识结构，丰富社会实践，加强劳动教育，着力提高学习能力、实践能力、创新能力，提高综合素质，加快改变学生创新能力培养不足的状况。"[②]

胡锦涛高度重视大学生思想政治教育，其思想政治教育的思想系统、全面、丰富，概括起来就是"育人为本，德育为先"，并着重强调社会实践是思想政治教育的重要途径。胡锦涛指出："全面实施素质教育，核心是要解决好培养什么人、怎样培养人的重大问题，这应该成为教育工作的主题。要坚持育人为本、德育为先，把立德树人作为教育的根本任务，努力培养德智体美全面发展的社会主义建设者和接班人。"[③]他在纪念中国共青团成立90周年大会上的讲话中对青年提出的五点希望是"育人为本，德育为先"思想的集中体现。他希望青年坚持远大理想，坚持刻苦学习，坚持艰苦奋斗，坚持开拓创新，坚持高尚品格。[④] 刻苦学习就要"深入了解国情，自觉到基层一线去，到艰苦环境中去，到祖国和人民最需要的地方去，在实践的熔炉中增长见识、砥砺品质、强化本领，努力成为可堪大用、能负重任的栋梁之材"。通过上述讲话我们可以看到，胡锦涛非常明确地指出，必须经过社会实践实现大学生思想政治教育目标。

"三贴近"原则生动、直观地体现了胡锦涛关于实践育人的思想。在2003

---

① 胡锦涛.胡锦涛致中国青年群英会的信[N].人民日报，2007-5-5.

② 胡锦涛.胡锦涛文选[M].北京：人民出版社，2016：421.

③ 胡锦涛.胡锦涛在中央政治局第三十四次集体学习会议上的讲话[N].人民日报，2006-08-31(1).

④ 胡锦涛.胡锦涛文选[M].北京：人民出版社，2016：587-590.

年12月召开的全国宣传思想工作会上，胡锦涛强调："做好新形势下的宣传思想工作，必须坚持解放思想、实事求是、与时俱进，要坚持贴近实际、贴近生活、贴近群众，把宣传思想工作做实做活做深，更好地宣传动员群众，引导教育群众，帮助服务群众。"把"三贴近"落实到教育工作尤其是思想政治教育工作的各个方面，就是努力提高思想政治教育的吸引力、亲和力、感染力和说服力。按照"三贴近"的原则，思想政治理论课、日常思想政治教育各类活动都需要创新教育教学方法，针对青年学生特点，有效地解决思想政治教育理论与实践的脱节问题，避免只讲大道理、不能解决具体问题的情况，将理论与具体现实合理有效地结合起来。有组织地引导青年学生走进社会生活，走到人民大众当中，让青年学生在实际生活中接受教育、增长才干，这应当成为大学生思想政治教育的重要形式，也是"三贴近"原则最生动、最鲜活的运用。

五、习近平有关实践育人的重要论述

党的十八大以来，习近平把握时代大趋势、回答实践新要求，顺应人民新期待，围绕改革发展稳定、内政外交国防、治党治国治军发表了一系列重要讲话，形成了习近平新时代中国特色社会主义思想。习近平实践育人思想强调：高等教育要坚持把立德树人作为根本任务和中心环节，将思想政治工作贯穿教育教学全过程，社会实践是学校育人的重要环节和途径，要让学生在实践中培育和养成正确的价值观，实现知行合一。习近平继承并发展了马克思主义实践观、教育与生产劳动相结合理论及人的全面发展学说，成为新时代实践育人工作的指导思想。

高校要坚持不懈地传播马克思主义科学理论，坚持不懈地培育和践行社会主义核心价值观，坚持不懈地促进高校和谐稳定，坚持不懈地培育优良校风学风。思想政治工作从根本上说是做人的工作，必须围绕学生、关照学生、服务学生，不断提高学生的思想水平、政治觉悟、道德品质、文化素养，让学生成为德才兼备、全面发展的人才。实践是认识产生的动力与源泉，正是在对高等教育事业实践和发展认识的基础上，习近平明确了高校思想政治工作的任务、目标。上述重要论述，对大学生全面发展的内涵给予了抽象概括，那就是：包括思想水平、政治觉悟、道德品质、文化素养在内的，以德才兼备为标准的全面发展。习近平将社会实践作为高校在新形势下加强和改进思想政治工作的重要途径。做好高校思想政治工作，要因事而化、因时而进、因势而新；要遵循思想政治工作规律，遵循教书育人规律，遵循学生成长规律，注重以文化人、以文育人，广泛开展各类社会实践。随后，中共中央国务院印发的《关于加强和改进新形势下高校思想政治工作的意见》明确指出，要推进高校思想政治工作改革创新，“要强化社会实践育人，提高实践教学比重，组织师生参加社会实践活动。”[①]这是将社会实践作为遵循高校思想政治工作、教书育人和学生成长成才规律的教育活动首次进行了明确，这无疑为实践育人工作、对大学生社会实践的深入开展，提供了指导思想和有力的理论支撑，同时，也是对青年学生在教育实践中的主体地位、作用的明确。

习近平在 2013 年五四青年节讲话中指出：“学习是成长进步的阶梯，实践是提高本领的途径。”[②]他勉励青年：“要有敢为人先的锐气，勇于解放思想、与时俱进，敢于上下求索、开拓进取，树立在继承前人的基础上超越前人的雄心壮志。”[③]这里他强调的是青年学生要有敢于实践的勇气，就如何实践，他说：广大青年“要牢记‘空谈误国、实干兴邦’，立足本职、埋头苦干，从自身做起、从点滴做起，用勤劳的双手、一流的业绩成就属于自己的人生精彩”。[④] 这些重要论述要求青年脚踏实地、意志坚定地投身于中华民族伟大复兴“中国梦”的伟大实践，实现青春梦想。2016 年 4 月，在知识分子、劳动模范、青年代表座谈会上的讲话中，习近平再次指出：“广大青年要如饥似渴、孜孜不倦学习，既多读有字之书，也多读无字之书，注重学习人生经验和社会知识。‘纸上得来终觉浅，绝知此事要躬行。’所有知识要转化为能力，都必须躬身实践。要坚持知行合一，注重在实践中学真知、悟真谛，加强磨炼、增长本领。”[⑤]这是习近平对教育与生产劳动相结合思想的发展，也是“三爱教育”延展到青年中进行的具体要求。

习近平特别强调思想道德的养成和价值观的形成需要在实践中逐步实现。他指出：“一种价值观要真正发挥作用，必须融入社会生活，让人们在实践中感知它、领悟它。”2014 年 5 月 4 日，在北京大学师生座谈会上，习近平的讲话揭示了当代青年的成长轨迹和规律，就是“勤学、修德、立业、奉献”。这四点要求是习近平关于价值观实践养成的生动诠释。其强调“要修德，加强道德修养，注重道德实践”。习近平既强调了“立大德者方能成大业”，也强调了“从小

---

① 中共中央国务院印发《关于加强和改进新形势下高校思想政治工作的意见》[N].人民日报，2017-2-28(1).

② 习近平.习近平谈治国理政[M].北京：外文出版社，2014：51.

③ 习近平.习近平谈治国理政[M].北京：外文出版社，2014：51.

④ 习近平.习近平谈治国理政[M].北京：外文出版社，2014：53.

⑤ 习近平.习近平在知识分子、劳动模范、青年代表座谈会上的讲话[N].人民日报，2016-4-30(1).

事,管好小节开始起步”。道德的力量在于实践、在于力行。“扎扎实实”“踏踏实实”这八个字我们常说,但要做到,做一辈子,实在不容易。其进一步明确指出,青年社会主义核心价值观的培育和践行要“于实处用力,从知行合一上下功夫”。

习近平关于实践育人、知行合一的教育思想,指明了思想道德的最终落脚点体现在实践中,是提高青少年思想道德教育实效性的重要途径。他认为,实践对青少年来说,就是一本无字之书。理论学习脱离了社会实践,脱离了祖国和人民的需要,青少年的思想道德教育就偏离了正确的方向。2013 年 12 月 5 日,习近平在给“本禹志愿服务队”回信中,勉励志愿者:“希望你们弘扬奉献、友爱、互助、进步的志愿精神,坚持与祖国同行、为人民奉献,以青春梦想、用实际行动为实现中国梦作出新的更大贡献。”[①]时隔不到半年,2014 年五四青年节即将到来之际,习近平给河北保定学院西部支教毕业生群体代表回信,勉励青年人到基层和人民中去建功立业,在实现中国梦的伟大实践中书写别样精彩的人生。两次回信,不仅是对志愿服务活动的肯定、对青年学生甘于奉献精神的激励,更是对广大大学生积极参与社会实践活动的期望,希望青年到生产一线,到艰苦的地方,通过亲身实践,在奉献中成长。习近平关于实践育人的教育思想为高校立德树人指明了方向和方法。

第三节　中国传统知行学说实践育人理论

自先秦开始,中国的哲学家便立足于当时的社会环境,开始对人类的致知与践履过程作自觉的思辨。先哲们对知行关系的考察往往有各自的侧重点,并由此形成了多样的著名的知行学说。一些哲学家在先验论的思想下突出了知对行的规范性,提出了“知先行后”说;另一些哲学家则强调行对知的制约性,提出“行先知后”说;还有一些哲学家试图将两者融合起来,提出“知行合一”与“知行相资”的主张,进而克服知与行的分离状态;此外,还有“知易行难”“知难行易”等辩争。随着知行之辩的逻辑展开,中国传统哲学对知行关系的认识逐渐深刻,并形成了有中华民族特色的知行合一的思想理论。

---

① 习近平.习近平给华中农业大学“本禹志愿服务队”回信[N].人民日报,2013-12-06(1).

一、先秦诸子的知行学说

“知易行难”是我国古代认识论里的一个基本观点，是“非知之艰，行之惟艰”这句话的直意理解。另在《左传·昭公十年》中，其也有记载：“非知之实难，将在行之”。这里的知和行大都是对国事家事来说的，且都涉及道德伦理问题。在伦理方面，懂一点道理并不难，困难的是把它付诸实践并长期坚持下去。知易行难历来被认为是中国最早的知行学说，它一方面反映了知和行之间存在着矛盾，另一方面强调了行的重要性与艰难性，这在当时社会具有多重的影响。

从理论上较为系统地论述知和行问题的应该是从孔子开始的。作为一个学者，孔子是深知“知”的重要性的。“生而知之者，上也。”在孔子看来，认识的内容本质上是天赋的。同时，他主张“先行其言而后从之”，指明要考查一个人，不仅要听其言论，还要看其实际行动。但若是要把“知”和“行”比起来，孔子则更强调行。他认为：学贵在能行。学而不能用，学得再多也无意义，所以他要求他的学生要做到言行一致，学以致用。可以说，孔子的这种知行结合、重行重言的思想开创了我国知行观的先河。

先秦儒家思想集大成者荀子，第一次自觉地探讨了知行的相对关系。首先，荀子认为人的认识活动分为闻、见、知、行四个阶段，四阶段相比较：“不闻不若闻之，闻之不若见之，见之不若知之，知之不若行之。学至于行之而止矣。”显然，闻与见都属于浅层次的知识，它必须通过判断、推理等形式上升到理性层面，但理性知识的获得亦不等于认识的终结，认识的最后阶段是行，只有知转向行，人的认识才算完成。其次，在层次上，行高于知，行是知的目的和归宿。相反，“知之而不行，虽敦必困。”知得再多却不付诸实践，最终也是困惑不解，没有实际意义。此外，荀子坚决批判了知行分离论，他强调二者的重要性，由此提出“坐而言之，起而可设而可施行”。他把言行一致、知行结合的人称为“国宝”，把知行脱离、言行不一的人称为“国妖”，主张治国者“敬其宝”而“除其妖”。荀子的朴素唯物主义知行统一说，成为后来唯物主义知行说的宝贵思想基础。

二、宋代程朱学派的知行观

随着宋朝程朱理学的出现，传统知行观进入了别开生面的哲学形态阶段。可以说真正广泛地、系统地讨论知行观问题还是从宋代理学家开始的，其主要讨论的是知行的先后、难易、轻重等方面的问题。以程颢、程颐（世称“二程”）

和朱熹为代表,他们在知行问题上的观点可以概要地总结为以下四点:

第一,知先行后。程颐认为,人必须先有认知然后才能实践。他将知与行的关系比作光照与走路的关系,知对行来说,犹如在夜间行路一样,须得光照,才能达到目的。他又举例说,有人欲行路去京师,就必先知道通往京师的方向和道路,否则,“虽有欲往之心,其将何之?”换言之,实践只有在理论的指导下才可能获得预期的收效。同样,朱熹也认为一切生活实践的发生必须以知为其必要条件,如果缺少了知的指导,其行就是盲目的;如果在知不明的情况下勉强去行,不但会徒劳无功,也不可能持久。因此,人们在行之前,应当努力求知。

第二,真知必能行。尽管程朱都强调知先行后,但这并不意味着知与行的完全隔绝。他们认为知的目的本在于行,且只要知识足够深刻,便会主动去行,若知行不一致,那也是知识本身层次、认知能力有深浅的缘故,故说“知之深则行之必至。无有知而不能行者。知而不行,只是知得浅”。朱熹也说:“方其知之而行未及之,则知尚浅。”同样,如果明明知道不善而仍行不善,那么这样的知仍然不是真知。因为知的实质在于弄明白天理之所以然(即客观事实)与所当然(即主观价值),因此唯有努力学习,才能得到真知、深知、实见,而个人获得了真知后,更没有不去做的道理。

第三,知行相须,即知与行相互依存、相互为用。知行相须的思想最早是佛教学者在宗教意义上的阐发。佛教把知与行形容为同车之两轮,鸟之两翼,任何一方的滞后不前都会影响整体的发展前进,这对理学家产生了很大的影响。朱熹受此启发,便直接引用此语来阐明知与行“二者不可偏废”的道理,提出“知行常相须,如目无足不行,足无目不见”。知与行犹如人的两足,应当协同并行,相互促进,并且“致知”便要“行”,只有亲身体会力行,才能验证学而致用。

第四,知行两难与知轻行重。知易行难本是先秦以来儒家的传统说法,但“二程”既然提倡知在先、知是根本,也就十分强调知的重要性,认为“非特行难,知亦难也”。行在“二程”看来其实并无所谓难,“学者须是真知,才知得是,便泰然行将去也”。朱熹对“二程”的观点进行了修正,并将知行的先后与轻重问题联系起来,提出了“论先后,知为先;论轻重,行为重”。在这里,知虽然是行的指导,但行是知的目的和完成,得用行来验知的程度,因此,行的作用要大于知。程朱的这些知行观点与前人相比,思辨性大大提高,对后世知行观的发展有很大的启迪。

三、王阳明的知行合一学说

在中国哲学史上独树一帜、影响深远，占有十分突出地位的知行观，是明代思想家、政治家王阳明提出的“知行合一”说。“知行合一”是王阳明哲学体系的核心，也集中反映了他的哲学智慧。

关于知行合一的内涵，概括起来主要有三点：一是“知行本体同一”。王阳明说：“知行本体，即是良知良能。”良知和良能分别属于不学而知者和不虑而能者，但源同一体。知之即行，知和行是密不可分的统一体。他说这就如同“好好色”“恶恶臭”一样，知行双方均一生俱生，“如何分得开”？此种讲法意在纠正知行分家。二是知行双方本相互发明。“知是行的主意，行是知的工夫；知是行之始，行是知之成。”“知之真切笃实处即是行，行之明觉精查处即是知。”这些说法都是从动态的过程来说明知行是相互联系的，两者合一体不能各自用功的意义。“知”中有行的因素，“行”中有知的因素。这样，就没有什么独立的、先于行或与行割裂的知，要达到知，就必须通过行。同时，行也不是一匹瞎马狂奔，它是有知作为指导的。所以，行不能无主意，故行不离知；知不能无手段，故知不离行。三是“一念发动即是行”。在王阳明的知行学说中，“知”主要是指当时社会的道德伦理规范；而其“行”，是对这些道德伦理的践履。王阳明认为“知先行后”论容易导致人们停留于对道德的认识阶段而不去践履，甚至会产生满口仁义道德却行同狗彘的伪道学，所以他要补偏救弊。因“人之善恶，在于一念之间”，在这里王阳明将主观意念的克制也作为行看待，强调从动机上端正，道德修养从道德行为本身扩大到道德意识，的确是一种彻底的功夫。

王阳明第一次明确地提出知行合一的问题，且身体力行地强调了学者做学问、为人处事都必须“知行并进”，既不能“懵懵懂懂任意去做”，也不能“茫茫荡荡悬空去思索”。可以说，知行合一思想的提出是中国哲学在认识与实践关系问题上的理论突破，为中国理论思维的发展提供了有价值的思想资源。此外，王阳明发扬了重行传统，反对“著空”的思想，主张“在事上磨炼”，也给后来进步的思想家和革命家以不小的影响。应该看到，王阳明的知行合一说包含了深沉的传统智慧，对我们今天的高校实践育人具有重要的借鉴意义。

四、王夫之、孙中山的知行理论

明末清初，王夫之在前人研究的基础上，从唯物主义的角度发展了知行观。首先，他认为主观认识来源于客观世界，客观存在决定了主观认识，而不是相反。其次，他提出了“知行相资以为用”的命题。王夫之反对割裂知行的倾向，认为知行不仅不可以分开，而且是一个循环往复的发展过程。在此，王夫之从三个方面具体论证了知行的对立统一关系。第一，知行不相分离且并进互促。王夫之说：“是则知行始终不相离，存心亦有知行，致知亦有知行，更不可分一事以为知而非行，行而非知。”可见知行是一个统一的过程，相互包含，既不可“知而非行”以知代行，也不可“行而非知”以行代知。第二，行是检验认识的标准和目的。“行可兼知，而知不可兼行。”也就是说，行是知的基础和目的，从行中亦可得到知，并检验知，但知不可代替行。由此，行优于知、高于知，知从属于行。第三，知对行具有制约性。在王夫之看来，知在形成于行之后，又具有“审行”的作用：“君子之知，以审行也。”所谓审行，就是指在行之前或行的过程中，对践履的步骤、过程作出检查，考察其是否有可行性，并对其作出规范指导。因此，行只有遵循知，并以知为指导，才能取得成效。总的说来，王夫之是以行为基础，视知行为统一动态的发展过程。王夫之的唯物主义认识论观点为我国知行观的发展做出了极为重要的贡献。

到了近代，民主革命的先行者孙中山结合近代中国社会的发展和革命的需要提出了“先行后知”与“知难行易”的观点，充分发展了知行关系的学说。首先，孙中山重新定义了知行的范畴。中国古代哲学家言知行，多强调其道德认知和践履的意义。孙中山的知行学说，则赋予了知、行范畴的认识论意义。他所说的“知”，是指运用科学或哲学的理性思维所形成的对客观世界的认识；所言“行”，是指个人日常生活中所从事的各种活动。这种对知行内涵的新理解，突破了古代知行观的狭隘性，具有近代认识论的特点。其次，孙中山认为“行先知后”，知是在行中求得的。他举了古今中外大量事实来说明这个问题。例如，人类先有吃饭的行，然后才研究出营养卫生学的知；先有造房子的行，而后才有建筑学之知，如此等等。此外，孙中山总结了大革命失败的教训，认为中国近代积弱衰败，革命事业不能取得成功，其思想和认识上的原因，就在于中国几千年来所受的“知之非艰，行之惟艰”学说的毒害。他认为，传统“知易行难”的观点不但不能激励人们的进取精神，反而助长了一种畏难苟安的心理。长此以往，“不知固不欲行，而知之又不敢行，则天下事无可为者矣”。[①] 对此，孙中山从时代要求出发，独树一帜地提出了“知难行易”说。“知难行易”主要突出了两层含义：第一，“知之惟艰”。孙中山认为人们日常生活中的很多事情，做起来并不难，但要透彻地了解其中的道理，并从中总结出知识却非常

① 孙中山.建国方略[M].郑州：中州古籍出版社，1998：58.

困难，只是由于后人较容易继承前人的知识成果，便以为知容易而行困难。第二，“知之则更易行之”。如果我们能够掌握事物的知识，用科学的知识指导行动，“知而后行”，就可以做到事半功倍。孙中山关于知行关系的这些独特见解，突破了古代知行观的狭隘性，为其革命和建国理想提供了认识论的根据。

五、陶行知的实践教育理论

青年学生在实践中锻炼成长的理论是我国著名教育家陶行知先生在长期的教育实践中提出来的教育思想，主要包括“生活即教育、社会即学校、教学做合一”三个方面。陶行知先生深受美国著名教育家杜威的影响。杜威强调“教育即生活”“教育即生长”“学校即社会”，强调教育要“做中学”。陶行知先生从中国国情出发，对杜威的实用主义教育理论进行了批判性的吸收和改造。他提出教育应与生产劳动相结合、与社会生活相结合的教育思想，创立了以生活实践为基础的生活教育理论，其最高目的是培养德、智、体、美、劳全面发展的人。其中，“生活即教育”是生活教育理论的核心。他认为，生活的性质和内容决定了教育的性质和内容，一个人“过什么生活便是受什么教育；过好的生活，便是受好的教育，过坏的生活，便是受坏的教育”。① 生活教育就是在生活中受教育，教育在种种生活中进行。如果教育不能与生活很好地结合，教育也将难以得到落实。“社会即学校”是生活教育理论的另一个重要命题。陶行知先生认为，自有人类以来，社会就是学校。在社会这个大学校里，教育的材料、方法、工具和环境，都可以得到大大增加，我们通过社会生活中的教育，可以彻底改变传统教育与生活、学校、社会相脱节、相隔离的现象。“教学做合一”是生活教育理论的教学论。这一思想是建立在“实践第一”“行是知之始”和“理论与实践相统一”的哲学认识论基础上的。他认为，“做是发明，是创造，是实验，是建设，是生产，是破坏，是奋斗，是探寻出路”“教而不做，不能算是教；学而不做，不能算是学。教与学都以做为中心”。② 这里的“做”其实就是实际生活，就是人的实践。学生通过实践活动产生新的思想，新的思想则将产生新的价值。如果离开了“做”这个中心，我们的教育就难以达到目的。生活教育理论强调实践，但并没有否认知识和经验的重要性，更没有说不要书本和前人的经验，只是要求学生在学习和运用别人经验的过程中，“必须有个人经验作基础，

---

① 董宝良.陶行知教育论著选[M].北京：人民教育出版社，1991：390.

② 华中师范学院教育科学研究所.陶行知全集(第2卷)[M].长沙：湖南教育出版社，1984：289.

然后才能了解和运用人类全体的经验。"之后,科尔伯格的道德认知发展理论认为,学校应该在交往实践和生活情境中促进学生品格的形成。美国教育家弗雷德·纽曼也强调学习者的观察与实践的重要性,强调注重公民社会行动方面的教育和个体社会行为的培养,相当于我们所说的"学思行结合""知行统一"。这些理论与生活教育理论还是具有一定的共通性的。

生活教育理论的丰富思想为高校实践育人带来了更多的启示,它既有教育理念上的启迪,也有方式方法上的借鉴。一是要坚持"以人为本"的教育理念。在高校实践育人工作中,无论是实践育人的组织主体——高校还是思想政治教育者,都要尊重实践主体的发展,尊重实践主体的主体性,注重发掘实践主体的创造潜能,以促进青年学生的全面发展为目标;要始终关注实践主体的成长过程,既要了解实践主体的已然,还要关注实践主体的实然,更要关注实践主体的或然,通过实践教育引导实践主体的或然向应然方向转变。二是要充分认识到实践在人才培养中的重要作用。"行是知之始,知是行之成"。一切知识的根本是在具体生活中,是在直接经验里。青年学生只有以自己的直接经验为基础,通过实践才能检验知识的真伪,才能真正理解和掌握理论知识的真谛。社会实践其实就是让青年学生经历生活体验,在生活实践中接受教育,进而促进自身的成长成才。三是要把教师的教和学生的学统一在实践上。教师要注重引导学生发展,最大限度地调动学生参与实践教育的积极性和创造性,使学生学会学习,学会自己去获得知识与经验,从而培养独立观察、思考、分析、判断和解决问题的能力;而学生要在教师的引导下发挥主体作用,最大限度地掌握获取直接经验和间接经验的方法,积极实践、敢于探索、勇于创新,真正做到知识与品行、思想与行为、课内与课外相统一,使自己成为品行良好、身心健全、具有适应社会变迁能力与创造力的社会主义建设者和接班人。总之,青年在生活中锻炼成长的理论所包含的强调学校教育与社会生活、生产劳动相结合,要求学生手脑并用、在劳力上劳心的深邃思想,为高校实践育人提供了坚实的理论基础,为实践育人机制的构建提供了重要遵循。

第四章　民办高校社会实践育人的目标和途径

民办高校开展社会实践育人的目标是遵循高等教育培养人才的规律，坚持理论联系实际，坚持立德树人，为顺应社会发展的需要，致力于培养应用型人才，培养社会主义事业的建设者和接班人。大学生社会实践育人活动作为第一课堂的补充和延续，为民办高校实现育人目标，提供了更为可靠、高效的有效路径。在这一方面，有学者认为，实践育人是现代教育的内在要求和实现方式，是当今世界发展对大学教育和人才培养的基本要求，也是理论联系实际、知行合一的主要手段。实践育人也是我国培养社会主义现代化建设拔尖创新人才的重要途径，在实施科教兴国和科技创新战略中具有重要地位和关键作用。

关于社会实践育人的原则，有学者认为，只有理解和掌握马克思主义实践教育的相关理论，大学生才能在思想上树立科学的实践育人理念。社会实践育人的根本任务就是要提升思想政治教育质量，必须把思想政治教育牢牢地和社会实践活动紧密联系在一起。这是由于人的思想道德观念的形成，是实践的主要产出。另有学者认为，社会实践育人需要在提升学生思想政治水平的基础上，着眼于提升学生的专业技能水平，只有坚持在社会实践中强调专业技能的磨炼，才能满足社会发展对人才的需要。广大青年要积极参加社会实践活动，要在社会实践过程中，感受时代的脉动和梦想的召唤，要立鸿鹄志，做奋斗者，要在社会实践过程中，坚定意志，不忘初心。

从对社会实践育人主要途径的研究来看，改革开放之后的研究成果较有研究价值。有学者以是否列入正式教学计划为划分标准和依据，将社会实践的形式归纳为两个大类：教学计划内的实践环节和教学计划外的社会实践活动。教学计划内的实践环节是指，以专门课程形式出现，具有系统完整的教学安排、教学内容、教学方法，包括认识学习、教学经验、专业见习、课程设计、毕业设计（实习）以及军训等；教学计划外的实践环节，包括社会考察（调查）、科技服务、勤工俭学和社团活动等，两者相辅相成。进入新时代，有学者将社会实践具体列为毕业实习、暑期社会实践、乡村振兴和红色筑梦之旅活动等。本章研究民办高校社会实践育人的目标，探讨民办高校社会实践育人的原则，探索民办高校社会实践育人的途径，这对搞好民办高校社会实践育人具有十分重要的意义。

第一节 民办高校社会实践育人的目标

社会实践育人的普遍目标是弥补学校教育教学工作的不足，丰富和深化大学生思想政治教育的实践内容；促进青年学生在理论和实践相结合的过程中增长才干、健康成长，从而优质成才、全面成才。促进大学生素质教育，加强和改进青年学生的思想政治工作，引导学生健康成长和成才的重要举措，是学生接触社会、了解社会、服务社会，培养创新精神、实践能力和动手操作能力的重要途径。大学生社会实践是在校大学生利用课余时间，步入社会进行社会接触，提高个人能力，触发创作灵感，完成课题研究，发挥自己的聪明才智以求和社会有更广泛的接触，对社会做出贡献的活动。用在大学学习得到的理论知识进行社会实践活动是每个大学生必须要上的一门课程。高校应引导学生增强责任感和使命感，树立正确的世界观、人生观、价值观，提高学生的综合素质。在民办高校中，社会实践育人的目标有着特殊的表现。

一、提升民办高校大学生的社会责任感

改革开放 40 年来，我国各方面发生了天翻地覆的变化，综合国力不断提升，人民生活水平不断提高，人民的精神文化生活日益丰富，数字信息产业发展迅猛。在这样的国内大环境下，各种文化思想互相碰撞，中华民族优良道德传统所强调的对家庭、社会、国家的责任意识和奉献精神面临着严峻的挑战。在现实生活中，大学生的社会责任感淡化倾向明显，责任缺失现象不断出现。尽管总体来说，当代大学生的社会责任感还是积极向上的，然而，受到经济全球化的负面影响和互联网不良信息的广泛渗透，大学生中普遍存在过于关心个人私事、集体观念淡薄、片面重视自我发展诉求、对国家和社会发展不关注等社会责任感缺失现象，严重阻碍了大学生的健康发展。其具体表现在：价值取向错位发展、自我中心主义过强、公民意识淡薄、缺乏社会认同感与归宿感、缺乏对国家与社会的责任担当、重视物质享受而忽视义务履行、重视个人利益而忽视集体利益等。社会责任感的缺失逐渐成为影响大学生学习质量、就业质量和工作能力下降的主要原因。

马克思说过："人的本质是一切社会关系的总和"。根据马克思关于人的本质的论述，人作为一种社会型的动物，必须在社会关系中承担相应的社会责

任。此外，马克思主义价值理论认为，人的价值是自我价值与社会价值的统一，实现人的价值，唯一途径是参与社会实践。毛泽东同志说过："只有千百万群众的社会实践才是检验真理的唯一标准。"因此，大学生必须将自身的专业知识学习和社会实践紧密联系在一起。尤其是在民办高校中，积极开展社会实践育人活动有十分重要的作用。民办高校大学生通过规范化、常态化的社会实践，能够走近群众的生产和生活，了解国情民情乡情，了解社会现实，了解经济社会发展的现状和存在的突出问题，了解党和国家对大学生成长成才的需要。社会实践育人，可极大地提升民办高校学生的社会责任感。

近年来，民办高校的培养计划逐渐明确，"以本科教育为主，面向区域经济社会，以学科为依托，以应用型专业教育为基础，以社会人才需求为导向，培养高层次应用型人才，以培养知识、能力和素质全面而协调发展，面向生产、建设、管理、服务一线的高级应用型人才"为目标的民办高等教育思路逐渐清晰。民办高校在人才培养过程中，重视专业技能教育，忽视思想政治教育的现象频繁出现。另一方面，民办高校在校学生的家庭经济情况普遍较好，家长多因过度溺爱而弱化了德育引导。所以，在民办高校大学生群体中，他们较公办高校学生更容易出现重个人轻社会，重功利轻道义，重物质轻精神，重索取轻奉献等严重倾向。民办高校大学生的社会责任感亟待提升，各高校应通过广泛开展社会实践育人活动，引导学生主动接触社会、了解社会、改造社会；通过参加社会实践，提升学生的社会责任感。

二、培养民办高校学生的创新精神

创新精神是创新的内在动力和活力源泉，创新人才是实施创新驱动发展战略的智力支持，大学生既是我国重要的人才力量储备，也是实现中华民族伟大复兴"中国梦"的重要力量。江泽民同志说过："创新是民族进步的灵魂，是一个国家兴旺发达的不竭源泉，也是中华民族最深沉的民族禀赋。"胡锦涛同志认为："创新是文明进步的不竭动力"。习近平在十九大报告中指出："创新是引领发展的第一动力，是建设现代化经济体系的战略支撑。"在新的历史条件下，随着我国社会经济的快速发展，培养应用型创新人才是提升我国综合能力和全民素质的重要举措，也是各高校实现可持续发展的重要历史使命，而民办高校要想提高自身的竞争力，走出一条自己的"特色之路"，其中培养应用型人才的创新能力成为关键因素。因此，民办高校必须要坚持可持续的发展观，科学地分析战略机遇，明确战略目标，实现全面、协调、可持续发展，提升应用型人才创新教育的整体实力和国际竞争力，从而为社会经济发展提供强大的人才保证和智力支撑。

目前,高校扩招导致毕业生数量急剧上升,新晋民办本科高校的毕业生就业压力空前增大,提高大学生创新创业能力是缓解就业压力的有效途径。因此,在民办高校应用型人才培养方案中融入创新创业教育已经成为各个民办高校深化教学方法、提高就业质量的普遍做法。但民办高校大学生在实践教育缺失的创新创业教育中暴露出如下几个问题:一是学习理论知识不扎实;二是创新创业意识淡薄;最重要的是创新力不足。创新力的不足体现在大学生们虽然愿意开动脑筋思考创新创业的思路,但结果总出现“老生常谈”“炒冷饭”等问题,总是无法提出具有创新力的创业计划。创新创业教育逐渐被弱化为创业教育。其根本原因就是学生对社会的发展现状和现有的创新成果了解不足,导致学生绞尽脑汁设计出来的创新创业计划实际上已经在社会上普遍存在,不具有创新性或可创业性。

回顾历史,1930 年 5 月,毛泽东为了纠正当时红军中存在的教条主义思想,专门写了《反对本本主义》一文,提出“没有调查,没有发言权”的著名论断。民办高校大学生出现创新力不足的首要原因,实质上是缺乏对已有实践结果的认知。选择参加创新创业的学生主观上停留在对创新创业计划的猜想,客观上缺少参加社会调查的机会,导致学生对社会发展的新成果不够了解,最终造成创新力不足。可见,创新必然建立在调查的基础上,而调查即为实践。实践是培养学生创新能力的重要环节,在民办高校教学过程中积极开展社会实践育人活动,能够引导学生走出校园,鼓励大学生将理论学习和实践学习相结合,积极拓宽视野,引导学生了解社会各方面的发展成果,打好创新基础。因此,提升学生的创新能力也是民办高校实践育人的重要目标。

三、提升民办高校学生的应用能力

应用能力就是应用型人才的综合素质要求。它包括:专业技术,团队精神,领导才能,敬业乐群,人际交往,适应环境。民办高校人才培养将学生的技术水平提升作为主要教学目标,兼顾创新创业人才培养。在教育过程中,高校会考虑社会发展对人才综合素质的衡量标准,以及人才走上工作岗位后,是否能够适应工作环境。在社会职场中,综合竞争能力能否达到综合水平对刚毕业的大学生尤为重要,我们要将高校人才综合技能水平提升作为教育教学过程中要重点优化的对象,所构建的创新教学计划不仅能够满足学生学习需求,同时也能带动高校整体办学质量的提升。由于社会发展对人才的需求标准在不断变化,在校的学习过程与用人单位的人才衡量标准往往有偏差。通过系统的社会实践教学，无论任何工作岗位，大学生都能够快速适应工作环境，并通过创新学习能力，强化自身在岗位中的工作实力。

实践是大学生成长成才的必由之路。民办高校既是教育机构，也是经济实体，其培养目标是在坚持“立德树人”的基础上，专注于培养社会各界所需要的应用型人才。民办高校应遵循高校教育行业培育当代大学生的标准，为顺应社会发展的需要，致力于培养应用型人才。应用技术型大学介于学术性大学和专科高校，是多科性或单科性的专业性大学或学院，主要是培养应用型高级专门人才。所以，社会对应用型人才的要求更高，其既要具有系统化的专业理论知识，又要擅长实际操作，具备理论联系实际的能力。要保持其健康发展，既要遵循教育规律，又要遵循经济规律，那就必须提高民办高校学生的应用型能力。为此，我们必须解决好三个关键问题：一是把握社会的人才需求与高等教育的发展方向，使学校的人才培养模式与社会需求相适应；二是处理好质量、规模与效益三者的关系，坚持质量第一的原则，适度扩大办学规模，以获取保证质量、维持教学正常运转所必需的资金；三是建立质量、规模、效益协调发展的管理制度和运行机制，不断增强学校的核心竞争力，尽快实现由外延发展向内涵发展的战略转型，使办学实力逐步增强，办学声誉逐步提高，办学特色逐步形成。

因此，提升应用能力是应用型本科民办高校的重要培养目标。加强民办高校大学生实践能力的培养，是面对日益变化的国际国内形式、实施科教兴国和人才强国战略的需要，是全面实施素质教育、提高人才培养质量的需要，也是大学生走向社会、适应社会的必然要求，对大学生个人的发展和社会的进步都有着重要的作用。应用型大学生需要在实践中磨炼出扎实的专业技术，培养团队精神，提升领导能力和环境适应力，拓展人际交往和端正的创业就业价值观。所以，提升大学生的应用型能力是民办高校大力开展实践育人的第三目标。

四、激发民办高校大学生的学习动力

随着民办高校投资基础教学建设力度的加大、独立学院转设等工作的开展，近年来，民办高校学生的录取分数，虽有调整提升，但大部分学生都存在着文化基础弱、偏科、缺乏学习毅力、自律差、发挥失误、自暴自弃等学习风气问题。从整体上看，民办高校学生的文化基础不扎实。进入高校后，他们初次接触自律要求高的教学管理方式很容易掉队，容易导致厌学、放弃学业、轻视学术、急功近利等不良学风。更有学生认为学习只是为了拿学位证、混本科文凭，自觉性差，毅力弱，来自周边的诱惑力增加，容易放纵自我，对本科期间的学习任务不重视，导致学习兴趣不浓厚。而且在侧重应用型教育的民办高校之中，学校对学生的教学考核要求不够严格，学生对知识摄入的欲望较淡。因此，学生学习的动力亟待提升。

《教育部等部门关于进一步加强高校实践育人工作的若干意见》中提到，学生是实践育人的对象，也是开展实践教学、军事训练、社会实践活动的主体。高校要充分发挥学生在实践育人中的主体作用，建立和完善合理的考核激励机制，加大表彰力度，激发学生参与实践的自觉性、积极性；要支持和引导班级、社团等学生组织自主开展社会实践活动，发挥学生在实践育人中的自我教育、自我管理、自我服务的作用。

积极参加社会实践，能够让在校生有更多的机会接触自然、接触社会，学生在参加社会实践的过程中，能够感受到社会对他们的需要，也能够让学生清楚地看到自身知识水平的不足，从而进一步激发学生勤奋学习，努力实践成才。

第二节　民办高校社会实践育人的原则

由于民办高校的人才培养方案介于学术型大学和高职高专技术型人才培养方案之间，民办高校在社会实践育人的过程中必须坚持特定的原则。有学者通过调查，认为当前我国民办高校在社会实践育人环节中，出现了过于重视专业技术的学习，忽视思想政治教育作为“立德树人”的重要保障的现象，提出在民办高校开展社会实践育人工作时，必须加强思想政治教育。还有学者针对民办高校的人才培养方案，建议要以习近平关于教育的重要论述为依据，鼓励大学生积极投身实践，并学会用马克思主义理论解决实际问题。但大多数学者仍坚持，民办高校开展社会实践，还需以培养应用型人才，为国家建设、社会发展和地方企业提供高素质技术型人才为主要目的。结合现有资料和文献，我们分析总结出民办高校社会实践育人的原则如下：

一、坚持认识和实践相结合的原则

学生成长成才，需坚持认识与实践相结合的原则。马克思主义实践观是唯物主义一元论世界观的核心和基础，它是在批判唯心主义和旧唯物主义实践观基础上确立起来的。马克思主义的实践观立足于实践，从实践角度揭示社会生活的所有领域，这也是马克思主义实践观区别于唯心主义和旧唯物主义的根本所在。在马克思主义看来，实践是人类的全部历史运动，它既包括现实的、经验存在的生产活动，又包括思维和意识、认识和精神生产活动。马克思主义实践观从整体上贯穿了全部人类活动都是实践的观点，并且从主观与客观、主体与客体以及主体与主体的关系中把握实践的范畴。基于此，高校应从涵盖主体—客体功能关系的实践构成要素、本质特征、基本形式着手科学地把握其科学内涵。对于马克思主义实践观内涵的准确把握，有助于认识大学生社会实践育人功能的内在规律，有针对性地优化社会实践育人过程，不断提升实践育人效果。

马克思在论述生产劳动构成时指出："劳动过程的简单要素是：有目的的活动或劳动本身，劳动对象和劳动资料。"劳动过程"首先是人和自然之间……物质变换的过程。"正如生产劳动是最基本的实践活动形式一样，生产劳动构成的三项基本要素也是实践构成的基本要素。马克思主义实践观认为："实践结构是由以人为主体，以物质对象为客体和以中介手段作为工具的三大基本要素综合而成的动态物质结构体系。"也就是说，主体、客体和工具是实践的三个构成要素。人是实践活动的承担者，在社会生活中，凡是从事物质和精神创造活动的人，处于一定社会历史关系中的人或群体都是实践的主体。

根据马克思关于实践的有关论述，我们可以把实践定义为主体能动地探索和改造客体的社会性的感性的客观物质活动，是人类社会得以存在的根据和现实基础，具有客观物质性、主观能动性、社会历史性、双向互动性等基本特征。因此，唯有劳动才能够做到正面育人，才能够发挥其正能量。但根据马克思所说："劳动这种生命活动，这种生产生活本身对人来说不过是满足一种需要即维持肉体生存的需要的一种手段。"在这种劳动中，人的精神可能不是愉悦的，可能是痛苦的。所以，并不是所有的劳动、所有的实践都能给人们带来幸福。这就要求教育者有组织地指导大学生开展社会实践，明确社会实践教育目标、内容和形式，展示大学生的能力与风采。教育者必须真正坚持实践论与认识论相结合，真正做到理论知识联系社会实践。

二、坚持新时代教育发展理念的原则

党的十八大以来，习近平把握时代大趋势、回答实践新要求，顺应人民新期待，围绕改革发展稳定、内政外交国防、治党治国治军发表了一系列重要讲话，形成了习近平新时代中国特色社会主义思想，这是马克思主义中国化的最新成果。高等教育要坚持把立德树人作为中心环节，把思想政治工作贯穿到教育教学全过程，实现全程育人、全方位育人；将社会实践作为遵循教育和学生成长规律的育人工作进行了明确；在实践中培育和养成正确的价值观；到祖国和人民最需要的地方实现知行合一，坚定理想信念、健康成长成才。从而继承并发展了马克思主义实践观、教育与生产劳动相结合理论、马克思主义人的全面发展学说，这也是新时代实践育人工作的指导思想。

高校要坚持不懈地传播马克思主义科学理论，坚持不懈地培育和践行社会主义核心价值观，坚持不懈地促进高校和谐稳定，坚持不懈地培育优良校风学风。思想政治工作从根本上说是做人的工作，必须围绕学生、关照学生、服务学生，不断提高学生的思想水平、政治觉悟、道德品质、文化素养，让学生成为德才兼备、全面发展的人才。实践是认识产生的动力与源泉，正是在对高等教育事业实践和发展认识的基础上，习近平明确了高校思想政治工作的任务、目标。习近平将社会实践作为高校在新形势下加强和改进思想政治工作的重要途径，要求要做好高校思想政治工作，要因事而化、因时而进、因势而新；要遵循思想政治工作规律，遵循教书育人规律，遵循学生成长规律，注重以文化人、以文育人，广泛开展各类社会实践。随后，中共中央国务院印发的《关于加强和改进新形势下高校思想政治工作的意见》明确指出，要推进高校思想政治工作改革创新，“要强化社会实践育人，提高实践教学比重，组织师生参加社会实践活动。”这是将社会实践作为遵循高校思想政治工作、教书育人和学生成长成才规律的教育活动首次进行了明确，这无疑为实践育人工作、对大学生社会实践的深入开展，提供了指导思想和有力的理论支撑，同时，也是对青年学生在教育实践中的主体地位、作用的明确。

在实践中，我们就教育改革发展提出了一系列新理念、新思想、新观点，主要有以下几个方面：坚持党对教育事业的全面领导，坚持把立德树人作为根本任务，坚持优先发展教育事业，坚持社会主义办学方向，坚持扎根中国大地办教育，坚持以人民为中心发展教育，坚持深化教育改革创新，坚持把服务中华民族伟大复兴作为教育的重要使命，坚持把教师队伍建设作为基础工作。

在高等教育大众化的发展趋势中，民办高校在我国高等教育的跨越式发展中将大有可为、大有作为。党的教育方针历来是德育为先，在教育的全过程中注重对学生品德修养的养成教育，培育和践行社会主义核心价值观“要从娃娃抓起、从学校抓起”。学校是立德树人的主阵地，青年时代是一个人世界观、人生观、价值观形成的关键时期。赢得了青年就赢得了未来。民办高校必须认清这一现实，把握高等教育的发展趋势，将立德树人的根本任务落到实处，为实现两个“百年”的“中国梦”培养德、智、体、美全面发展的社会主义合格建设者和可靠接班人。

三、坚持思想政治教育和社会实践相结合的原则

思想政治教育必须为社会实践育人工作提供最基本的思想基础，同时也是社会实践育人的重要目标之一。思想政治教育的一系列基本概念、基本理论，是大学生社会实践教育相关研究的基本依据。思想政治教育基本原理中关于思想政治教育过程的理论、思想品德形成的规律将为学生在实践过程中端正态度，明确方向。在高校育人这个环节中，教育者必须坚持将思想政治教育与社会实践紧密结合的原则。

大学生社会实践育人作用的发挥主要体现在社会实践活动当中，而社会实践不论是渗透在社会生活中，还是课堂上的理论灌输、实践前的各项准备、计划方案的制定、后期的总结深化，或是与实践活动相关的相对独立的其他形式的教育活动都是育人过程，具有一定的规律性。社会实践育人的目标要通过社会实践育人的过程来实现，其中的育人机理蕴含在这些过程当中，构建运行机制也要符合育人过程的规律。社会实践本质上是对大学生进行思想政治教育的过程。因此，思想政治教育过程理论对社会实践育人机理和运行机制的研究具有重要借鉴作用。

然而，在民办高校培养人才的过程中，往往会出现重专业、轻思想的问题。虽然近几年"课程思政"建设初有成效，但大多数民办高校由于教师流动性大，学生学风建设质量不高等问题，"课程思政"改革的质量提高较公办院校稍显缓慢，导致民办高校大学生在社会实践过程中过于重视经济收益或好逸恶劳，参与社会实践的动机比较功利。

社会实践是思想政治教育的重要形式，也是思想政治教育的具体方法。从方法论的角度，本质上，社会实践育人过程是思想政治教育实践锻炼法的具体运用。民办高校开展社会实践育人工作，必须坚持思想政治教育和社会实践相结合的原则，将思想政治教育作为提升社会实践质量的重要前提。同时，在社会实践育人过程中，高校必须融合思想政治教育，把提升学生思想政治素养作为根本目标。

四、坚持以培养应用型人才为目标的原则

随着市场形势的不断变化，传统的研究型、"精英式"教育已经不能满足社会的发展和企业岗位的实际需要。由于民办高校人才培养目标的特殊性质，民办高校在设计社会实践育人方案时，需将"培养能够把成熟的技术和理论应

用到实际生产和生活中的技能型人才”这一目标纳入最终考核体系。这就要求民办高校在社会实践育人中，以学生为主体，构建以 OBE(Outcome based education)教育理念为导向的“多层次、递进式”实践教学体系，以“应用能力测试”为中心，建立多元化考核方式，实现理论与实践相结合、课内与课外相结合、专业学习与科技创新相结合的融合式实践教学新模式。

此外，随着社会的发展与时代的进步，传统的育人模式已经不能满足新时期的发展变化，民办高校开展社会实践，必须坚持以市场为导向，与行业企业密切配合，深入了解企业的实际岗位需求，以企业需求为教育准绳，理论联系实际，全面推进校企合作、协同创新的育人新模式，促进“校企合作”，全面提升学生的综合实践能力。

因此，民办高校开展社会实践育人，还应坚持以培养应用型大学生为目标的原则，如此才能满足国家、社会对民办高校人才培养的客观要求，并主观上提升民办高校人才质量，从而提升民办高校办学质量。

第三节　民办高校社会实践育人的途径

自从我国第一所民办高校出现以来，民办高校就积极地通过开展社会实践育人工作提升学生的综合素质。经过探索与实践，民办高校总结出了一套行之有效的社会实践育人模式。虽有些与公办院校的社会实践育人途径相似，但基于民办高校办学模式的特点，民办高校也开拓出了一系列具有特色的实践育人途径。

一、融合区域经济发展的社会实践育人

教育与经济的关系问题，既是一个至关重要的理论课题，也是一个关系实际操作的实践问题。区域经济的发展需要大量的高层次应用型人才，需要地方高校，特别是民办高校，有针对性地培养，才能更好地满足社会的需要。应用型大学具有地方性、应用性和融合性三重特征，服务区域经济社会发展是其基本任务。民办高校可以为区域产业结构的调整、企业项目的建设与开发，提供技术上的帮助和支持。技术支持是依托地方高校的技术创新建立起来的，而技术创新是知识转化为生产力的中介。区域经济的发展与市场需求，是民办高校学科建设与实践育人的支撑点。

服务区域经济社会发展是应用型大学的重大使命，也是衡量应用型大学

综合实力和贡献能力的重要依据。民办高校应利用办学机制灵活的特点，与当地企业构建校企合作关系，和当地村镇构建乡村振兴合作关系，与社会机构建成社会实践基地合作关系。

目前，我国高校与区域经济实体之间的合作流于表面，往往只是签订了合作意向，但企业无法招募足够的实习生，高校却抱怨愿意接纳学生参加社会实践的的企业寥寥无几。根本原因是企业对人才品质的具体要求和高校的培养方案差距较大，企业和高校之间存在着一种“我教我的，你要你的”的现象，双方沟通不畅。因此，为更好地服务区域经济，民办高校可针对和高校之间存在地缘关系的企业提出的具体需求，灵活制定培养计划，设计社会实践方案，做到定制人才，按需育人。

二、融合乡村振兴的社会实践育人

党的十九大报告首次提出了乡村振兴战略。重点之一是，要深化科技体制改革，建立以企业为主体、市场为导向、产学研深度融合的技术创新体系，为乡村振兴服务。产学研深度融合发展一方面要提升产学研主体的联结机制，另一方面需要更多的主体参与合作，提升合作的层次和动力。这是我国社会发展领域的一个伟大转折，标志着国家战略工作向着农村转移。这一方面体现了国家发展战略对高校人才培养的要求，另一方面则表明了，乡村振兴活动在高校社会实践育人过程中的地位不断提升，同时也是新时代我国民办高等教育特色发展的借势之举。民办高校作为我国应用型教育的重要主体，不仅是全面提高高等教育质量的重要依靠，还要密切关注地方产业发展，不断提高承担区域重大现实问题课题以及解决经济社会发展实际问题的能力，有责任为乡村振兴战略培养合格的应用型人才。

以乡村振兴为目标的社会实践活动，有助于加深民办高校学生对社会发展的了解，有助于学生专业技术水平的应用，有助于村镇经济的发展。

三、融合红色文化的社会实践育人

红色文化是爱国主义精神的重要源头和母体，无论是广义和狭义，还是物质和精神的红色文化资源，都具有独特的育人功能。红色资源遍布全国各地，是社会实践育人取之不尽、用之不竭的教育宝库。红色资源在大学生爱国主义教育中发挥着极其重要的作用，有利于激发大学生强烈的爱国情感。

党的十八大以来，以习近平同志为核心的党中央高度重视党史学习，强调要利用好红色资源，发扬红色传统，让青年一代学传统、爱传统、讲传统，传承红色基因，鼓励高校学习发展红色文化，对全社会传承红色基因起到积极的推动作用。习近平曾先后到延安、井冈山等革命圣地考察，提到“长征精神”“井冈山精神”“沂蒙精神”“抗战精神”“遵义会议精神”“延安精神”，反复强调要把红色资源利用好，传承好。十九大结束后，习近平带领中共中央政治局常委瞻仰了上海中共一大会址及浙江嘉兴南湖红船，从中解读中国共产党的初心，并表示要利用红船精神进行爱国主义教育，助力中国梦的实现。2018 年全国教育大会上，习近平要求要在“厚植爱国主义情怀”上下功夫，高校作为向社会输送精英知识青年的主阵地，更需要加强爱国主义教育。

因此，许多高校近年来纷纷开展以红色文化为内容的社会实践育人活动。例如，福建高校开展奔赴闽西老区的大学生暑期下乡志愿者活动；江西省高校依托井冈山，开展户外素质拓展，团学活动和重走井冈山旧址等活动，学习井冈山精神等。此外，近年来，随着“青年红色筑梦之旅”的开展，许多高校纷纷组织大学生深入革命老区，依靠自身的专业知识，为革命老区提供所需的智力支持，为革命老区发展注入了新鲜血液。

四、融合地域优势的社会实践育人

大学生校外实践教育是高等教育的重要组成部分，是培养高素质复合型人才的重要场所，是完成跨世纪创新人才培养目标的重要依托，也是大学生提升实践创新能力的重要渠道，是地方高校向应用型转变的有力抓手，探讨大学生校外实践基地的建设，为转型助力，非常必要。

随着区域经济的不断发展，具有地缘特色的文化资源被深入挖掘，各地区出现了许多能够与各高校联动合作的校外实践基地。它可简单分类为文化型实践基地、企业型实践基地、体验型实践基地。民办高校可利用自身办学机制灵活、办学力量社会化程度高等优势，积极开展校外社会实践基地建设。

以福建省福州市为例，福建省福州市位于福建省东部、闽江下游及沿海地区，是福建省省会，是我国首批 14 个对外开放港口城市之一，海上丝绸之路门户及自由贸易试验区，不仅历史文化底蕴深厚，而且经济发展迅速。其中，马尾区是我国船政文化的发祥地，是中国近代海军的摇篮。该地区虽然在中华人民共和国成立后没有得到充分发展，但正是由于这样的发展历史，使得福州地区农业和重工业的比重较小，经济改革成本较低。因此，福州地区正以数字经济主体，大力发展高新技术产业，相关产业如雨后春笋般蓬勃发展。大量的科技企业为民办高校毕业生提供了足够的人才实践机会，符合民办高校应用型人才的培养方案。所以，该地区的民办高校积极与有实力的地方企业建立实践合作关系。同时这样的合作也能为提升民办高校的社会实践育人质量提供保障。

位于福州马尾的阳光学院依托地缘优势，就近与船政文化博物馆建立了战略合作关系，定期组织学生参观船政文化博物馆，学习"精忠报国，自强不息"的船政精神，将船政文化和专业教育、船政文化和思想政治教育紧密结合，设计出了一套高质量的社会实践育人方案，值得借鉴。

五、融合网络平台的社会实践育人

为了更好地展开大学生实践育人工作，加大对社会实践育人工作宣传的投入比重，使得人们对社会实践育人工作有一个初步的理解，是非常有必要的，而进一步加强社会舆论的正确引导，更使得社会实践活动风气盛行，为学校展开社会实践育人工作创造了一个良好的社会环境。但是，舆论引导对于社会实践育人工作有效路径的实现有正反两方面的作用。因此，如何正确掌握好舆论引导的尺度就尤为重要。网络是把双刃剑，科学、合理、有效地利用舆论引导有很多积极的作用。第一，对于学校方面，正面的、积极的、大面积的覆盖式舆论引导，有利于提高学校的知名度，为学校展开大学生社会实践育人工作化解部分隐形的阻力，向外界人士寻求助力支持，以及达到向外宣传的作用等多重效果。比如，学校通过网络平台发放、宣传一些有意义的教育教学工作时，不仅达到了自身宣传的最初目的，还因为其透明化的工作方式，获得了社会人士的舆论监督、传递，使得学校工作方面获得了不同程度的建议改进、提高的机会等。第二，对于学生方面，通过舆论引导吸引学生眼球，获得学生关注，使得学生可以通过网络传达信息这一途径获得初步的信息，通过了解学习、深入实践获得不同程度的知识积累、经验总结等。比如，高校通过网络宣传、舆论引导，使得大学生在思想层面对民办高校大学生社会实践育人工作形成了初步的认同感，更大限度地利用网络通信寻求社会实践的机会等。第三，对于国家社会方面，良好的舆论氛围引导，更加有利于国家的稳定发展，社会良好环境的塑造。当社会实践活动成为一种"潮流"时，人人都将争相效仿，促使社会实践育人这一理念深入人心。

六、纳入考核体系的社会实践育人

民办高校在大学生社会实践活动工作的执行方面存在着或多或少的工作界限模糊、混乱、意义指向不明、效果不明显、执行不到位等问题。因此，为了更好地展开大学生社会实践育人工作，学校必须要加强对大学生社会实践活动内容的指导，形成一套健全、完善且行之有效的管理体制。好的体制管理更利于往后社会实践工作的遵循奉行，正所谓："无规矩不成方圆"。因此，一套行之有效的、健全合理的管理体制就显得尤为重要。民办高校由于自身发展周期的限制，大多数的工作体制建设往往都是效仿其他知名院校，缺乏自身的特点。从长远发展来看，这不适用于民办院校的长足发展，无法达到学校的预期目标，对学生自身的成长和发展起到了限制的作用。因此，好的工作管理体制一定要符合自身院校的发展特点，结合现在教育管理机制，长久上升发展。

不过，正是由于这样的局限，推动民办高校根据办学机制灵活的特点积极探索改革途径。在社会实践育人方面，民办高校将学生和教师参与社会实践活动，纳入学期考核体系，鼓励社会实践成果与教学科研成果相互转换。

学校相关部门的工作人员首先要做好相应在大学生社会实践活动过程中的指导工作，比如，提供相似社会实践步骤的指引工作，定期对学生的实践活动情况进行督查、汇总、评析等。再者，高校可以将大学生的社会实践活动成绩作为教师及相关实践工作人员综合考评的重要组成部分，在这个基础上加入个人日常工作表现、重大成果发布以及个人工作绩效等多方面，进行总结、评比、表彰工作，同时给予有效的奖励和激励机制，尽可能调动、提高教师及相关实践工作人员的工作热情、工作积极性等。同时，对于参与社会实践大学生管理体制的学生来说，应该更大程度地加入奖励表彰机制，以给予相应的学分奖励、颁发有效社会实践活动优秀者证书以及适量的物质奖励等方式进行调动、鼓励，引导在校大学生积极投身于社会实践活动，达到学校实践育人的工作目的。

第五章　高校社会实践育人的机遇与挑战

实践育人是我国培养应用型人才的重要途径，在实施科教兴国和科技创新战略中具有重要地位和关键作用。高校积极引导大学生把理论学习与实践体悟相统一、实现自我价值与家国梦想共生共鸣，使大学生增强服务祖国和人民的社会责任感，涵养不懈奋斗、矢志探索的创新精神，提升解决实际问题的实践能力，努力成长为担当中华民族伟大复兴大任的时代新人。

第一节　高校社会实践育人的历史沿革

改革开放以来，高校实践育人工作进行了持续深入的理论和实践探索，依据重要政策文件的出台，我们可以将发展历程划分为探索与发展、调试与优化、深化与完善三个阶段。高等教育面临着改革创新的时代任务，探索中华人民共和国成立以来高校实践育人的发展历程，将进一步提升实践育人的实效性，推动高等教育向内涵式发展。

一、探索与发展：教育与生产劳动相结合(1949—1978)

马克思在《资本论》中提到："生产劳动同智育和体育相结合，它不仅是提高社会生产的一种方法，而且是造就全面发展的人的唯一方法。"[①]教育与生产实践相结合是马克思主义的重要观点，它揭示了在现代化大生产中教育与生产实践相结合的重要作用，也展示了人类社会的发展规律。新中国成立之初，我国政治、经济和文化面临着百废待兴的历史局面，高等院校教育改革任重道远，毛泽东将革命战争时期"劳教结合"的现实经验应用到社会主义建设时期，1949 年 12 月在第一次全国教育工作会议上，强调有效的政治思想教育必须把理论学习与参加劳动生产、参加群众斗争、参观解放军部队或工厂等活动结合起来。1957 年，周恩来在第一届全国人民代表大会第四次会议中发表的《政府工作报告》中强调，青年学生、家长和社会舆论都要鼓励学生参与生产

① 马克思，恩格斯.马克思恩格斯选集(第 2 卷)[M].人民出版社，1995：212.

劳动。1958年,中共中央、国务院联合发出了《关于教育工作的指示》,确立了“教育为无产阶级政治服务,教育与生产劳动相结合”为党的教育基本方针,规定高等院校必须将生产劳动列入教学计划,组织学生参加生产劳动。因此,在人的全面发展的过程中,教育与生产劳动成为锻炼青年艰苦奋斗品质、进行思想政治教育的重要途径。

然而,从1966年开始,我国经历了长达10年的“文化大革命”。1968年,毛泽东发出“知识青年到农村去,接受贫下中农的再教育”的号召,但在活动开展中被极端化和绝对化,对劳动的认知过于狭隘,1000多万城镇知青离开城市,奔赴农村接受“再教育”,从事单纯的体力劳动,虽然青年学子为农村发展和边疆发展做出了贡献,但许多在校大学生因此失去了接受高等教育和成长成才的大好时机。同时,大批的干部、教师和科学技术工作者深受迫害,严重摧残了我国的教育事业。这一时期,把“实践育人”等同于单纯的体力劳动,高校社会实践活动出现发展缓慢,甚至倒退的现象。

二、调试与优化:社会实践与素质教育相结合(1978—2012)

1977年,我国恢复了高考制度,高等教育发展迎来了春天,我们认识到实践活动的制定和安排必须和国民经济发展的要求相适应。1983年10月,在共青团中央、全国学联联合发布的《纪念“一二·九”运动四十八周年开展的“社会实践周”活动的通知》一文中首次提出了“大学生社会实践活动”这一概念,号召大学生开展“社会实践活动周”,充分论述了开展社会实践活动的意义,对新时期如何组织好大学生社会实践活动提出了具体意见,标志着高校的社会实践活动从原有的自发的、零散的逐步向自觉的、规范的转变。1984年5月,共青团中央又制定了在社会实践活动中要秉承“受教育、长才干、做贡献”的原则,深入地推进大学生通过社会实践感受社会经济的变化发展,有效地运用知识和能力为社会做贡献。江泽民在多个场合把开展实践活动作为青少年成长成才的必备要素之一,在1994年召开的全国教育工作会议上提出:“如果只是让学生关起门来读书,不参加劳动,不接触社会实践,不了解工人农民是怎样辛勤创造社会财富的,不培养劳动人民感情,是不利于他们健康成长和全面发展的”。① 随着2003年十六届三中全会“科学发展观”的提出,人们开始反思社会实践发展过程中的问题,也对下一阶段工作的推进提出了更高的要求。2005年中宣部、中央文明办、教育部、共青团中央联合下发了《关于进一

① 江泽民在全国教育工作会议上的讲话[N].人民日报,1994-06-16(1).

步加强和改进大学生社会实践的意见》，提出要充分认识到加强和改进大学生社会实践的重要意义，进一步明确大学生社会实践的总体要求和工作原则，要把大学生社会实践纳入教学计划，不断丰富社会实践的内容，全面深入地开展“三下乡”和“四进社区”的活动，切实加强大学生社会实践活动的领导。2010年我国出台了教育规划纲要——《国家中长期教育改革和发展规划纲要(2010—2020年)》，提出要把教学与生产劳动、社会实践相结合，同时把促进人的全面发展、适应社会需要作为科学教育质量的根本标准。胡锦涛在2010年召开的全国教育工作会议上，提出："要促进学生的全面发展，优化知识结构，丰富社会实践，加强劳动教育，着力提高学习能力、实践能力、创新能力，提高综合素质，加快学生创新能力培养，推进教学、科研、实践紧密结合，学校、家庭、社会密切配合，加强学校之间、校企之间、学校和科研机构之间的合作以及中外合作等多种联合培养方式。"在这一期间，大学生立足于国情调研、咨询服务和参观学习等方式融入社会发展的大潮流，感受时代的变化发展，能够正确看待大学学习的意义，并随着“西部计划”和北京奥运会等志愿服务活动的开展，大学生依托国内外大型活动的丰富资源，迅速地摸索出一条志愿服务的道路，成为中国面向世界的一张名片。

三、深化和完善：社会实践育人与三全育人相结合(2012年至今)

2012年初，教育部等国家七个部门共同出台了《关于进一步加强高校实践育人工作的若干意见》(教思政〔2012〕1号文件)，强调“坚持理论学习、创新思维与社会实践相统一，坚持向实践学习、向人民学习，是大学生成长成才的必由之路”。这一文件对高校实践育人的制度提出了明确要求和规划，使实践育人成为新时期大学生思想政治教育的创新和实践尝试，凸显了实践在人的全面发展中的作用。在2013年五四青年节与各界优秀青年代表座谈会上，习近平指出在青少年成长成才中，要坚持学以致用，深入基层、深入群众，在改革开放和社会主义现代化建设的大熔炉中，在社会的大学校里，掌握真才实学，增益其所不能，努力成为可堪大用、能担重任的栋梁之材。十八届三中全会通过的《中共中央关于全面深化改革若干重大问题的决定》提出要培养当代大学生的创新精神、实践能力和社会责任感，这更是集中体现了党和国家对大学生实践能力培养的重视和关注。2017年，中共中央、国务院《关于加强和改进新形势下高校思想政治工作的意见》指出，要“坚持全员全过程全方面育人，把思想价值引领贯穿教育教学全过程和各环节，形成教书育人、科研育人、实践育人、管理育人、服务育人、文化育人、组织育人长效机制”。习近平在不同场合多次强调青年大学生投身于社会实践的重要性，强调要落实到行动上，做到知行合一，以知促行、以行求知。

与此同时，当今中国，青年大学生正沐浴在“大众创业、万众创新”的时代，2015 年 6 月，国务院印发的《关于大力推进大众创业、万众创新若干政策措施的意见》从 9 大领域、30 个方面明确了 96 条政策措施，详细指出“大众创业、万众创新”的意义，为“双创”工作做好顶层设计。其也明确提出要“支持大学生创业”，要求深入探索大学生创业引领计划。

除此之外，为引导更多青年学生扎根中国大地，了解国情民情，立足红色传承、立足实际需求、立足强国建设，2017 年教育部组织在陕西延安开展“青年红色筑梦之旅”实践活动，通过大学生创新创业项目对接革命老区经济社会发展需求，引导青年大学生在创新创业中增长智慧才干，在艰苦奋斗中锤炼意志品质，把自己的创新创业梦融入伟大中国梦，用青春和理想谱写信仰和奋斗之歌。2017 年 8 月，习近平给参加第三届中国“互联网＋”大学生创新创业大赛“青年红色筑梦之旅”的大学生回信写道：“得知全国 150 万大学生参加本届大赛，其中上百支大学生创新创业团队参加了走进延安、服务革命老区的‘青年红色筑梦之旅’活动，帮助老区人民脱贫致富奔小康，既取得了积极成效，又受到了思想洗礼，我感到十分高兴。”习近平勉励青年学子在为实现中国梦而进行的伟大奋斗中实现人生价值。为贯彻落实习近平给中国“互联网＋”大学生创新创业大赛“青年红色筑梦之旅”大学生重要回信的精神，教育部在更大范围、更高层次、更深程度上开展“青年红色筑梦之旅”活动，积极推动创新创业教育与思想政治教育相融合，2018 年 3 月，“青年红色筑梦之旅”活动启动仪式在福建古田举行，全国有 70 多万名大学生、14 万个团队参加，活动覆盖全国 31 个省(区、市)，打造了全国最大的一堂思政课。2019 年 6 月，第五届中国“互联网＋”大学生创新创业大赛“青年红色筑梦之旅”活动的启动仪式在浙江嘉兴举行，全国 500 余名大学生红色筑梦之旅团队代表，同上一堂最接地气的思政课。这次比赛共吸引 300 万名大学生参赛，组织 100 万名大学生参加“青年红色筑梦之旅”活动，并邀请 100 个国家和地区的大学生团队参赛，使得活动开展得更具丰富性和生动性，教育部副部长钟登华在致辞时对青年大学生提出了三点期待：一要传承红色基因；二要扎根祖国大地；三要增长智慧才干。青年大学生应敢于面对挑战，为解决国家“卡脖子”的技术难题贡献青春和智慧。广大青年大学生要自觉走出校园，通过感知红色文化，重温党史故事，开展研究学习，从而更加坚定理想信念，成为红色基因的传承者和实践者；通过感受国情社情的变化发展，特别是改革开放 40 年经济、政治、文化的巨大变化，坚定理论自信、文化自信和道路自信；通过智力帮扶，将高校科研成果资源与广大乡村共享，从产业转型升级、新型城镇化建设、物流运输发展、法治乡村推广等方面开展实践，以专业知识和实践精神助力社会发展；通过志愿帮扶、爱心送教等活动加强同基层群众的接触，将对祖国奉献的热情和意愿付诸行动，摸真情况、求真学问、练真本领，在同基层群众的亲密接触中受教育、长才干，真正实现青年自身有成长、人民群众有受益、实践育人有成效。

第二节　高校社会实践育人的现状思考

当前，高校的实践育人随着时代的发展呈现出新的发展状况，实践育人在方式、体制和主题上有所变化，并取得了一定的成效，如完善工作制度不断推进实践育人工作、有效促进思想政治理论课教学改革、实践育人与大学生创新创业教育相结合等。同时，我们也要从教育者、受教育者和教育活动三个层面的互动去思考所面临的问题。

一、高校社会实践育人的现实状况

改革开放以来，我国高校的实践育人面临着新的发展契机，体现出推进社会实践育人工作普及化、社会实践育人保障制度化、社会实践育人主题时代化等新的特征。

（一）社会实践育人工作普及化

改革开放 40 年来，党和国家领导人高度重视对高校社会实践育人的探索，从理论到举措不断完善，推动高校实践育人的理论研究不断深化，在借鉴和吸收国外高校实践育人成功经验的同时，形成了具有中国特色的社会实践指导理论，为高校实践育人工作的有效开展奠定了基础。高校通过将社会实践课程纳入教学计划、创建社会实践基地、将社会实践成绩计入第二课堂成绩等举措形成普遍经验，使大学生参加社会实践的意愿增强，实践成果质量及社会实践项目向大学生创新创业训练项目、竞赛转化的转化率提高。作为民办高校而言，它是在公办高等教育体系已相当庞大、基础已经相当雄厚的条件下成长发展起来的，在办学实力、教育水平、社会声誉诸方面，很难与公办高校抗衡。

因此，民办高校必须扬长避短，发挥优势，面向社会人才需求，走特色发展之路，为国家培养具有较强就业竞争力的应用型人才。这就要求我们要把实践育人放在重要地位,从应用型人才培养的角度,加大社会实践教学课时的比重,加强专业实践基地建设,让学生更多地“现场练兵”“实战用兵”;实行开放办学,把社会当第二课堂,组织学生参加社会实践或调查研究,让他们更多地了解社会,认识市场,培养竞争意识,增强实践能力,以适应就业竞争的要求。以阳光学院为例,目前,它正处于向应用型转型阶段,在学校领导的高度重视下,它围绕“思政课程”和“课程思政”的建设,在屏南已经进行了多年的调研和实践,整个项目的推进和实施,是创新社会实践模式、促进应用型人才培养的重要举措,校领导带领党员师生多次赴屏南县实地考察调研,充分利用学校和地方的资源,让屏南成为学校教学改革、应用型人才培养、实践育人的重要基地。在项目实践过程中,思政课教师与专业教师协同配合,师生全员全过程参与,学生在实践中深化对党和国家关于乡村振兴有关政策的认识,进一步坚定对中华优秀传统文化传承与创新的自觉和自信。它通过白玉特色体育文化资源开发的探索实践,将社会实践与文化传承结合起来,将知识传授与价值引领结合起来,真正实现了在价值传播中凝聚知识底蕴、在知识传播与运用中强化价值引领,于润物无声中立德树人。

(二)社会实践育人保障制度化

大学生社会实践作为一项涉及面广、系统性强的高校育人工作,其持久深入地开展需要建立一套科学完善、与社会发展相适应的制度。1987 年,国家教育委员会、共青团中央发布了《关于广泛组织高等学校学生参加社会实践活动的意见》。这是大学生社会实践活动发展历史的重要性文件,该意见提出把高等学校学生在假期和课外参加社会实践活动作为学生全面考核的内容之一,对实践活动的领导机制、组织开展和内容目标进行了全面部署,建立了大学生参加社会实践活动的考核机制。改革开放以后,随着大学生社会实践活动的不断深入,国家的各项保障措施相继出台,大学生社会实践的保障机制日趋完善。1992 年,中宣部、国家教委、共青团中央联合出台文件,强调要充分发挥各级党委宣传和教育工作部门、教育行政部门和共青团组织在社会实践活动中的作用,以保证社会实践活动广泛、深入、持久地开展。文件使各级党委、政府及相关行政部门都成为大学生社会实践活动的组织者,同时,文件还具体规定了本专科生和研究生参与社会实践的最低时间限额,社会实践活动的参与者从少部分大学生扩展到全体大学生,大学生作为社会实践活动组织的主体地位进一步明确,组织力量进一步增强。2012 年 1 月,教育部等部门颁发了《关于进一步加强高校实践育人工作的若干意见》,强调要充分认识高校社会实践育人的重要性,强调要统筹推进实践育人的各项工作,提出要加强实践育人工作总体规划。从制度政策的延续性来看，教育部等高等教育管理相关部门逐渐厘清了实践育人的重要性、基本内涵和体制机制等一系列理论和现实问题，建立了一整套推动实践育人工作发展的制度体系。在国家政策的指引下，高校实践育人工作有了理论依据，有了现实基础，更有了力争实现实践育人工作新突破的底气和勇气。

（三）社会实践育人主题时代化

中华人民共和国成立初期，社会实践作为大学生课堂教育的补充被列入教学计划。学生实践活动的内容包括实习、军训、生产劳动、勤工助学等，形式和内容较为单一。改革开放以来，社会环境发生了巨大变化，立足于社会实际的大学生社会实践活动，有了更加广阔的发展空间，活动的形式更加多样，实践的内容更为丰富。1980 年，清华大学率先创新了大学生社会实践活动的形式，提出“振兴中华、从我做起、从现在做起”的实践活动口号，全国高校相继掀起了探索大学生社会实践形式的热潮。20 世纪 80 年代，北京大学农村学生针对家庭联产承包责任制开展了“百村调查”。20 世纪 90 年代末，国家教委、共青团中央在部分重点高校开展了中国青年志愿者扶贫接力计划和研究生支教团的工作，每年挑选一批品学兼优的大学生赴国家贫困县进行为期一年的支教工作。新世纪以来，全国大学生响应党中央、团中央的号召，以科学发展观为指导，把社会实践活动与专业学习相结合、与服务社会相结合、与勤工助学相结合、与择业就业相结合、与创新创业相结合，开展了科技咨询、技术培训、救灾防疫、挂职锻炼、环境保护、扶弱救困等主题鲜明、贴近专业、贴近生活的社会实践活动，丰富了实践的内容，拓展了活动的载体，并且形成了万支大、中、专学生志愿队暑期科技文化行动，支农、支教、支医、扶贫“三支一扶”，文化、科技、卫生“三下乡”和科教、文体、法律、卫生“四进社区”等一系列品牌项目，成为新形势下大学生参加社会实践的有效载体。在不同时期，呈现的主题有所区别，近几年主要围绕“为祖国勤学修德　以实践明辨笃实”“践行‘八字真经’”“青春心向党　建功新时代”，展现的是当前社会实践发展的精神风貌。大学生在投身全面建设小康社会的实践中受教育、长才干、做贡献。据统计，仅“三下乡”一项活动每年就吸引 200 万到 300 万大学生参与，他们利用暑期奔赴祖国大江南北、村野山寨以及城镇社区，广泛开展形式多样的实践服务活动。大学生参与社会实践的积极性持续高涨，参与社会实践的人数越来越多，参与社会领域的范围越来越广，参与方式已从学校组织走向自发和自觉。大学生社会实践活动已经成为共青团实施大学生素质教育计划的重要组成部分。从 2017 年开始，“青年红色筑梦之旅”以青春为主力，以红色为主题，以筑梦为主旨，助力打造双创升级版，上好全国最大的高校思政课，从 2017 年的 100 多支团队，到 2018 年的 14 万支团队，再到未来的 3000 多万全体高校在校生，“青年红色筑梦之旅”正以立德树人为出发点，呈现出勃勃生机。一代青年正努力传承红色基因，以勇立时代潮头、奋发有为、昂扬向上的精神风貌，释放出青年的无穷力量。

实践教育的功能与意义得以挖掘和显现，实践育人理念逐渐成为一种社会共识，深入人心，形成了地方党政领导重视、高校组织实施、教师主动指导和学生积极参与的生动局面。大学生社会实践活动全面铺开，实践基地建设遍地开花。我国建立了各级地方党委、政府牵头负责，各级宣传、教育主管部门和共青团组织组织领导，各类高校、大学生、企事业单位参与实施的大学生实践教育体系，形成了遍布全国各地、覆盖各类高校和辐射全体学生的大学生社会实践网络，大学生社会实践活动的规模空前壮大。经过数十年的发展，大学生社会实践活动已成为高校广泛开展、青年学生自觉参与的一项具有生命力和影响力的活动。

二、高校社会实践育人的现实经验

改革开放以来，高校社会实践育人工作在创新中发展，在改进中加强，不断完善工作制度，不断推进实践育人，有效促进了思想政治理论课教学改革和实践育人与大学生创新创业教育相结合，并取得了显著的成效。

（一）完善工作制度，不断推进实践育人

各高校都制定了相应的实践育人制度和实施细则，对大学生参与实践活动均有一定的课时和学分的要求，还要求大学生参与实践教育活动要经过专门的课程培训，以掌握相关知识。从实践的各种形式来看，教学上的生产实践形式扩展到了专业实践、志愿服务、校外勤工助学、访问、参观、社会调查和军训等形式。经过数十年的发展，实践活动正在日趋系统化、制度化和长效化，高校实践育人理念逐步成为一种社会共识，深入人心，形成了地方党政领导重视、高校组织实施、教师主动指导、学生积极参与的生动局面。

为进一步保障德育工作的有序有效开展，依据《高校思想政治工作质量提升工程实施纲要》，实践教学比哲学社会科学类专业实践教学不少于总学分（学时）的 15%，理工农医类专业不少于 25%。在校内层面，实践育人面向全体大学生，涉及教学、人事、科研、财务、校地合作等行政部门，还涉及党委组织部、统战部、宣传部、学工部、团委等党群部门，彼此之间整合协同，提供师资保障、经费保障、场地保障、舆论保障，共同推进实践育人融入人才培养的全过

程。高校不断把实践育人纳入战略规划，纳入人才培养方案，整合协同内部机构，理顺管理机制，将实践育人逐步融入专业学习、军政训练、社会服务、勤工助学、择业就业。

(二)有效促进思想政治理论课教学改革

协同育人模式秉承高校“大思政”理念，第一课堂实践教学和第二课堂实践活动协同育人，注重辅导员与任课教师协同，辅导员与高校学生协同，企业与学校协同，思想政治教育辅导员、思想政治专业教师、专业课教师等共同指导并参与学生社会实践，在实践育人中发挥联动作用。大学生在实践中接受理论指导的同时，理性思考，及时反馈到教师的课程教学中，帮助教师不断完善课程教育。高校应以国家大学生创新性实验计划、大学生课外学术作品竞赛、大学生暑期“三下乡”社会实践活动等为依托，构建“第一课堂和第二课堂”对接平台，建立和完善产学研合作教育体系。高校与企、事业单位、政府机关在为学生创建稳定的社会实践基地方面形成合力，确保社会实践活动安全的同时提高实践效果。在学校和企业、政府机构不同的环境背景下，我们对大学生开展实践教育，帮助其将理论知识应用于实践，更好地感受企业文化、体验政府机构工作流程，提高学生品德修养、学习能力和办事能力，增强其就业竞争力，更好地满足社会需求。

很多高校乐于传统的讲授式课堂教学，虽注重实际联系理论，但将课堂理论运用于实际不够。很多大学生都认为，教材上的内容都看得懂，很多内容都看过甚至学习过，再学就没有意思了，而且他们普遍认为理论与实际脱节，不能解决实际问题，所以没有必要花时间学习它。鉴于这一普遍问题，很多高校也开始了改革思政理论课的探索。如很多高校结合大学生的兴趣特点，开发了网上资源库，丰富了理论课形式。如安徽科技学院从2008年开始全面推行以建构主义为理论基础的“移动课堂”——通过适时置换教学场所和场景，改变教师和学生的主被动关系，进一步增加教学过程中的实践性、互动性和反思性。“大思政”实践课堂是相对于理论课堂而言的，理论课堂的目的是提高学生的公共基础知识水平、专业素质，是一个侧重知识灌输的过程；而“大思政”实践课堂则侧重提升学生诸多方面的应用能力和综合素质，是一个由理论知识内化为内在素养再到外化行为实践的过程，是促进学生全面发展必不可少的过程。这样的实践课堂既具有时空的开放性、内容的丰富性、形式的多样性，又具有思想性、政治性和价值引领性。从教学任务安排上看，“大思政”实践课堂是指在思想政治理论课堂计划学时外，围绕立德树人的育人目标，在党委顶层设计和统筹思想政治理论教学，教务、党群、学工、团委等部门合力工作下，根据学生、教师、时间、资源等实际情况，有组织、有计划、有目的地部署校内外主题鲜明的实践教学，做到思想政治教育工作“因事而化、因时而进、因势而新”。高校以相关课程教学与实践活动为平台，组织学生社团，探讨实践教学内容资源本土化的路径，凸显应用型本科高校实践教学的地域特色与校本特色，从而逐步形成教学、实践、科研系统化的特色体系和集“实践调研—主题宣讲—网络推送—三创实践”为一体的实践育人模式。

（三）实践育人与大学生创新创业教育相结合

党的十一届三中全会召开以来，创新创业大潮在中国大地兴起。1999年，首届大学生“挑战杯”创业大赛在清华大学举行，标志着中国高校创新创业教育的兴起。2002年4月，教育部确立了9所试点创业教育的高校。创新创业教育日益成为实践育人的重要载体，各高校不断“探索建立社会实践与创新创业相结合的管理体制”。2005年，《关于进一步加强和改进大学生社会实践的意见》指出：“引导大学生在社会实践中参与技术改造、工艺革新，鼓励大学生开展创业实践。”2012年，教育部等部门为加强高校实践育人工作，特别指出要“加强大学生创新创业教育，支持学生开展研究性学习、创新性实验、创业计划和创业模拟活动”，强调依托高新技术产业开发区、工业园区和大学科技园等，建设创业实习基地、孵化基地。2015年，《关于深化高等学校创新创业教育改革的实施意见》颁布，明确高校创新创业教育深化改革的指导思想、基本原则，强化创新创业实践。至今，大学生创新创业教育蓬勃发展，连续多年举办中国“互联网＋”大学生创新创业大赛，培育建设了三批“全国高校实践育人创新创业基地”、全国创新创业典型经验高校。

在教育国际化、多元化、“大众创业、万众创新”的态势下，高校应积极培育学生的“协同创新”精神，引导学生积极参与有益的创新创业实践，鼓励学生根据自己的实际情况选择适合自己的发展模式，使学生在学校具备主动学习和创造性学习能力。高校应将培养学生的创新思维和创业能力作为实践育人的出发点，积极整合社会资源，坚持“双赢”原则，通过校企合作，开展产、学、研、用合作，优势互补，互惠互利，探求与用人单位“无缝对接式”联合培养人才之路，拓展学生的专业视野，给学生提供“荷枪实弹”的锻炼机会，真正做到学业、产业、研究三方面的有机结合。

为进一步适应当下经济社会发展趋势，培育更多国家建设需要的高水平创新人才，国家陆续出台了多项政策，以力促各高校转变人才培养观念，拓宽人才培养渠道，调整人才培养模式，着力推动针对广大高等学校学生的创新创业教育。在这样的背景下，众多高校开始探索如何将大学生创新创业与实践育人有机结合起来，这不仅将创新创业内化为实践育人的有效途径，又让实践育人理念服务于创新创业。2015 年 7 月，50 家首批“全国高校实践育人创新创业基地”名单公布，福建省也有大学进入名单。但在实践育人创新创业方面有一定成果的高校毕竟数量有限，因而，就高校实践育人创新创业来说，大部分高校仍需继续探索，不断推进。

三、高校社会实践育人存在的问题

高校的社会实践育人在政府、高校和学生三者有效互动中不断向前发展，目前虽然已经取得了一定的成效，但还有很多层面需要进一步完善，比如，社会实践育人运行机制存在薄弱环节、内容和形式缺乏创新、参与度有待提升等问题。

（一）社会实践育人的运行机制存在薄弱环节

高校社会实践育人是高校开展思想政治教育和高等教育人才培养的重要途径，是一场有计划、有组织的实践活动，高校在这个过程中必须对教育活动的形式、安排做好详细策划，但这些教育活动是否真正落实到位还依托于其中各个环节的实施。目前二者的呈现还存在许多问题：一是我国高校重视实践教学的氛围尚未完全形成，存在重理论、轻实践的不良倾向，实践教学环节得不到有效的保障，出现了实践教学课程内容不饱和等问题。在社会实践育人中专业教学实践的作用和地位被严重忽视，以至于在实际的教育管理过程中缺少有实效性的载体，学生参与社会实践活动的内生力不足，没有坚实有力的抓手，工作推进的难度大大增强。二是社会实践活动的保障条件不足。部分高校在实践教学活动开展场地、资金等方面投入不足，师资力量投入等方面也非常有限，往往实践活动形式单一。实践教育在实际中的效果非常有限，不能调动大学生的学习兴趣，扼杀了大学生学习的积极性。三是部分高校存在重视实践育人活动的宣传造势，忽视教育本源的价值取向。高校社会实践育人活动应当立足于学生成长成才和全面发展，注重学生素质的提升和健全人格的培养。部分高校把社会实践活动当成一种对外形象展示的政绩工程，注重媒体形象的展示和影响的扩大，拉横幅、发报道、上电视，追求“轰动效应”，注重宏观层面的推进和督导，却对参与实践的学生真实的内心感受和能力提升缺乏充分的重视，这使得实践育人在高校育人工作中看起来热闹、听起来重视，在具体实施过程中却严重缺乏科学性、计划性、可预见性和整体性等现代教育特点。

（二）社会实践育人的内容和形式缺乏创新

高校组织的社会实践活动通常是社会调查、志愿服务和政策宣讲等服务活动，这些活动无疑在一定程度上有助于提高大学生的能力和思想道德素养，但部分高校组织和开展的实践活动缺乏内容的创新和改进，在一定程度上降低了实践育人的实效性。事实上，高校社会实践活动的内容可以是丰富多样的，既可以是与专业学习相结合的专业社会咨询和与专业相关的服务实践活动，也可以是和兴趣爱好连接紧密的专题实践活动。与此同时，有些高校并未根据本校大学生思想政治素养的不同水平和兴趣发展需求对活动进行分层分类的针对性设计。当前参与社会实践的大学生是一个相对复杂的群体，学生的个性特征和主体意识更加突出，他们当中有90后，也有00后，有大一的，也有大四的，有的是学习艺术的，有的是学习道路桥梁的。因此，不同年级、不同专业甚至不同的兴趣爱好都对他们的认知水平、实践能力、思想道德水平等方面产生了影响。即便面对同一个社会实践活动，他们在接受程度、参与积极程度及目标达成程度上也必然存在差异。学校在组织、策划和设计思想政治教育上过于笼统，没有进行有针对性的划分和考虑，必然会影响思想政治教育实践活动的开展和实践活动目标的实现，往往会使得受教育者在进行教育实践活动的过程中积极性不高，接受度降低。高校必须充分考虑学生的专业年级特点、年龄特征、兴趣爱好等各方面的差异，对社会实践育人的目标、实践活动的形式、实践活动的内容和方法进行具体的、有针对性和层次性的设计。

（三）社会实践育人的参与度有待提升

高校组织学生参与社会实践活动来提高思想政治教育的水平和专业能力，需要学校投入相应的实践活动经费，配备师资力量，这显然增加了高校的办学成本。很多高校在具体的社会实践过程中往往呈现出这是少数学生的展示舞台，有较多机会参与到实践活动的普遍是学生干部、社团成员，同时一些具有明显特色的实践活动也往往局限在具有相关特长的学生圈子之内。在这种情况下，一部分学生的实践能力和思想道德素养可以得到大幅度的提升，但另一部分学生则往往因为参与的人数有限，没有机会参与到社会实践的过程中，只能是社会实践的“听众”，社会实践育人的整体效果就会大打折扣。因此，我们要将社会实践活动的主体范围扩展到全体学生，重视普通学生的发展需求，为普通学生创造亲身参与思想政治教育实践活动的机会。

同时，社会实践育人的主体是高校大学生，要让大学生深度地参与到社会实践中，在日新月异的新时代，在实践育人的过程中，大学生单纯地了解和领会是比较低层次的实践方式，更重要的是在具体的实践过程中将学习过程中所学专业、所掌握的能力能够进行有效的迁移，解决社会复杂多变但又实际有效的问题，积累社会化的经验。这就对高校组织学生参与社会实践的程度提出了要求，特别是在前期策划和设计实践活动过程、参与实践的过程和总结实践效果的过程中，不仅要注重思想道德的品质培养，还要注重科学文化的能力培养，真正地发挥社会实践育人的功效。

第三节　社会实践育人面临机遇和要求

改革开放40年以来，中国共产党领导中国人民取得了伟大的胜利，正如党的十九大报告所指出的"中国特色社会主义进入新时代"。面对新的时代背景，高校实践育人工作面临着新的机遇与挑战，提升实践育人的时代性关系到高校思政教育的实效性和育人效果。

一、高等学校实践育人面临新的时代机遇

新的历史时期，高校的实践育人工作也面临着新的机遇，主要体现在中华民族伟大复兴需要加强实践育人，高校人才培养改革需要加强实践育人，立德树人需要切实加强实践育人。这些都为高校实践育人创造了更为优越的环境，提供了发展平台和机遇。

（一）中华民族伟大复兴需要加强实践育人

1.中华民族伟大复兴需要知行合一的人才

党的十九大报告对我国的发展提出了更高的目标，要把人民对于美好生活的向往作为我们前进奋斗的方向，在全面建成社会主义现代化强国的战略安排下，发出了实现中华民族伟大复兴中国梦的最强音。这些深刻的变化要求在前进道路上，必须充分激发蕴藏在人民群众中的创造力，特别是人才的资源优势。在新时代背景下，如何清醒地认识世界竞争发展格局中责任担当和自身对国家创新发展的历史责任？这就要求我们投身于中国特色社会主义的伟大实践，与党和国家同向而行，与人民群众紧密结合，为国家富强、人民幸福不懈奋斗，知行合一，成为能够担当民族复兴大任的时代新人。

2.中华民族复兴需要了解中国实际的人才

中国特色社会主义进入新时代，我国发展长期面临的一些突出矛盾和问题尚未得到根本解决，又出现了一些新情况、新问题，社会的主要矛盾发生了

变化,这就要求我国的人才培育体系要适应当前社会发展需求,满足新发展理念的需要,满足对民主法治的追求,满足对美丽中国的追求。因此,实现伟大梦想就要在人才强国战略中强化对中国历史发展脉络的探究,能够在纷繁复杂的现实情况中清晰地辨析是与非,基于过去的经历感受今日中国蓬勃发展,迎接美好的未来。

3.建设中国高等教育强国亟须实践育人

加快建设高等教育强国的目标,为全面实现中华民族伟大复兴提供坚强而有力的支撑,是新时代高等教育肩负的重大历史使命。习近平指出:“高等教育是一个国家发展水平和发展潜力的重要标志”,[①]他充分肯定了高等教育在国家发展中的重要地位。现今我们期待高等教育的进一步发展,希望通过科学知识的创新和卓越人才的成长,来满足国家进步和社会发展的需求。同时,随着现代科技日新月异的变化,这种需求远甚于历史上的任何一个时期。因此,如何强化人才培育体系,特别是大学生走出校门从“校园人”转变身份成为“社会人”时,如何与社会需要相一致,其实也是考量现今高等教育内涵式发展的重要因素。所以,我们要不断地加强大学生科学文化素质,在夯实基础理论的前提下强化社会实践,更好地了解国情、社情、民情,实现高等教育新突破、新发展。

(二)高校人才培养改革需要加强实践育人

1.教学改革要坚持理论教育与实践相结合

我国高等教育在人才培养的过程中始终紧紧抓住“培养什么样的人、如何培养人以及为谁培养人”这个根本问题来不断深化高等教育改革,进一步明确人才培养的根本任务、提升人才培养的质量、创新人才培养的理念方法,不断促进我国高等教育现代化的发展。这一过程中,实践育人越来越受到国家、社会和学校三级重视,在政策、人员、资金等方面得到了诸多支持。2015 年 10 月国务院印发《统筹推进世界一流大学和一流学科建设总体方案》,目前国内大学依此“双一流”政策提出学科专业、课程、教学、师资、质量监控、人才培养方案等方面的建设和改革,不断提高学生掌握理论知识的能力、实践能力和创新能力。

2.人才培养要求加强实践育人基地建设

在大众创业、万众创新的背景下,开展创新教育已成为高校培养人才的重

---

① 抓住培养社会主义建设者和接班人的根本任务 努力建设中国特色世界一流大学[N].人民日报,2018-05-03(1).

要方式和途径。当前,实践基地的建设不仅仅是作为高校大学生专业技能强化和实现的“练兵场”,也是进行思想政治教育实践育人的重要场所。因此,完善实践基地建设,构建创新人才培养平台,成为高校大学生人才培养要求的应有之义。这就要求高校不断落实实践育人长效工作机制,进一步建设长期稳定、健康发展的实践基地,加强实践教学,全面培养学生的实践精神、实践能力。

3.实践育人是应用型人才培养的必由之路

2018年9月,习近平在全国教育大会上强调,要提升教育服务经济社会发展的能力,着重培养创新型、复合型、应用型人才。近年来,我国部分高校逐步从学术型向应用型转变,更加注重培养将专业知识和技能应用于所从事的专业社会实践的人才。实践育人是高校应用型人才培养的重要组成部分,实践教学体系是应用型人才培养水平和质量的重要支撑和保障,构建适应应用型人才培养的实践教学体系意义重大。为提高应用型人才培养质量,高校应根据高校人才培养目标,从培养学生的创新精神和实践能力出发,结合专业特点和人才培养要求,分类制订实践教学标准,增加实践教学比重,确保各类专业实践教学的必要学分。同时,产教融合、校企合作教育模式是应用型高校人才培养的一个突出特征,通过实践过程,使学术水平提升和育人氛围优化,增强学生创新精神和实践能力的培养。实践育人满足了社会和企业对科学研究及其成果转化的诉求,产出高水平高质量的应用型成果,也为实现国家战略目标做出了贡献。

(三)立德树人需要切实加强实践育人

1.立德树人是新时代人才培养的重要任务

立德,即树立德性;树人,即培养人才。立德树人作为树立德性和培养人才的总和,要求在全社会树立社会主义、共产主义之德,培养德、智、体、美、劳全面发展的社会主义建设者和接班人。然而,现实中,作为专业知识的内容在教育过程中的比重和地位越来越重要,道德教育却受到了一定程度的轻视甚至忽视。因此,高校一定要加强对立德树人教育内涵的挖掘,明白德育对人才培养的重要意义,明确立德树人在人才培养和道德教育中的重要价值,这是立德树人作为教育根本任务的必然要求和重要体现。当代高等教育培养的不是“两耳不闻天下事,一心只读圣贤书”的“书呆子”,而是密切关注社会现实的“有心人”;立德树人是考察社会发展的当前利益格局和矛盾所在,要在现实需要的基础上满足当前社会发展和个人成长的需要。高等学校应积极探索人才培养模式改革的新路径,构建个性、多元、开放、人本的人才培养式体系。高校要在科学制定人才培养目标的基础上，合理地设计人才培养体系、人才培养机制、人才培养过程，坚持文化素质育人全过程、全方位、全角度，引导他们实现理想与自我的统一、理性与情感的合理调节、智商与情商的共同进步、知识与修养的均衡发展，达到大学生的知行合一、情景合一。

2.立德树人与高等学校实践育人的关系

在 2016 年 12 月 9 日的全国思想政治工作会议上，习近平强调高校的立身之本在于立德树人，要建设世界一流的大学就必须抓住全面提高人才培养能力这个核心点，从而来带动高校的其他工作。同时，高校在教学过程中应当引导学生将个人的理想追求融入国家和民族的事业中去，实现青春梦，丰富中国梦。这次讲话回答了有关高等教育事业的发展方向和思想政治教育工作等一系列重大问题，对办好中国特色社会主义大学、推动党和国家事业的发展有着重要的意义，有助于推动高等教育内涵式发展。实践育人是新形势下高校教育教学工作的重要环节，更加注重过程性养成，是实现立德树人的重要途径，坚持理论学习、创新思维与社会实践相统一，对增强大学生的团队意识、人际交往能力、情绪管理能力、集体观念、社会适应能力、责任意识等综合素质和能力，对增强学生服务国家服务人民的社会责任感、勇于探索的创新精神，培养坚忍的意志品质，提升抗挫抗压能力，善于解决问题的实践能力，具有不可替代的积极作用，是形成全员育人、全程育人、全方位育人的有效途径和重要载体。

3.立德树人呼唤加强高等学校实践育人

伴随着国内外现实发展的复杂性和高校立德树人面临的现实问题，高校人才培养面临的挑战既彰示了高校立德树人研究的时代紧迫性和现实必要性，也体现了高校实践育人研究的导向价值性。当前，社会实践是落实立德树人中较为薄弱的环节，作为高校的立身之本，这要求高校要从办学宗旨、任务等方面入手，认真解决“只教书不育人”或者“育分不育人”的问题，让高等教育重新回到培养人的本位上来，从而实现教人成才，办好人民满意的教育上来，推动高等教育的内涵式发展。同时，党和国家高度重视实践育人在立德树人环节中的重要作用，面对高等教育和高校思政工作的新发展、新形势，实践育人的内容和方式也必须与时俱进，紧密契合学校人才培养的目标，使学生在实践中做到认知、认同和践行，引导学生树立适应社会需求的价值取向，增强学生服务国家、服务社会、服务人民的社会责任感和使命感。高校应在学生个体得到自由而全面的发展的同时培养支撑学生终身发展、适应时代要求的综合素质和关键能力，使学生成长为综合能力卓越并富有道德责任感的时代青年才俊。

二、新时代高等学校实践育人面临新的时代要求

高校实践育人在面临重大发展机遇的同时，也面临着时代的现实要求，随着中国梦目标的确立、社会政治经济发展和大学生成长需求的变化，这些都对高校实践育人的创新和发展提出了新的时代要求。

（一）实现中国梦急需德才兼备的青年建设者

1.中国梦的目标与历史任务及其基本内容

2012 年 11 月 29 日，习近平在参观《复兴之路》展览时首次提出“中国梦”这一概念，指出“实现中华民族伟大复兴，就是中华民族近代以来最伟大的梦想”。[①] 这不仅是近代以来中国人民持续奋斗的必然结果，也是社会主义光明前景的精彩呈现，需要一代又一代青年锲而不舍地追求，用行动把个人梦和国家梦紧密相连。那么，如何来理解和把握中国梦的内涵呢？习近平表明实现中华民族伟大复兴的中国梦，就是要实现国家富强、民族振兴、人民幸福。习近平将国家、民族和人民放在一个维度进行论述，国家富强为民族振兴和人民幸福提供物质基础和安全保障，是二者实现的前提条件。民族复兴又为国家富强、人民幸福提供强大的前行动力。人民幸福是国家富强、民族振兴的出发点和最终归宿，可见，三者之间为辩证统一的关系。

2.中国梦的历史进程对实践型人才的需求

中国梦的提出，为青年实现更高的人生价值提供了时代机遇，同时中国梦历史进程的推进也依赖青年将个人理想与实现中华民族的伟大复兴的中国梦紧密结合起来。脱离社会现实情况和社会发展方向，凭空做自我设计、自我规划，那只能是空中楼阁，因此，青春梦想的实现离不开国家经济社会的发展，离不开国家和社会发展的大环境。中国梦，是现实的、具体的梦，实现中国梦其实也是实现人民群众对美好生活的向往，这样的幸福包括物质幸福和精神幸福，体现在人民百姓日常生活的方方面面，比如医疗、住房、养老等现实保障。因此，要实现中国梦，就必须将青年奋斗和社会实践相统一。那么，对高素质、高水平的实践性人才的需求就成为现实的一大难题。实践型人才有助于优化中国特色社会主义的具体实践，激发中国人民不断探索的勇气，能更好地推进中国梦的实现。

---

① 习近平在第十二届全国人民代表大会第一次会议上的讲话[N].人民日报，2013-03-18(1).

3.中国梦的实现对实践育人提出了更高要求

中国梦是一个长远的伟大的目标，它不是信手拈来的，更不是凭空想象的，而是基于当前中国的现实与历史发展规律，对未来的科学预判和目标设定。美好的梦想总是高于现实，这也恰恰是中华儿女追逐中国梦的重要原因。正是因为当前社会与未来理想社会之间的差异，才需要青年为之奋斗。在十九大报告中，习近平强调："广大青年要坚定理想信念，志存高远，脚踏实地，勇做时代的弄潮儿，在实现中国梦的生动实践中放飞青春梦想。"[①]中国青年必然要成为追逐中国梦的第一主体，在追逐中国梦的过程中需要不断强化自身的科学文化知识和思想品德，立足于国家和社会发展的背景，实现全面发展，推动社会革新。因此，对于青年的培养，特别是实践育人的培养，我国就提出了更高的要求，通过实践不断夯实专业知识、积累社会阅历、承担社会责任。

（二）社会政治经济发展给实践育人带来的时代要求

1.当前社会政治经济快速发展的总体特点

改革开放以来，我国市场经济的发展进程加快，社会各领域的改革取得了一系列的骄人成绩，这有利于青年大学生思想政治教育视野的开阔、思想的解放、理念的更新、内容的丰富、手段的现代化和方式的多样性等。但是，在人民群众的物质与文化生活品质得到极大提升的同时，市场经济的负面效应也逐渐显现出来。个别青年在享受优越的物质生活的过程中，丧失了追逐中国梦的理想信念，衍生了错误的价值取向，对自我进行了不当的社会定位，完全忽视了自身在推动中国梦进程中的历史使命与时代责任。同时，市场经济的趋利性，容易诱导大学生把"利己"作为处事原则，把人与人之间的关系视为单纯的利益交换关系，使得原来固有的人生观、世界观以及价值观受到了颠覆性的冲击。新旧思维的碰撞，使许多青年抛弃了社会集体的理想信念，忽视了中国梦的实现对青年刻苦实践的呼唤，社会的整体环境对青年一代的影响不容忽视。

2.社会发展激发对高素质应用型人才的需求

随着经济社会发展的转型升级，社会对人才要求及其能力结构的需求也逐渐多样化。在高等教育步入大众化教育阶段，多样化人才培养是高等教育发展的必然要求，传统单一的精英化人才培养模式，更加注重理论学习，实践技能薄弱，大学生进入社会参与工作后，有时难以适应经济社会发展的需求。

① 习近平.决胜全面建成小康社会 夺取新时代中国特色社会主义伟大胜利——在中国共产党第十九次全国代表大会上的报告[N].人民日报，2017-10-28(1).

因此，很多高校开始从学术型转向应用型人才进行培养。同时，市场经济是一种竞争模式下的经济体制，企业在追逐利润的过程中都希望能够占据市场的制高点，这就依赖于高素质的实践人才，以学生的全面素质、综合能力和就业竞争力为重点，采用课堂教学和学生参加企业实践有机结合的教学形式，共同培养适合不同用人单位需求的人才。

3.社会发展对高校实践育人提出了更高要求

人才培养质量是高校生存与发展的生命线。当前，高校人才培养存在实践教学资源不足，教育教学资源分散，共用共享度不高，人才培养与社会融合度不高等问题。高校为响应社会发展需求，需要培养出具有科研实践的应用型人才，具有创新创业精神与实践能力的专业技术型人才，为推动社会经济发展输出更多的人才力量。高校应抓住转型机遇，围绕实践育人模式这一核心内容，重视学生的实践应用技能与职业素养，让学生在离开校园后快速适应社会发展，满足社会发展对人才的要求。同时，当前社会的实践育人应该更上一层台阶，不仅仅重视专业技能的实践教学，注重学生能力的培养，同时也应该关注学生的思想价值导向，适时进行思想道德教育，引导学生将个人的成长与国家的发展、民族的振兴紧密结合，进而才能为社会发展输送更多应用技能型人才。

（三）大学生成长需求对高校实践育人提出新的时代要求

1.新时代高校大学生成长成才的主要特点

当代大学生主要为“95后”，甚至“00后”，有着积极向上、朝气蓬勃、追求自由、个性张扬、注重自我价值实现的特点。随着QQ、微博、微信等新兴媒体的迅速发展，他们的思维方式、交往方式和行为方式发生了革命性的变化，对社会问题的认识不再单向度地依赖教育者的教育，思想认识和价值取向呈现多元化的特征，这对原有的思想政治教育机制提出了新的要求。但同时，他们成长和生活在和平的年代，社会环境稳定，更适逢我国改革开放之后社会经济空前高速增长的阶段，并且大多数青年都是独生子女，来自于家庭成长的宠爱甚至是溺爱，导致青年接触社会的机会较少，因而在承受能力上表现出些许不足。因此，新时代高校大学生一方面能够通过自我探索、自我关注以及他人的评价不断提升自我认识的水平，但也容易因为主动性受限等因素遇到挫折，选择放弃退让。

2.大学生成长成才与高校实践育人的关系

新时代的大学生在成长成才过程中，传统的“灌输”教育对他们来说已经达不到预期的效果，亟待教育者转变思想政治教育工作的理念、创新方式方法，把提升大学生的思想道德水平与通过实践活动促进他们自身发展更好地结合起来。高校实践育人的创新发展，不断增强了大学生思想政治教育的科学性、针对性和实效性。因此，实践育人是大学生成长成才的必由之路。实践育人以引导、组织高校大学生参加社会实践为基本内容，深入基层培养实践能力，有助于学生的全面发展。大学生通过深入基层参与实践活动，不断加深对中国特色社会主义的认识，加强对专业发展方向的了解，高校以实践育人这一形式的发展促进当代青年大学生健康成长、茁壮成才。

3.学生成长对实践育人提出了更高的时代要求

伴随着经济全球化的持续深入发展，各类思想观点、社会思潮、价值观念层出不穷，与我国原有文化激烈交锋、碰撞，造成社会文化领域的多元化，深刻影响着青年学生的思想观念、价值取向和行为方式。一方面，互联网时代下成长的青年学生思维活跃，个性张扬，对社会生活中的新思想、新观点反应迅速，接受新事物的能力强，功利心也强，且富有批判精神和创新意识，这就促使他们的思想行为表现出较强的自主性；实践育人的活动安排内容丰富，形式多样，不仅要让学生在实践过程中某一项的实践技能得到提升，还要加强大学生的组织策划能力、人际交往能力、学习创新能力和环境适应能力等，同时掌握分析和处理能力，为今后创新创业打下基础。社会实践育人要认识到培育时代新人的时代需要，承担培育时代新人的社会责任，进而创造全新的实践育人模式。

第四节　高等学校实践育人创新与发展

社会发展进入新时代，高等教育改革对人才培养提出了新要求，要求更新人才培养观念、创新人才培养模式。《国家中长期教育改革和发展规划纲要(2010—2020年)》指出：“要树立系统培养观念，推进小学、中学、大学有机衔接，教学、科研、实践紧密结合，学校、家庭、社会密切配合，加强学校之间、校企之间、学校与科研机构之间合作以及中外合作等多种联合培养方式，形成体系开放、机制灵活、渠道互通、选择多样的人才培养体制。”[①]为了适应高等教育改革的需要，适应中华民族伟大复兴的需要，适应建设高等教育强国的需要，

① 中共中央国务院印发《国家中长期教育改革和发展规划纲要(2010—2020年)》[N].人民日报，2010-07-30(1).

高等学校必须创新社会实践育人，要进一步加强对实践育人的组织领导，建立强有力的实践育人组织领导体系，推进高等学校实践育人教育改革研究，建立高校实践育人专项经费投入机制，构建完善的实践育人长效机制，为高校开展实践育人营造良好的制度环境，为大学生参加实践活动提供良好的政策保障和条件保障。

一、建立实践育人组织领导体系

高校的实践育人工作是一个整体性较强的工作，要发挥实践对大学生德育等方面的作用，这就决定了实践育人工作的开展应是多部门参与、多环节动态连接的一个综合过程，需要各级部门加强协作形成合力、需要高度重视建立统筹协调机制、需要基层学院加强实践工作计划落实，形成完善的组织领导体系。

(一)教育行政领导部门要加强协作形成合力

高校实践育人工作离不开各级教育行政领导部门的统筹协作，高校实践育人工作应该将合力、协同、合作贯穿于实践育人工作的整个过程。首先，由国家、中宣部、财政部、文化部、共青团中央等联席机构出台相关的法律法规和文件，全方位明确高校实践育人的指导思想、工作方针和工作重点，完善中央和国家有关部门联动实践育人的体制和机制，重点突出实践育人工作整体谋划，为高校实践育人的发展指明了前进的方向。其次，省级教育行政部门要全面领会中央和国家教育部、共青团中央等机构颁布和出台的相关文件，着力研究和解决实践育人的问题，部署好实践育人的相关工作，有效整合各地资源，统筹协调相关职能部门密切配合、分工协作，形成工作合力，加强对实践育人工作的领导并推进实践育人工作的落实，为高校开展实践育人提供指导和保障。最后，省级教育行政部门要负责出台相应的政策、方案，监督实施活动的开展，特别是要建立高等学校实践育人专项制度，有针对地管理和保障高校实践育人工作的有序持续开展。同时，为了高校实践育人工作的有效开展，教育行政领导部门要加强对高校实践育人业务的指导。

(二)各高校要高度重视建立统筹协调机制

实践育人工作的开展应是多部门参与、多环节动态连接的一个综合过程，需要全校上下协调统一，形成完善的组织领导机制。首先，高校要高度重视建立学校领导挂帅的领导机构，建立专门的领导小组，由高校党委牵头，以各相关部门为成员的实践领导小组，进行总体策划、调度、安排，协调各部门及各种资源，负责出台相应的政策、组织方案，监督实施活动的开展，提供实践经费保障。其次，高校要建立教学、科研与学生工作部门统筹机制，教务处承担着高校教学工作的总体安排。高校要把实践教育与课堂理论教学一起安排、一同布置，真正把实践教育纳入教学计划，安排实践时间，落实学分要求。学工处、团委等部门要与教务部门相衔接，把课外实践活动安排好，实现课外实践活动与课内课外实践活动相配合，学生课堂知识学习与实践运用相对接，专业知识学习与综合素质提高相统一。[①] 再次，各高校下属学院要认真负责组织实施实践活动，将实践内容、要求转变为活动安排，组织人员，调动资源，周密布置，扎实开展，真正实现合力育人、全员育人的实践诉求。最后，要建立政府、企事业单位与高校统筹协调机制，政府提供资源、资金等方面的支持，企事业单位提供实践平台，多方配合协调使实践育人工作能够有效、持续、稳步地发展。

（三）高校基层学院要加强实践工作计划落实

社会实践作为大学生思想政治教育的重要环节，对促进大学生了解社会、了解国情，增长才干、贡献社会，锻炼毅力、培养品格、增强社会责任感具有不可替代的作用，所以，基层学院要落实好实践育人工作。首先，要建立学院实践育人工作指导落实机制，高校在党委的领导下，团委、学工处应精心组织全校开展好社会实践活动，组织部署好社会实践活动师生动员大会。宣传部门要将大学生社会实践工作的宣传摆上重要议事日程，制定详细的宣传报道计划，为社会实践活动营造良好的舆论氛围。人事处、学工部要为教师带队指导大学生社会实践工作制定相应的激励机制，思政教师、辅导员、班主任等教师的评奖考核体系要与指导社会实践工作相结合。其次，教务处、分团委、分管教学的副院长等部门要加强对大学生社会实践工作计划的制定，将学生专业实习与社会实践活动有机结合，要将社会实践纳入教学管理体系，明确落实相应的学时和学分，将其纳入人才培养计划之中。学工部、团委等要积极探索学生党员和入党积极分子、大学生骨干在社会实践中的参与示范作用，将实践中对学生党员和入党积极分子的考察培养作为学生党建的一个重要环节，把参加社会实践情况作为正式党员评奖评优、预备党员转正、入党积极分子考察发展的必备环节。最后，要加强高校实践育人工作的组织和实施，各学院（系）要相应成立社会实践领导小组，高度重视做好本学院（系）的社会实践组织、发动工作。学校将在社会实践活动结束之后对各学院（系）学生社会实践工作活动

① 陈烨.德育视域下的高校实践育人研究[D].赣州：赣州师范学院，2012.

情况进行总结、评比、表彰，并纳入学年学生工作的重要考核体系。就业指导中心要落实好大学生就业实习的组织工作，加大力度为大学生就业实习创造条件；学工处要落实做好学生勤工助学的组织工作，为学生参加勤工助学创造条件，建立规范有效的勤工助学管理制度；马克思主义学院要将学生的社会实践纳入思想政治理论课程的必要环节，思政教师要积极参加学生社会实践的带队指导工作。

二、强化高等学校实践育人教育改革研究

在新的教育形势下，高校实践育人工作有待改革和创新。对此，高校需要积极探索多种实践育人的方式，高校要不断推进实践育人理论研究、加强高校实践育人的经验总结、强化高校实践育人经验的推广，增强实践育人工作的针对性和有效性。

（一）推进高校实践育人理论的研究

理论与实践相结合是当今时代知识发展的显著特征，加强实践教学是高校教学改革的大势所趋，课堂教育只有与社会实践紧密结合，才能造就出时代需要的优秀人才。首先，要加强实践育人工作的理论探索。当前实践育人理论研究仍然比较薄弱，高校要推进实践育人基础理论研究，以哲学、教育学、社会学、心理学等学科中相关的理论作为支撑，结合实践成果总结出实践育人的基本理论；同时，在基本理论研究的基础上要进行差异化的理论研究，结合实践活动中的具体内容进行经验总结与分析，总结出细化的研究成果，进行高水平的学科专业实践育人的差异化研究。其次，要建立实践育人研究工作平台。思政工作人员及专业教师要大力开展高校社会实践理论研究，对社会实践工作的开展情况进行总结和提升，进一步指导社会实践深入发展；将社会实践理论研究纳入校级课题研究系列，鼓励思政工作人员及专业教师积极开展社会实践理论研究。最后，组织实践育人理论成果交流。高校要定期召开实践育人经验交流会、座谈研讨会等，及时总结、推广实践育人成果，研究深入推进实践育人工作的思路举措；要积极组织专家学者开展科学研究，不断探索实践育人规律，为加强高校实践育人工作提供理论支持和决策依据。[①]

---

① 教育部，中央宣传部，财政部，文化部，总参谋部，总政治部，共青团中央等部门关于进一步加强高校实践育人工作的若干意见[EB/OL].(2012-03-12)[2019-10-11].http://old.moe.gov.cn//publicfiles/business/htmlfiles/moe/s6870/201209/xxgk_142870.html.

(二)加强高校实践育人经验总结

加强高校实践育人工作经验的总结,能够更好地创新高校实践育人的路径和方法,激发实践育人工作的全面开展,实现高校全过程育人、全方位育人的目标。首先,高校要做好实践育人工作的规划安排,在全校层面成立大学生社会实践领导小组,领导小组由学校各部门分管领导组成,负责制定学校社会实践活动的规划和具体计划,及时研究、解决社会实践活动中的重要问题。其次,高校要高度重视实践育人工作的经验总结,由高校社会实践领导小组进行部署和监督。高校社会实践的总结工作是基于对社会实践的整体情况进行梳理,结合各学院(系)的申报材料,进行总结,交流经验,鼓励先进。其重点开展的总结工作例如:完成好一篇高质量的社会实践工作总结,制作好一本社会实践成果的宣传图册,举办一场反映社会实践成果的主题照片展,开展一系列提升大学生社会实践意识的先进事迹报告交流会等。最后,要形成有效的实践育人工作机制,各院(系)团委要将实践育人作为一项具有规范化、系统化、制度化特征的思想引领和服务成长的长效化工作,在实践育人工作领导机构的领导下,组织制定符合学校实际的总体目标和阶段性目标。根据实践教育的不同载体和不同形式,其分别制定具体的管理办法和细则,既要使实践教育覆盖全院学生,又要尊重大学生参加不同实践活动的选择权和建议权,要听取和反映学生的普遍性利益诉求,探索建立维权中心等有效形式,维护大学生参加实践活动的各项合法权益。

(三)强化高校实践育人经验的推广

首先,高校实践育人工作要形成规范的工作要求。高校在依托科技和人才的优势,坚持"目标共同、机制共建、资源共享、责任共担、多方共赢"的五个原则下,结合各高校实际制定好详细的实践育人工作方案,并且根据实践活动开展情况和学生参与情况,对以往的工作方案要进行不断整合、优化,及时总结提炼和大力宣传实践育人的好做法,形成可以推广的好经验。其次,高校要高度重视收集实践育人成果材料,为了更好地推广实践育人成功的做法和优秀的案例,要重视对实践育人工作的材料收集和实践育人工作的成果总结。高校社会实践领导小组要做好实践育人成果材料收集的部署工作,监督好各院系的老师和学生做好实践育人成果材料的收集工作,重点加强对社会实践活动过程中的材料进行整理与收集,形成相关文字、图片资料,并且将成功的实践育人案例收集成册。最后,高校要重视形成实践育人成果共享机制,校团委、各学院要主动将社会实践的相关信息报道反馈给报刊、广播、电视、互联网等新闻媒体，深入宣传报道高校社会实践，为高校社会实践营造良好氛围。高校要建立高校社会实践网，利用网络进行社会实践工作的信息反馈和总结，构建社会实践网上工作平台。优秀的实践育人工作案例要收集、归纳出版成书，供更多的高校借鉴学习，促进高校实践育人工作的长效发展。

三、建立高校实践育人专项经费投入机制

资金的投入是实践育人活动顺利开展的物质基础，经费不足的问题已经成为制约当前高校实践育人深入开展的瓶颈，完善实践育人的物质保障，增加实践育人活动的覆盖面，提升实践育人活动的质量，关键的条件就是经费保障要到位。因此，要保障实践育人工作的效果就必须加强经费投入，针对不同的实践教育形式，建立由国家主导投入、学校设专项经费、地方政府支持、公益机构和企业赞助，有条件的学校可以探索建立大学生实践教育专项基金。

（一）教育行政部门要加大实践经费投入

首先，教育行政部门要重视对实践育人工作的经费投入，实践育人经费是教育投入的重要组成部分。依照《中华人民共和国高等教育法》第60条规定，国家鼓励企业事业组织、社会团体及其他社会组织和个人向高等教育投入。其次，教育行政部门对经费投入标准进行界定，根据不同类型的学校、不同类别的专业分别制定实践育人经费投入标准，并且教育行政部门要在教育投入中明确列支目录和支出额度，为高校推进实践育人提供经费保障。最后，教育行政部门协同当地政府，针对企业实践基地建设情况和企业支持实践工作的情况，从税收方面实施税收减免政策，对于企事业单位、社区和农村等长期实践基地，给予经费补助或结合考核情况给予经费奖励。

（二）高校要加强实践育人的经费保障

首先，高校要设立专项经费来保障实践育人工作的运行。教育部等部门在《关于加强高校实践育人工作的若干意见》中指出："高校作为实践育人经费投入的主体，要统筹安排好教学、科研等方面的经费，新增生均拨款和教学经费要加大对实践教学、军事训练、社会实践活动等实践育人工作的投入。"[①]高校设立实践育人专项经费，并形成实践育人经费正常的增长机制，大幅度增加

① 《关于进一步加强高校实践育人工作的若干意见》，教育部等部门关于进一步加强高校实践育人工作的若干意见[EB/OL].(2012-03-12)[2019-10-11].http://old.moe.gov.cn//publicfiles/business/htmlfiles/moe/s6870/201209/xxgk_142870.html.

实践教学专项经费，列入预算，专款专用。其次，高校设立多种形式的经费投入保障机制，对教学实践、专业实习、军政训练所需经费，要在学校教学经费中支出，确保人人参加；对“三下乡”和“四进社区”活动，学校应保障落实经费，并实施项目化管理，建立项目申报制度，可以学院、专业、团支部、社团为单位进行立项申报，学校团委根据申报情况对各个项目进行审批，确定立项项目并给予一定的经费支持；对社会调查、生产劳动和社会服务、科技发明、勤工助学、“红色之旅”，要大力提倡和引导大学生自愿参加，学校、学院予以一定的经费支持，积极争取社会经费支持。最后，要加强专项实践育人经费的有效落实。

（三）社会要建立实践育人专项基金

首先，相关企事业单位组织、社会团体等要给予实践育人工作支持。《高等教育法》中规定，国家鼓励企业事业组织、社会团体及其他社会组织和个人向高等教育投入。高校要争取向社会的公益机构和企业对他们的实践育人工作进行资助，高校要不断努力扩大社会影响力，建立机制，通过发动校友捐资、企业合作投资等方式，吸引社会资金的投入，探索高校与企事业单位的双赢模式，从而多渠道吸引实践育人的资金投入。其次，高校与企事业单位要构建实践育人共同体模式，高校要建立良好的实践育人体系，增强企业投入的吸引力。高校在科学研究、理论制度研究等方面处于领先地位，可以通过与企业的合作为企业提供智力和技术支持，为企事业的发展出谋划策，并且要精心组织好实践活动，扩大企业的社会影响力。企事业单位通过资金、实践基地等方式为高校实践育人工作提供支持，促进高校实践育人工作稳步持续发展。最后，要制定好专项资金的管理制度，做到专款专用，避免资金滥用、违法占用的情况出现。

四、构建完善的实践育人的长效机制

工作机制长效化是社会实践育人长效机制的基础与保障。构建社会实践育人长效机制，必须要避免社会实践组织工作的互相脱节、联系弱化，克服短视性、一次性、随机性的工作弊端。高校在工作中要自始至终贯彻“育人”这一根本理念，加强制度设计，规范操作过程，注重搭建完善的运作模式，构筑完整的工作生命周期，同时通过建立制度化、规范化的工作机制，构筑起全方位、全过程以及全员参与的育人格局。

（一）加强搭建实践育人的平台

实践基地是开展实践育人工作的重要载体，是提高实践育人成效的重要保证，是大学生“受教育、长才干、做贡献”较为稳定的场所。首先，高校应重点建设一批有针对性、有时效性的现代技术含量高，具有真实职业环境或具有产学研一体化功能的实践教学基地。高校应不断拓展校际之间、校企之间、学校与科研院所之间的合作，开放实验室，丰富实践教学内容和手段，极大地调动学生的实践积极性，增强其实践能力，同时也促进了学生专业知识的学习和理论联系实践的能力的提升。其次，建立一批相对稳定有效的多种形式的实践基地。第一，高校可以依托高新技术产业开发区、大学科技园、大学生创业园等设立大学生创业实习基地。第二，积极与爱国主义教育基地、红色革命教育基地和国防教育基地等共建高校实践基地，学生通过校内外社会实践加强自身锻炼，在耳濡目染和身体力行中得到教育，永葆思想先进性。第三，为了贯彻落实好国家乡村振兴战略，高校与城市社区、农村乡镇、社会服务机构等共同搭建乡村振兴育人平台，让学生在实践活动中充分发挥自身的专业优势、智力优势，为当地的经济发展献计献策。最后，加强对实践育人平台的维护，充分发挥好实践育人平台的功能，避免出现一次性、随机性的实践平台。

(二)加强实践育人的师资保障

教师作为学生学习的领路人，是学生学习方向性与正确性的重要保证。高效的实践育人工作离不开教师的指引。首先，要确保实践育人教师队伍的稳定性，稳定充足的教师队伍是实践开展的重要智力资源。在实践教学安排中，相关部门应实行制度化的管理方式，确保师资力量的充足性。例如，可以规定每位教师每学期应完成一定量的实践课时。另外，对于实践育人成效显著的教师可以适当减少他们的理论教学任务，以承担相对较多的实践活动，作为实践教学指导的骨干力量，以确保师资力量的稳定性与高质量。其次，要确保实践育人教师队伍的充足性和多样性，高校应聘请工作在生产实践一线的“精英”，将他们吸纳到实践育人的教师队伍中来，形成高校的理论型教师与校外的实践型教师相结合。高校应实行导师“双向制”，将具有符合时代特征的教师观与学生观的理论知识丰富的导师与实践经验丰富、职业道德高尚的实践导师相结合，实现思想品德理论与实践在学生的知识获取过程中的完美对接。同时将理论型教师与实践联系，注重与现实紧密相连的科研方向，有利于理论型教师紧跟现实发展需求，有利于从理论研究上加强对大学生实践的指导。最后，要确保实践育人教师队伍的专业性，在建立实习实训基地的基础上，开拓教师实训平台，在校内政策和校外实习基地的保障下，为教师下企业实践搭建平台，加强校企合作，为培养合格的实训指导教师提供保障。

(三)完善实践育人的制度体系

首先,高校实践育人的制度建设要在依法治校的前提下稳步推进,强化制度建设的合法性、系统性、可操作性、稳定性和创新性,以制度确定规程,以制度促改革,以制度促治理,以提升学校实践育人制度建设的科学化水平,着力构建新时代实践育人的制度体系。其次,制度体系建设要速度和质量并行,加快完善实践育人制度体系建设。一方面要加强学校顶层制度设计,强化分层分级的制度建设,加快各项重要学校层面的规范性制度文件的起草和修订工作;另一方面,要避免建设繁杂但不实用的制度,不仅费时费力、低质低效,形同虚设,而且还会造成落实执行的困扰,注重制度建设的质量尤为重要。因此,形成完备的制度体系,需要质量和速度并重。高质量的规章制度应建立在对学校发展状况进行充分调查研究的基础上,遵循合法合规的原则,注重制度建设的规范性,为推进学校实践育人提供制度保障。最后,要把完善程序和改革创新结合起来,实践育人制度建设要充分发扬科学与民主的精神,民主和科学是提升制度建设针对性、实效性的重要基础。高校既要充分听取专业指导教师的建议,又要切实拓展师生员工民主参与、民主监督的途径和条件;既要达到兼顾制度建设的稳定性和创新性,又要满足制度建设宗旨和高校实践育人发展现实之间的需求目的;既要高度重视和及时推进规章制度、规范性文件的与时俱进,使高校实践育人制度能够及时适应教育改革发展实践的需要,又要保障新制度与原有制度的衔接,注重新制度的引导作用。

第六章　阳光学院的党建与社会实践育人

阳光学院坚持以党的建设为引领，推动社会实践育人持续开展。校党委高度重视社会实践育人，切实加强社会实践育人的顶层设计、组织领导、管理保障；将党的建设贯穿社会实践育人全过程，构建“党建＋社会实践”协同育人体系，促使师生党员和入党积极分子站在实践育人第一线，确保服务乡村振兴与“党建＋实践育人”双成效；探索大学生社会实践育人新形式“红色筑梦之旅”，与乡村振兴等国家战略紧密结合；经过长期的探索实践，“党建＋社会实践”育人模式取得了突出成效，对高校党建工作改革、师生党员队伍建设、乡村振兴发展等大有裨益。

第一节　学校党委对社会实践育人高度重视

阳光学院党委充分发挥领导核心作用，着力加强顶层设计、组织领导和管理保障，确保社会实践育人取得实效、长远发展。加强社会实践育人的顶层设计，包括统一思想共识、突出政治引领、发挥育人功能；加强社会实践育人的组织领导，包括建立领导小组、构筑多元模块、推进项目指导；加强社会实践育人的管理保障，包括完善学校保障、强化社会支持、深化评价反馈。

一、加强社会实践育人的顶层设计

加强顶层设计是做好大学生社会实践工作的前提和基础，主要有统一思想共识、突出政治引领、发挥育人功能。

（一）统一思想共识

近些年，高校大学生的社会实践开展轰轰烈烈，内容与形式不断创新丰富。但是，高校大学生的社会实践在平台建设、专业指导、组织管理、经验总结等方面还存在许多问题，在社会实践工作的评价中也存在重结果、轻过程、重形式、轻内容的倾向。[①] 阳光学院党委以马克思主义认识论、实践观为指导，坚决贯彻落实习近平新时代中国特色社会主义思想，从新时代人才培养的战略高度出发，统一思想共识，凝聚发展力量，将大学生社会实践工作纳入人才培养方案、学校发展规划和年度工作计划，通过社会实践与思政教育、专业教育、就业创业、科技创新等相结合，构建全方位、立体化、课程式的社会实践育人体系。同时，社会实践要以问题为导向，以育人机理为根本遵循，以过程有效管理为目的，构建大学生社会实践运行机制。[②] 此外，社会实践要理清理论与实践、奉献与索取、个人与团队的关系，充分挖掘、发挥大学生的主体作用，切实提升社会实践的育人功效。以此为导向，阳光学院党委加强顶层设计，围绕脱贫攻坚重大战略任务，持续推进与屏南县"乡村振兴志愿服务项目"的深度合作，充分发挥高校人才、专业、队伍等科教智力优势，坚持以人才培养为核心、以服务社会为抓手、以文化传承为主线、以促进科学研究为支撑，构建"四位一体"社会实践模式的创新育人工程。

（二）突出政治引领

社会实践是大学生思想政治教育的重要方法和重要途径，可以促进大学生对党和国家政治观点、思想观念和道德规范的吸收和内化。[③] 而正确引导、科学定位，是党的工作进学生社团必须思考的首要问题。[④] 为此，我们既要充分发挥社会实践的政治教育功能，又要深入挖掘、体现其政治引领的基本要求。以此为指导，高校要将学生在实践期间的纪律和德育表现纳入成绩考核的范围，使学生在提高实践技能的同时，相应地提高思想道德素质。[⑤] 阳光学院党委在思想政治理论课的指导下，汲取其实践教学的特色、优势，有目标、有基础、有方向地开展大学生社会实践。同时，阳光学院党委坚持立德树人的根本任务，积极构建"党建＋社会实践"协同育人体系，引领师生走进社会大课堂，在实践中不断坚定"四个自信"，增强家国情怀和社会责任感，使参与实践

---

① 丁浩，王婷婷.新时期高校学生社会实践实效性评价探析——基于过程评价的分析视角[J].思想教育研究，2014(04)：77-79.

② 呼和.大学生社会实践育人机理及运行机制研究[D].北京：北京科技大学，2018：134.

③ 杨化.改革开放以来大学生社会实践研究[M].北京：群众出版社，2016：28.

④ 唐东升.大众化文化背景下党的工作进学生社团新机制探究[J].学校党建与思想教育，2010(10)：31-33.

⑤ 梁博通.基于CIPP模型的大学生社会实践育人成效评价体系研究[D].北京：华北电力大学，2018：49.

的过程成为师生情感升华的过程、灵魂洗礼的过程和精神境界提升的过程。此外，阳光学院党委积极响应国家号召，以“三下乡”社会实践为载体，组建党员志愿服务队，主动服务乡村振兴，以精准扶贫和乡村振兴国家战略为切入点，以智力助农、文化扶贫项目为平台，逐步探索社会实践模式创新品牌，全面提升社会实践成效。

（三）发挥育人功能

大学生社会实践是高校开展素质教育的重要组成部分，具有实践育人、服务育人等功效。首先，阳光学院党委紧密结合社会主义核心价值观教育，选择“三贴近”的主题活动，吸收思想政治理论课教师、辅导员、专业课程教师参与指导，拓展思政课程与课程思政的育人范畴，做到课内实践教学与课外实践活动、统一社会实践与自主社会实践相结合，最大限度地发挥社会实践的育人功能。其次，阳光学院党委将学生专业能力培养的目标细化到具体的社会实践工作中，推动专业课实践教学、社会实践活动、创新创业教育、志愿服务等载体有机融合，形成实践育人统筹推进的工作格局。再次，阳光学院党委从育人的角度出发，针对大学生不同年级特征、不同阶段需求有的放矢地进行选题设计，发挥学科专业专长与特色，整合全校各院系专业资源，形成了系统性强、操作性好、学术层次高、实践效果显著的师承教学法与真实项目学习法相结合的实践育人体系，力求社会实践质量与成效。最后，阳光学院党委坚持校地共赢、密切合作，自实施“社会实践创新育人工程”以来，大多数社会实践活动都能与课题研究、毕业论文、编撰专著、创新创业等工作紧密结合起来，有效转化为师生的科研和创新创业项目，推动当地特色品牌的创建并取得良好的经济社会效益。

二、加强社会实践育人的组织领导

加强组织领导是做好大学生社会实践工作的关键和要点，主要包括建立领导小组、构筑多元模块、推进项目指导。

（一）建立领导小组

高校要加强对大学生社会实践活动的领导、指导，全方位提高、保障大学生社会实践活动的质量和成效。具体而言，高校要紧密结合实际情况，在校级层面成立大学生社会实践领导小组，加强对大学生社会实践工作的全面统筹、有效领导。阳光学院社会实践领导小组组长、副组长由校领导担任，成员由学工、团委、宣传、教务、科研、保卫、后勤、院系等组成，涵盖分管校领导、各部门负责人、各学院党总支书记和副书记、思政课教师、专业课教师、辅导员等，对大学生社会实践活动进行全方位保障服务，力促主题教育、专业教育、思政教育与社会实践的紧密融合。以此为指导，阳光学院各院系相应成立了大学生社会实践领导小组，加强顶层设计，进行统筹规划，做到主题集中、分工明确、配合密切，确保校院两级社会实践活动落到实处、取得实效。阳光学院党委发挥跨学科多专业智力资源优势，由6个院系、20多个专业师生组建成10个项目实践队，开展助推仕洋创建果蔬文化特色小镇活动，运用“阳光模式”照耀乡村技术、文化、智力之光。

（二）构筑多元模块

大学生社会实践活动的组织实施，要坚持大学生多元化发展导向，构筑涵盖主题、团队、内容、形式的多元化实践模块。一方面，阳光学院由校团委牵头，围绕国家政策、社会热点、关注焦点等，拟定社会实践选题范围，由各院系根据专业特点、优势特色，针对性地选择社会实践主题或自定主题，这样既能把握社会实践的总体方向，又能发挥各学院、各专业特色优势，提高大学生社会实践活动的实效性。另一方面，阳光学院各院系紧密结合自身学科、专业特色，拟定社会实践选题或自主定题，制定操作性、可行性强的社会实践方案，创建大学生社会实践品牌特色活动。近年来，阳光学院发挥绘画、舞蹈、土木等专业优势，组织开展助推屏南仕洋创建果蔬文化特色小镇的社会实践活动，打造助农品牌特色项目，形成了独具特色的“阳光模式”。为了推动全面从严治党向基层延伸，巩固拓展党的群众路线教育实践活动成果，阳光学院党委依托党员志愿服务队助推北墘优秀家风家训与黄酒文化核心价值项目，围绕“孝”这一主题制作“家风家训”画册、“郑板桥故事”宣传片，加快推进美丽、文明乡村建设。

（三）推进项目指导

不少大学生自发组织或自愿参与社会实践活动，对如何开展社会实践较为迷茫，目的性、方向性不明确，入手更是不知所措。同时，许多大学生社会实践团队缺乏专业指导老师，或者专业指导老师只是挂名，形同虚设，不能对思想尚未成熟、社会经验欠缺的大学生进行有效指导。在这样的情况下，大学生社会实践很容易陷入盲目、低质量、形式化的境况，难以达到活动的预期效果。为了避免这些问题，阳光学院党委决定由校团委牵头负责，开展大学生社会实践活动系列培训，围绕社会实践的选题设计、组织实施、突发应急、后勤保障、总结评估等方面进行专项培训，促使大学生社会实践活动的项目化管理、全程化保障。同时，阳光学院党委推行专业导师与思政导师、学校导师与行业导师“双导师制”，促使思想政治教育与社会实践教育、理论教学与实践教学相结合。此外，阳光学院党委根据主题需要和问题导向，创新性地运用网站、微博、微信等新媒体，开展大学生社会实践的行前教育、答疑解惑、线上指导，构建起现实与虚拟、线上与线下相互结合的项目指导体系。

三、加强社会实践育人的管理保障

加强管理保障是做好大学生社会实践工作的落脚点和重要抓手，主要有完善学校保障、强化社会支持、深化评价反馈。

（一）完善学校保障

大学生社会实践是一项周期较长、项目繁多、考核复杂的工作，需要学校在各个方面提供强有力的保障服务。目前，不少高校在认识上存在偏差，认为大学生社会实践只是学生处、校团委、各学院的事情，甚至觉得仅仅是辅导员的事情，这种观念难以促使学校各部门的通力协作，也不利于各级各类资源整合并运用于大学生社会实践之中，最终影响了大学生社会实践的实效性、长效性。因此，阳光学院党委发挥政策统筹引导作用，围绕计划制定、政策出台、资源整合、组织实施、评价反馈、成果转化等，为大学生社会实践提供支持、保驾护航。阳光学院党委通过党建引领和党建保障，积极构建“党建＋社会实践”协同育人体系，并进一步加强阵地建设、增加经费投入、强化舆论宣传、推进成果总结，为大学生社会实践活动提供有力保障、营造良好氛围。除此之外，阳光学院党委还通过制定应急预案、加强安全教育、强化管理监督等方式，进一步做好大学生社会实践的安全管理工作，确保师生的人身财产安全。

（二）强化社会支持

社会力量应尽早介入社会实践的准备策划、系统培训、项目申报、组织实施、总结提升、评价反馈、成果转化等各个环节，这有利于增进大学生社会实践活动的效度与深度，更好地发挥实践教学的育人功能。同时，高校要对照培养要求，加强校地“产、学、研、实践”合作，着重建设各类实践基地，深化基地育人功能，构建双赢合作模式。[①] 阳光学院党委坚持将大学生社会实践作为学校、社会共同参与的一项系统化工程，较好地把学校、社会的教育力量应用到社会

① 常海亮.大学生暑期社会实践育人功能发挥的现状及对策研究[D].华中农业大学，2014:44.

实践之中，对大学生社会实践活动进行有效指导，携手提高大学生社会实践的质量与水平。阳光学院党委与屏南县人民政府签订校地战略合作协议，助力乡村振兴和精准脱贫，引导广大青年学生投身社会实践，为建设新福建贡献青春和力量。阳光学院党委发挥跨学科多专业智力资源优势，在对屏南乡土文化调查的基础上，开展智力助农文化扶贫行动，先后实施了助推屏南漈头村耕读文化博物馆和助推北墘村创建黄酒文化特色小镇等项目，有效地陶冶了青年学子的心智，提升了能力。当然，要想持续性获得社会支持，还需高校及时将社会实践成果加以转化应用，使其切实成为响应国家政策、满足社会需求、推动区域发展的宝贵资源。阳光学院党委以大学生社会实践为依托，通过屏南文化旅游乡村、文化特色小镇的创建，乡土文化资源得以很好的保护、创新开发，成为支撑乡村发展的重要资源。

（三）深化评价反馈

高校要从人才培养的重要性与必要性出发，建立一套科学合理、完善可行的考评体系，深化大学生社会实践与思想政治教育。第一，阳光学院党委要加强顶层设计、统筹部署，将教师指导大学生社会实践活动纳入绩效考评、职务晋升、职称评聘、职级评定、项目申报、评优评先、课时计算等，充分发挥教师参与大学生社会实践活动的积极性、主动性、创造性。第二，阳光学院党委通过召开汇报会、座谈会、总结会、交流会、报告会、展示会等形式，对大学生社会实践活动进行评价反馈，作为大学生的“第二课堂”或“素质模块”计入学分，并列入大学生的评优评先、入党教育等工作之中，借此扩大学生社会实践活动的参与面并提高参与度。第三，阳光学院党委要树立村民是“考官”、项目运行效果是成绩单的理念，坚持社会评价与学校评价、过程评价与结果评价相结合，旨在促进学生全程化参与社会实践，较为系统地培养其发现问题、分析问题和解决问题的能力。第四，阳光学院党委通过制定评价标准、运用评价方法、进行评价反馈，遴选出一批具有推广应用价值、示范效应较好的典型成果，更好地为大学生社会实践活动树立标杆、提供样本，也能够为政府、企业、社会提供社会实践成果参考和借鉴。

第二节　党的建设贯穿社会实践育人全过程

加强党对教育工作的全面领导，是办好教育的根本保证。在高校，党建发挥着不可替代的作用，加强党建，既是目的，也是过程和方法。阳光学院在不断紧密党建工作与教育教学工作之间联系的过程中，构建“党建＋社会实践”协同育人体系的阳光模式，突出了党建的“融合”，以服务社会为抓手，以文化传承为主线，以促进科学研究为支撑；确保党员教师成为指导社会实践育人的骨干力量，让党员学生成为带动社会实践育人的中坚力量，入党积极分子成为社会实践育人的积极力量；使得阳光学院服务乡村振兴成效突出，社会实践育人成效明显。

一、党建贯穿社会实践育人全过程的重要意义

党的十九大报告提出：“要全面贯彻党的教育方针，落实立德树人根本任务，发展素质教育，推进教育公平，培养德智体美全面发展的社会主义建设者和接班人。”作为人才培养的主要阵地，如何培养“全面发展”的社会主义事业合格建设者和可靠接班人，是摆在各大高校面前的重要问题。“全面发展”的具体表现为“德智体美劳”。按照马克思认识论的观点，实践是认识的基础，“德智体美劳”是实践与认识相统一的结果。“实践育人作为高校人才培养的重要环节，是课堂教育的延伸和升华，也是促进人的全面发展的根本途径。”①

把握好实践育人这一重要环节，让高校真正发挥出人才培养的功能与优势，党的建设不可或缺。“坚持党对高校的领导，是中国特色社会主义大学的本质特征，也是中国特色社会主义大学的最大政治优势。新中国成立以来，我国高等教育发展的辉煌历程充分证明，只有不断地根据形势和任务的发展变化来提升和完善党对高校的领导，才能保证高校更好地为人民服务、为中国共产党治国理政服务、为巩固和发展中国特色社会主义制度服务、为改革开放和社会主义现代化建设服务。”②

不断加强党的建设，同样也适用于民办高校。党建工作是培养高素质人才的需要，也是民办高校自身健康发展的需要。党的建设对民办高校，尤其具有现实意义和指导性。它在确保民办高校社会主义办学方向的同时，也保证了民办高校能够全面贯彻党的教育路线。只有将党建工作与具体业务相结合，它才能成为助推实践的利器。作为高校人才培养重要环节的实践育人，党的建设的重要性不言而喻。

加强党建，使其贯穿于社会实践育人的全过程，这既是目的，也是过程和方法。党的建设让高校社会实践育人环节始终紧贴党的教育方针，使得高校

① 甘霖.高校实践育人研究[D].武汉：武汉大学，2014：2.

② 靳诺.将党的领导贯穿到立德树人全过程[N].学习时报，2019-04-01(1).

能够及时适应新时代发展的要求，培养出符合社会需求的建设者和接班人，并及时应对可能面临的各种风险和挑战，特别是针对在高等院校普遍呈现复杂态势的意识形态领域，对做好青年大学生的政治思想工作，维护高校和谐稳定具有重要作用。

二、阳光模式：构建“党建＋社会实践”协同育人体系

“党建＋社会实践”协同育人体系是阳光学院在探索党建与实践育人融合过程中走出的独特道路。其坚持以人才培养为核心、以服务社会为抓手、以文化传承为主线、以促进科学研究为支撑，构建“四位一体”社会实践模式的创新育人工程。

（一）突出党建与社会实践育人的“融合”

自阳光学院建校以来，学校始终坚持社会主义办学方向，不断紧密党建工作与教育教学工作间的联系，将党的教育方针转化为教育教学的实际行动。针对人才培养的重要环节——实践育人，结合民办高校的特点和运行机制，阳光学院逐步构建了“党建＋社会实践”协同育人体系，实现全员、全程、全方位育人。

近年来，阳光学院党委积极响应国家乡村振兴战略的号召，落实立德树人根本任务，致力于将学生专业能力培养的目标细化到具体的工作，将党员志愿服务与应用型人才培养实践活动相结合，组建了一支跨专业、多学科的师生党员志愿服务队，将“青年红色筑梦之旅”活动和暑期“三下乡”社会实践活动充分结合，促进专业课实践教学、社会实践活动、创新创业教育、志愿服务等载体有机融合，形成实践育人统筹推进的工作格局。

党建与社会实践育人的“融合”，体现在阳光学院校党委统筹、领导社会实践育人活动，通过建立社会实践领导小组统筹社会实践育人活动，同时构建了保障机制，在宣传、教学、科研、学科、专业、思政、安全、后勤等方面提供了全方位保障服务，确保了社会实践育人的过程时刻紧跟党的教育方针、政策。此外，校党委通过各党总支、党支部联系、协调以党员师生为主体的实践队伍，确保每个实践活动环节思想和行动的一致性、协调性，为社会实践的顺利开展打下了坚实基础。

（二）“党建＋社会实践”协同育人体系的运作模式

阳光学院“党建＋社会实践”协同育人体系的运作模式是以服务社会为抓手。屏南乡村振兴项目主题确定为：智力助农、文化扶贫、乡村振兴，让大学生

的社会实践与服务屏南乡村脱贫与振兴紧密挂钩。在校党委的统筹安排下，学校集聚了多学科30个专业的智力资源优势来推进乡村发展，再由各党总支、党支部根据各自学科专业及人才优势领取、分配任务，组成各项目小分队，在执行过程中，各项目小分队以党员师生为主体，既有分工，又有配合，保证了服务的高效、有序。

阳光学院“党建＋社会实践”协同育人体系以文化传承为主线。在校党委的领导下，学校选取了屏南县作为社会实践基地。屏南乡土文化资源丰富，实践项目的实施，一方面，为学校师生创造了与鲜活、本真的中华传统文化亲密接触的机会，陶冶师生的文化传承自觉；另一方面，以党员师生为主体的社会实践队伍通过发挥自身的主观能动性，创建文化旅游乡村、文化特色小镇（为每一个村子都提炼出与特色产业融合的核心文化，如北墘村黄酒产业“孝”文化、仕洋村果蔬产业“和”文化和村头村花产业“福”文化等），让当地的乡土文化得到了进一步保护和开发。

阳光学院“党建＋社会实践”体系以促进科学研究为支撑。乡村振兴是农村社会发展的崭新课题，其大容量、综合性和长期性的特点为科学研究提供了巨大的空间。阳光学院校党委，通过与屏南县签订战略合作协议，与地方政府联合设立实践项目委托研究课题，与地方政府一起组织实践工作汇报会，并通过组织实践指导老师带动学生对乡村振兴进行科学研究，从而规律性地揭示乡村振兴的推进过程，为项目可持续开展提供了理论支持。在这众多项目中，阳光学院的参与师生达百人之多，涉及学校8个院系的各个专业，要保证学校与当地政府间的无缝对接、各个学院间的配合、项目的运转，“党建”在其中扮演的角色便是“黏合剂”。它通过校党委的统筹、协调，各党总支、党支部间的分工协作，取长补短，在服务乡村振兴的过程中形成了强大的向心力，让各个院系、专业的师生在实践活动中彼此磨合、融合，从而形成了一个更加完善成熟的组织，也有了较为顺畅的沟通机制。正因为党建发挥着不可替代的作用，阳光学院“党建＋协同育人体系”才能成为一个完整健全的实践育人体系。

三、先锋保障：党员师生和入党积极分子站在实践育人第一线

马克思在资本论中指出：“生产劳动和智育、体育相结合，它不仅是提高社会生产的一种方法，而且是造就全面发展的人的唯一方法。”[①]在实践中，确保实践者在“生产一线”便是充分必要条件。阳光学院在这一次又一次深入一线

---

① 马克思，恩格斯.马克思恩格斯全集(第2卷)[M].北京：人民出版社，1960:5.

的过程中，党员教师成为指导社会实践育人的骨干力量，他们以身作则，在社会实践育人中亲自示范、指导，确保了社会实践育人的准确性和实效性。党员学生成为带动社会实践育人的中坚力量，他们在活动中进一步增强了党性，也在实践中进一步锻炼了自己。此外，入党积极分子也是社会实践育人的积极力量。

（一）党员教师成为指导社会实践育人的骨干力量

阳光学院的社会实践育人不仅是一堂堂生动的实践课，更是一项项深入研究的学术成果。如编制《屏南乡土文化绘图（Culture Mapping）》、创建黄酒文化特色小镇、创建果蔬文化特色小镇、策划白玉特色体育文化开发研究报告……在这样层次丰富、内容多样的社会实践育人中，党员教师则是骨干力量。

每年的社会实践，各专业的党员教师们作为每个项目的“策划兼顾问”，带领各自的学生团队进行项目调研、资料收集、项目策划、项目实施和优化等实践活动，他们发挥自己的专长，运用自己的所学，为学生提供指导，出谋划策。比如，在为北墘村村民进行导游培训时，曾于2014年9月获得龙腾精英全国超级模特大赛指导老师一等奖的蒋湘玉老师，为学生如何帮助村民导游员做好自己的形象设计提供了思路和帮助；在助推仕洋村创建果蔬文化特色小镇的过程中，拥有丰富海外留学经验的林丽华老师为“叶阿姨果蔬美食馆”设计“环保果蔬手工皂”的创意……

党员教师作为信念的引导者，知识的传递者，他们以身作则，在社会实践育人中亲自示范、指导，为学生们树立榜样，这让他们充分认识和感受到了乡村振兴的重要性、必要性，也让他们学会思考村民们真正需要什么，如何对症下药，确保了社会实践育人的准确性和实效性。

（二）党员学生成为带动社会实践育人的中坚力量

在社会实践育人中，学生们既是实践的主体，也是受培育的对象。他们将生产劳动和智育、体育有机融合、相互促进，成为实现培育德、智、体、美、劳全面发展人才的有效途径，而大学生党员更是这个群体的中坚力量。

党员学生作为大学生群体中的先进分子，代表着团队中最朝气蓬勃、富有行动力和创造力的群体。在服务乡村振兴的过程中，他们要动用所学过的专业知识破解难题，他们要学会如何更好地与当地村民进行沟通，在这一过程中，他们发挥了党员学生为社会服务的职能，在活动中进一步增强了党性，社会实践也为他们提供了锻炼自身能力的机会及施展才华的舞台。

2019年7月6日，阳光学院第六学生党支部“三下乡助力闽侯兰圃村”暑期实践志愿活动正式启动，在了解当地的红色历史、生态文明建设现状和发展中遇到的困境后，实践队成员利用专业优势提出了促进兰圃村经济生态建设的意见。期间，阳光学院第六学生党支部实践队与兰圃村举行了共建挂牌仪式，将兰圃村设为商学院党员志愿服务基地，并提出了长期共建协议。在助力闽侯兰圃村经济生态建设的同时，党员学生们发挥了专业特长，充分施展了自己的智慧和才华，同时还将兰圃村开辟为党员志愿服务基地，从而进一步扩大了党组织的凝聚力和号召力，在实践中获得了知识与党性的“双提升”。

（三）入党积极分子成为社会实践育人的积极力量

社会实践育人这一过程，同样少不了入党积极分子这一股积极的力量。入党积极分子是党员发展的准对象，是党员队伍不断充实、优化的后备力量，也是党员队伍的活水源头，代表着党员队伍的勃勃生机。在社会实践中，他们既能通过在团队中发挥作用，感受、增强党组织的凝聚力和号召力，同时，在一线实践中不断增强自身的力量，亦能借此向党组织展示自己的能力和素质，让自己朝着合格党员的目标前进。

阳光学院2017级会计学专业孙子豪连续参加了两年的阳光学院暑期社会实践活动，分别参与了屏南县仕洋村的果蔬大棚设计方案、屏南县富竹村打造乡村振兴、人才振兴示范区的资料收集编撰工作。作为入党积极分子的他，在商学院第三学院党支部的党员学长、学姐的指导下，从第一年负责打下手，到第二年开始真正负责视频剪辑、幻灯片制作等工作，孙子豪迅速成长，逐渐成为所在项目的“中坚力量”。通过实践锻炼，他自身能力不断提高的同时，也让党组织看到了他积极的态度、出色的能力，为他今后顺利成为预备党员奠定了坚实的基础。

在阳光学院实践育人的过程中，如孙子豪这样的积极分子还有很多。正是因为拥有这样向上的力量，阳光学院的党员学生队伍才能进一步提高质量、稳定总量、优化结构，更好地发挥党员的先锋模范作用。

四、实现目标：确保“党建＋”实践育人与服务乡村振兴双成效

在阳光学院“党建＋社会实践”协同育人体系运行的过程中，“党建＋”实践育人形成了更加灵活的运行和保障机制，更加成熟的协调机制，党组织成员更加向党组织靠拢，使阳光学院党委成为一个更加有凝聚力的党组织。阳光学院的师生们也在该育人体系中得到了实践与认识上的升华，确保了理论与实践相统一。阳光学院在服务乡村振兴中也取得了不俗的成效，不仅令屏南

成为学校教学改革、应用型人才培养、实践育人的重要基地，还进一步提升了当地乡村文化内涵、扩大了乡村的知名度和影响力，为当地精准扶贫提供了智力支持，让乡村得以可持续发展。

(一)“党建+”实践育人成效明显

阳光学院将党建融入实践育人的过程中，学校党委通过统筹资源、社会实践内容，协调各方运转，为社会实践育人提供保障；党总支、党支部通过分工、配合，让社会实践育人的运行更加通畅；党员教师在授业解惑的同时，将社会主义核心价值观教育融入课堂教学与课后实践中；党员学生和入党积极分子们各自发挥优势，在积极向党组织靠拢的同时，也向党组织证明了自己的才干。

在多年的实践中，校党委通过考察实践基地、统筹多个学科的专业力量，催生出更加灵活的运行和保障机制，让社会实践更加规范、有序；各党总支、党支部在充当项目运行的“桥梁”和“纽带”的过程中，摸索出了更成熟的协调机制，让组织联动更加顺利通畅；党员师生和入党积极分子们，通过社会实践，更加向党组织靠拢，聚“小家”强“大家”，使阳光学院党委成为一个更加有凝聚力的党组织。

从实践育人成效来说，阳光学院的师生们共同经历了一场又一场实践与认识上的升华，在实践中深化理论知识，还形成了新的认识。正如串联了屏南县白玉村、降龙古村和寿山村三个村落的“茶盐古道”，自古被人誉为山海协作的“丝绸之路”。2019 年，阳光学院的师生们辗转深入古村落，跋山涉水进行实地考察调研，努力挖掘古道的历史文化价值，后续将形成调研报告和规划，打造相关特色的旅游文化产业，这既服务了乡里，也开拓了学子们的理论知识与视野。类似的实践育人实例还有曾因举办省运会皮划艇激流回旋比赛而备受关注的屏南白玉村；以果蔬种植为乡土特色的屏南仕洋村、以黄酒和孝文化为特色的北墘村等。通过实践育人机制，形成了《白玉体育文旅小镇景点导游词手册》,“助推屏南棠口仕洋创建果蔬文化特色小镇”“北墘优秀家风家训与黄酒文化核心价值总结与凝练”等一系列项目策划书，这些既为实践总结，又是理论教材的宝贵知识……师生们在一次又一次的实战课堂中将理论和实践融合得更加深入，在实践中升华理论，再以理论指导下一次的实践，这正是学校将党的建设的贯穿于社会实践育人最终要达到的目标和成效。在这样的育人体系下，党建工作更加具体化，更具适用性、实效性，育人体系也更加科学、健全。

（二）服务乡村振兴成效突出

在阳光学院校党委的领导下，学校建立长效对接机制，将智力、技术和项目资源辐射到屏南县。2016年起，阳光学院组建了党员志愿服务队，学校领导、党员师生多次分批赴屏南县实地考察调研，充分利用学校和地方的资源，先后实施了助推屏南漈头村耕读文化博物馆和助推北墘村创建黄酒文化特色小镇、助推屏南棠口仕洋创建果蔬文化特色小镇、白玉特色体育文化开发研究报告、岭下乡富竹村民宿项目的策划和实施等项目，这不仅让屏南成为学校教学改革、应用型人才培养、实践育人的重要基地，还进一步提升了当地的乡村文化内涵、扩大了乡村的知名度和影响力，为当地精准扶贫提供了智力支持。

阳光学院师生在服务乡村振兴的过程中，不仅注重在短期内提升当地经济效益、知名度等，还将目光对准当地的长远发展。2016年，阳光学院助力北墘村开发黄酒文化振兴项目，令当地特色的黄酒名声大振，销量和价格都大幅提升。2019年，阳光学院党员师生们在此基础上，进一步深化项目建设，开发了北墘黄酒旅游伴手礼设计、北墘孝文化馆设计、北墘黄酒道路文化走廊及景观设计等项目，进一步丰富了北墘村的文化内涵，为当地可持续发展提供了更多的智力支持。

此外，阳光学院还注重双向资源开发。近年来，学校组织党员师生为当地村民进行“导游培训”“美食馆菜品开发”“舞蹈培训”等“授人以渔”的智力帮扶，同时也引进了当地的“教育资源”。2018年3月17日，阳光学院人文与传播学院传统手工艺实验室开展第一期以手工编制为主题的文创产品开发课程，邀请了来自屏南县代溪镇北墘村的两位民间传统手工艺人，为实训班的同学们进行传统手工艺编制现场教学活动。

服务社会是高校的重要功能之一，阳光学院校党委主动融入发展大局，将人才培养与服务乡村振兴相结合，以党建为引领，发挥人才和专业优势，让乡村在经济发展中提升文化内涵、扩大知名度，同时，顺利输出自己的特色资源，与社会形成良性互动，从而实现长远发展。

第三节　乡村振兴实践育人与红色筑梦之旅

习近平在关于青年学生成长成才的论述中提出，要重视实践育人，坚持教育同生产劳动和社会实践相结合，广泛开展各类社会实践，让学生在亲身参与中认识国情、了解社会，受教育、长才干，不断拓展学生社会实践的平台和路径。党的十九大报告提出了推进农业农村优先发展的乡村振兴战略,乡村振兴战略不能缺少大学生队伍。中国"互联网+"青年红色筑梦之旅活动是深化高校创新创业教育改革的生动实践,展现出当代大学生有理想、有追求、有担当的昂扬风貌。阳光学院紧扣人才培养目标,主动将大学生社会实践与乡村振兴战略相结合,积极探索青年红色筑梦之旅专项社会实践的创新做法,找到了一条符合阳光学院人才培养目标且与农村地方经济发展需求相一致的社会实践模式,将理想信念教育与实践活动有机结合,着力使学生在社会实践中增长才干、实现自我,切实提升实践育人成效。

一、社会实践育人新形式——大学生青年红色筑梦之旅

中国"互联网+"大学生创新创业大赛是我国创新创业教育改革的生动实践,建立了促进学生全面发展的重要平台和推动产、学、研、用结合的关键纽带,习近平给参加第三届大赛"青年红色筑梦之旅"的大学生回信后,把大赛和创新创业教育推向了历史新高度,全国各地高校都以"青年红色筑梦之旅"为重要抓手,将思想政治教育与创新创业教育紧密结合,将创新创业实践与乡村振兴战略、精准扶贫脱困紧密结合,培养青年学生的创造精神、奋斗精神和团结精神。

(一)乡村振兴背景下,大学生的责任与使命

党的十九大报告提出要实施乡村振兴战略,并强调按照产业兴旺、生态宜居、乡风文明、治理有效、生活富裕的总要求,建立健全城乡融合发展体制机制和政策体系,加快推进农业农村现代化,强调要努力培养造就一支懂农业、爱农村、爱农民的"三农"工作队伍。2018 年两会上,习近平参加广东代表团审议时强调:"发展是第一要务,人才是第一资源,创新是第一动力,中国如果不走创新驱动发展的道路,新旧动能不能顺利转换,就不能真正强大起来。强起来要靠创新,创新要靠人才。"由此可见,基础知识扎实、专业能力强的大学生应当自觉担当,为实施乡村振兴战略服务,肩负起社会发展的崇高使命,主动参与到乡村振兴战略中来,为实现中华民族伟大复兴的中国梦贡献智慧和力量。

(二)红色筑梦之旅与乡村振兴战略的契合

大学生青年红色筑梦之旅是第三届中国"互联网+"大学生创新创业大赛举办的同期实践活动。2017 年 4 月和 7 月两批参赛团队分赴延安,通过大学生创新创业项目对接革命老区经济社会发展的需求,助力精准扶贫脱贫。实

践团围绕“青春之歌”“红色记忆”“筑梦踏实”三个主题，为创业青年提供了一次继承延安精神、涵养创业精神、坚定文化自信的精神飨宴。

2017 年 7 月活动期间，由西安电子科技大学创业团队“小满良仓”负责人张旺发起，联合其他创业团队一起向习近平汇报“青年红色筑梦之旅”实践活动的感受，表示要像青年时代的习近平那样，立下为祖国、为人民奉献自己的信念和志向，把自己的创新创业梦融入伟大中国梦，用青春和理想谱写信仰和奋斗之歌。

2017 年 8 月 15 日，习近平给参加第三届中国“互联网＋”大学生创新创业大赛“青年红色筑梦之旅”的大学生回信，他在信中写道：“得知全国 150 万大学生参加本届大赛，其中上百支大学生创新创业团队参加了走进延安、服务革命老区的‘青年红色筑梦之旅’活动，帮助老区人民脱贫致富奔小康，既取得了积极成效，又受到了思想洗礼，我感到十分高兴。”习近平指出：“延安是革命圣地，你们奔赴延安，追寻革命前辈伟大而艰辛的历史足迹，学习延安精神，坚定理想信念，锤炼意志品质，把激昂的青春梦融入伟大的中国梦，体现了当代中国青年奋发有为的精神风貌。”

8 月 18 日，中共教育部党组就学习贯彻习近平给第三届中国“互联网＋”大学生创新创业大赛“青年红色筑梦之旅”大学生重要回信精神发出通知。《通知》中讲到五点要求，其中第三点就强调要着力强化社会实践育人，引导青年学生扎根中国大地，了解国情民情。高校要进一步提高实践教学比重，积极组织学生参加社会实践活动；进一步完善科教融合、校企合作等协同育人模式；进一步加强实践教学基地建设，促进教学和科研紧密结合、学校和社会密切合作；进一步广泛开展社会公益活动，引导学生奔赴革命老区、走进贫困地区、深入广大基层，了解、体验国情民情，在亿万人民为实现中国梦而进行的伟大奋斗中实现人生价值。

由此可见，在“青年红色筑梦之旅”专项活动中，高校的大学生在暑期采用各种形式，走进革命老区、贫困山区，学习革命前辈的伟大精神，同时利用自己所学的专业知识，打破农村经济发展存在的困境，推动当地经济社会建设、助力精准扶贫，振兴乡村，为改变农村现状注入了新的动能。

（三）红旅是新时代社会实践育人的新形式

2018 年，教育部全面贯彻落实习近平的回信精神，在更大范围、更高层次、更深程度上开展了“青年红色筑梦之旅”活动，以“红色筑梦点亮人生，青春领航振兴中华”为主题，组建“科技中国”“幸福中国”“健康中国”“教育中国”“法治中国”“十九大宣讲”等 6 个小分队，广泛开展“青年红色筑梦之旅”活动。

习近平得知全国有70万名大学生参加第四届“互联网+”大学生创新创业大赛“青年红色筑梦之旅”活动，学习革命精神、传承红色基因、助力乡村振兴，感到非常欣慰和高兴，专门委托教育部向参加“青年红色筑梦之旅”活动的70万名大学生和参加第四届大赛的260万名大学生转达了亲切问候。教育部在回信中转达了习近平的亲切问候，并勉励当代学生，希望他们牢记习近平的亲切关怀与殷殷嘱托，充分展现新时代创新创业生力军的昂扬风貌，红色筑梦点亮人生，青春领航振兴中华。

2019年6月15日，第五届中国“互联网+”大学生创新创业大赛“青年红色筑梦之旅”活动在嘉兴正式启动。活动将立足红色传承、立足实际需求、立足强国建设，组织百万名大学生以及企业家、投资人、社会工作者等，走进革命老区、贫困地区、城乡社区，从乡村振兴、精准扶贫、社区治理等多个方面开展帮扶工作，为全面建成小康社会、加快推进社会主义现代化建设贡献智慧。①

作为全国最大的一堂思政课，“青年红色筑梦之旅”推动了创新创业教育与思想政治教育相融合，创新了社会实践育人的新模式，通过大学生创新创业项目对接乡村经济社会发展需求，充分发挥了青年学生在知识、技术、创新思维等方面的优势，引导青年走进革命老区、贫困地区，接受思想洗礼、学习革命精神、传承红色基因，重温革命前辈伟大而艰辛的创业史，积极为贫困地区的群众出主意、找项目、理思路，帮助贫困群众解决好生产生活方面的相关问题，将创新创业与精准扶贫工程相结合，不断促进项目成果落地，为服务乡村发展贡献了青年的双创力量。同时，实践活动激发了大学生的民族自尊心和责任感，引导广大青年大学生树立奋发学习、扎根基层、奉献祖国的决心，红旅活动对提高人才培养质量、造就德才兼备的有为人才起到了重要的作用。②

二、乡村振兴实践中的阳光学院大学生青年红色筑梦之旅

作为参加大学生“青年红色筑梦之旅”活动的高校，阳光学院始终秉承“为地方经济和社会发展做贡献”的办学宗旨和“刚健笃实，辉光日新”的校训精神，传承红色基因，将阳光人拼搏奋斗的精神融入双创人才的培养中，以精神

---

① 毛素芝.乡村振兴战略实施背景下大学生对乡村创业软环境的评价[J].继续教育研究，2018(07):46-51.

② 杜文婷，张海燕.“青年红色筑梦之旅”活动视角下提升地方应用型高校双创教育水平的途径探析——以北京师范大学珠海分校不动产学院为例[J].科技经济导刊，2019，27(07):123-124.

引领、价值引领激励学生在创新创业中增长智慧才干，在艰苦奋斗中锤炼意志品质，用实践活动让大学生了解国情民情，磨炼意志品质，增强对社会主义核心价值观的自觉奉行和践行担当。

(一)积极组织全校师生参与“青年红色筑梦之旅”

自第一届“互联网＋”大学生创新创业大赛活动开展以来，阳光学院就积极组织师生投入到此项赛事中去，并在学校内建设了集产学研一体、全程全面覆盖创意、创新、创业、创客的创新创业基地——“创四方园”。当第三届赛事开启了“青年红色筑梦之旅”赛道之后，全校师生更是积极响应，学校党委围绕脱贫攻坚的重大战略任务，持续推进与屏南县“文化兴村项目”的深度合作，充分发挥高校人才、专业、队伍等科教智力优势，组建“红色筑梦屏南”实践队，通过挖掘当地乡土文化，打造特色文化旅游品牌，有力地促进当地经济的发展。

阳光学院从2016年开始，充分发挥学校跨学科多专业的智力资源优势，在对屏南乡土文化调查的基础上，围绕“文化兴村”开展智力助农文化扶贫行动，组织了全校8个院系、35个专业、千名师生奔赴屏南各乡村，先后实施了助推屏南漈头村耕读文化博物馆建设、助推北墘村创建黄酒文化特色小镇、助推屏南仕洋创建果蔬文化特色小镇、岭下乡富竹村民宿项目的策划和实施、白玉特色体育文化开发研究报告、北墘村文化走廊及景观设计、“筑梦·阳光”支教活动等项目，活动在取得了很好的社会、经济效益的同时，有效地激发了青年学生的民族自尊心和责任感。

(二)阳光学院“青年红色筑梦之旅”项目的主要做法

阳光学院高度重视“青年红色筑梦之旅”活动的组织开展，学校师生围绕项目实施地屏南进行了大量的前期调研工作，以精准扶贫和乡村振兴为切入点，以文化兴村项目为平台，和屏南县政府进行了多次磋商，充分利用学校和地方资源，让屏南成为阳光学院红旅项目的重要基地。同时，学院党委、毕业校友、阳光集团也对项目的实施给予了政策和资金上的支持，使项目的开展可以不断地得到扩展、延伸，项目的经验与做法在屏南县各乡镇得以复制、推广。形成了以乡村发展实际需求为核心、以学生实践能力发展为根本、以文化传承为主线、以促进科学研究为支撑的阳光学院“青年红色筑梦之旅”项目新模式。

1.以乡村振兴发展需求为导向

阳光学院“青年红色筑梦之旅”活动的开展注重项目实施的可行性和有效性，首先由共建乡村根据自己的实际需求提出合作意向，在学院的师生经过实地调研之后，以一村一品牌为目标，形成具体的执行方案，并将形成的方案在学校日常的课堂教学中先进行讨论和可行性分析，这就实现了项目与专业课实践教学、创新创业教育、志愿服务等载体的有机融合，形成了实践育人统筹推进的工作格局。在项目实施过程中，村民是“考官”，项目运行效果是成绩单，每一个项目最后都要经过当地政府、学校、村民三方一起评估，并对好的项目和做法进行总结，将经验推广到其他的乡村，形成了乡村振兴模式的可推广性和可传播性。

2.以学生实践能力发展为根本

阳光学院“青年红色筑梦之旅”项目的专业特性是跨学科多领域，学生必须掌握多个陌生领域的知识，这样一方面就要求学生要跨专业组建团队，团队成员之间相互取长补短，另一方面需要学生丰富自身的知识结构，培养了他们的自学能力。再就是其可以促进学生全过程解决问题的综合能力的培养。学生参与了实践项目选择、目标确定、资料采集、田野调研、数据处理、项目分析、项目决策、项目实施和项目优化等整个过程的全部环节，使其发现问题、分析问题和解决问题的能力得到了系统培养，沟通能力、团队能力、表达能力等得到了很好的锻炼。

3.以乡村传统文化传承为主线

阳光学院“青年红色筑梦之旅”项目选取了屏南县作对口扶贫县，屏南乡土文化资源丰富，实践项目的实施一方面为学校师生创造了与鲜活、本真的中华传统文化亲密接触的机会，陶冶师生的文化传承自觉；另一方面，通过文化旅游乡村、文化特色小镇的创建，乡土文化资源得到很好的保护。项目团队为每一个村子都提炼出与特色产业融合的核心文化，如北墘村黄酒产业“孝”文化、仕洋村果蔬产业“和”文化和村头村花产业“福”文化，“文化兴村”成为乡风文明建设的一道风景线。

4.以高校科学技术下乡为支撑

阳光学院“青年红色筑梦之旅”项目将高校的智力、技术、项目资源辐射到了屏南县的各个乡镇，用高校的创新理念、科研成果、管理服务改变农村落后的面貌，通过帮助农民改变落后的观念，从根本上改变农村人口流失严重、农村经济发展后继无力的现状，为农村的发展提供新的动能。在这个过程中，如何实现乡村振兴对高校的师生来说是一个崭新的课题，其大容量、综合性和长期性的特点为科学研究提供了巨大的空间。而项目指导老师带动学生对乡村振兴进行科学研究，从而规律性地揭示乡村振兴的推进过程，为项目的可持续开展提供了理论支持。项目的科学研究目标是构建一个可复制的乡村振兴战略背景下的乡土文化特色小镇理论与方法体系，最终实现立足屏南、全国推广的助力乡村振兴扶贫模式。

三、阳光学院“青年红色筑梦之旅”的显著成效

阳光学院以“互联网＋”青年红色筑梦之旅活动为抓手，服务创新驱动发展战略，深化教育教学改革，创新人才培养机制，通过深入乡村一线开展社会实践活动，积累了大量的实际案例，并将其有效转化为科研和创新创业项目，形成了具有阳光特色的文化兴村模式，进一步提升了红色文化的育人成效，增强了大学生创新创业、服务乡村振兴的活力，培养出了一批具有较强综合素质和正确价值观的创新型人才。

（一）红旅助推乡村振兴，青年学生贡献突出

2016 年上半年为屏南乡土文化调研阶段，由来自全校 70％的院系近 200 人的师生组建的 10 个团队先后对屏南 6 个乡镇开展田野调研，形成 10 个调研报告，在此基础上编制了《屏南乡土文化绘图（Culture Mapping）》；2016 年下半年，助推漈头村耕读文化资源开发，帮助漈头村完成 3 万余件收藏品的整理，以展览促提升，策划和实施了“屏南耕读文化福州高校巡回展”，先后在 6 所高校展出；2017 年，助推北墘村创建黄酒文化特色小镇，先后有 12 个团队分别完成了 7 个项目的策划与实施，为北墘村制定黄酒文化特色小镇创建总报告，实施了黄酒文化漫画墙（16×2 平方米）、村民导游员培训班等一批项目，助推北墘村进入屏南县创建 3A 旅游乡村名单，并获得通村道路拓宽补贴 2000 万元；2018 年，在继续推进北墘村村民手工艺人学习班等项目的同时，开展助推仕洋村、村头村等乡村振兴项目，共有四批次团队到仕洋村开展深度调研，完成果蔬体验馆、万亩蔬菜景观田、果蔬文化涂鸦墙等一批项目的策划并实施；2019 年，组织了 33 个不同专业的 100 多名师生组成 18 支“青年红色筑梦之旅”实践小分队，入驻北墘村、富竹村、白玉村，启动北墘孝文化馆设计、黄酒旅游伴手礼、白玉特色体育文化开发研究报告、村民导游员培训班、“筑梦・阳光”支教活动等 18 个项目，在提升乡村文化内涵、扩大乡村的知名度和影响力的同时，助推当地文化旅游等产业发展，为当地精准扶贫提供智力支持。

（二）青年学生扎根大道，仰望星空行稳致远

阳光学院开展的“青年红色筑梦之旅”活动让全校学生都上了一堂“有温度的思政课”，实现了创新创业教育与思想政治教育的紧密结合，让每一位创业者都要为社会做贡献，练就了大学生敢冒风险、敢闯、会创的过硬本领和爱拼会赢的意志品质。在校期间，实践队的学生通过思政课程学习了屏南县作

为革命老区县的基本情况。他们听取了屏南县、乡镇、村领导讲述的屏南苏区的革命故事和经济发展历程,并召开学习分享会,撰写学习心得,在实践过程中,同学们深入田间地头,与当地农户交流,克服了吃、住、行等各方面的困难,收集数据材料,走访了屏南的十余个村,通过开设导游培训班、设计文化体验馆、宣传视频拍摄、支教夏令营等活动一方面服务、助推了当地社会经济的发展,另一方面也使大学生接受了思想洗礼、坚定了理想信念。

(三)实践育人成效明显,实用人才培养到位

阳光学院整合全校各院系专业资源,每年集中解决扶持一个贫困村,真正在“青年红色筑梦之旅”项目上做出更大成效,形成系统性强、操作性好、学术层次高、实践效果显著的师承教学法与真实项目学习法相结合的实践育人体系。学院通过实践项目内容的设计,提升了学生的创意策划能力、自学能力和全过程解决问题的综合能力,[①]同时结合学院各专业特点,鼓励交叉组队,动员实践团队积极参加“互联网+”大赛、挑战杯、大学生创新创业项目、女大学生创新创业大赛等大学生创新创业活动。阳光学院的屏南乡村振兴模式获得了福建省青年五四奖章、“创青春”福建省创新创业大赛铜奖、中国(福建)女大学生创新创业大赛二等奖等多项省级以上荣誉。同时,阳光学院支持和引导学生利用空余时间将屏南的社会实践模式对外推广,实现创新创业成果转化,学生的初次就业率多年保持在97%以上,实现了实践育人,既出人才,又出结果。

(四)促进成果有效转化,科学技术服务乡村

本模式运行以来,大多数项目都能有效地转化为师生的科研和创新创业项目。其中,转化为学生的毕业论文9篇、大学生的创新创业项目10个、教师的科研课题项目13项,进而推进了项目的可持续开展。项目运行至今,参与指导实践项目的指导教师共完成13项省级社科基金、省级中特和教育厅社科项目,发表了21篇有关乡土文化和文创社区方面的论文,出版了《地方特色文化创意产业和社区:原理、战略和两岸个案》等专著。

(五)文创助推乡村振兴,传统文化得以传承

阳光学院通过总结整个屏南县“青年红色筑梦之旅”活动也探索出了结合当地特色开展乡村振兴活动的新路径。屏南县作为一个省级贫困县,经济发

① 刘娟.高校“双合双循环”实践育人模式研究[J].学校党建与思想教育,2018(18):52-54.

展较为落后，人口外流较严重，但是其古村落文化保护完善，内涵丰富，非常值得去挖掘、整理、呈现和传播，如何引入文创理念开发旅游产业，让外出打工的人重新回到屏南，利用当地特色将外面的人吸引到屏南来，带动经济发展，精准扶贫，是我们组织"青年红色筑梦之旅"活动的一个重要原因。这几年，通过阳光学院师生团队的努力，在文创助推乡村振兴的火热实践中，屏南乡村出现了不少新鲜事物，诸如农民工返乡创业、开辟第三就业空间、发展新产业、新业态和实行一二三产业融合发展的新形势，一扫过去农村"空心化""老龄化""撂荒地"等旧貌，出现了一派欣欣向荣的景象，使整个项目开展的模式更加具有推广性。

第四节　党建与实践育人相结合的经验总结

"三下乡"社会实践活动已经经历了23个年头，随着我国高等教育改革的不断深入，高校大学生社会实践育人被赋予了新的要求与期待，加强大学生党员社会实践教育是高校培养党员教育的重要途径。阳光学院坚持以党的建设为引领，推动社会实践育人持续开展，构建"党建＋社会实践"协同育人体系，党建与社会实践育人相结合成效突出，将社会实践育人作为高校党建的重要平台，校党委高度重视社会实践育人，在乡村振兴战略中不断加强党建工作，为乡村振兴做出了积极贡献，经过长期的探索实践，师生党员队伍在实践育人中得到锻炼，入党积极分子队伍在实践中得到培养，基层干部队伍在实践中得到加强，确保了服务乡村振兴与"党建＋实践育人"双成效。

一、社会实践育人成为加强高校党建的重要平台

我们要将深化社会实践育人作为加强高校党建工作的重要平台和载体，紧扣时代脉搏，完善实践体系，创新实践形式，强化实践保障，引领广大学生走进社会大课堂，在实践中受教育、长才干、做贡献，勇做担当民族复兴大任的时代新人；将理论联系实际作为党建工作的重要思想基础，通过社会实践提高高校党建水平，切实将乡村振兴实践作为高校党员教育的重要抓手。

（一）理论联系实际是党建工作的重要思想基础

理论联系实际是党的三大作风之一，是党的路线的核心内容，是党领导人民取得革命、建设和改革胜利的重要保证。实践性是马克思主义哲学的显著特征之一，对广大高校师生来说，是否能坚持理论联系实际、知行合一，是检验

其马克思主义立场是否坚定的重要标准之一。教育与生产劳动和社会实践相结合，是马克思主义教育观的必然要求，是党的教育方针一以贯之的重要形式，是培养德、智、体、美全面发展的中国特色社会主义事业合格建设者和可靠接班人的重要保证，是中国特色社会主义高等教育的一个重要特色。在新的时代特点和实践要求下，高校党建正站在新的历史起点上，社会实践育人也在其中发挥着至关重要的作用。

阳光学院校党委承接脱贫攻坚的重大战略任务，与屏南县开展“乡村振兴支援服务项目”合作，并在这一过程中组建具备丰富经验的团队，保障了相关对策得以落实，助力课程思政与高校大学生社会实践对接。

（二）社会实践是提高高校党建水平的重要途径

社会实践是加强和改进大学生思想政治教育的一个重要环节。鼓励与促进大学生参加社会实践活动，可以增进其对社会生活和基本国情的了解和认知水平，加深对毛泽东思想、邓小平理论、“三个代表”重要思想、科学发展观以及习近平新时代中国特色社会主义思想等理论知识的理解，增强其历史使命感和社会责任感。加强大学生社会实践，对培养中国特色社会主义事业的合格建设者和可靠接班人具有不可替代的重要作用。

在此背景之下，阳光学院党委坚持立德树人根本任务，积极构建“党建＋社会实践”协同育人体系，引领师生走进社会大课堂，在实践中不断坚定“四个自信”，增强家国情怀和社会责任感，使参与实践的过程成为师生情感升华的过程、灵魂洗礼的过程和精神境界提升的过程。其中尤以阳光学院团委助推贫困山区屏南县仕洋村创建果蔬文化特色小镇等活动项目为代表，广大师生在项目活动过程中，通过参与各种实践创新活动，使教育与生产劳动、社会服务相结合，使思想政治教育贯穿于社会实践的全过程。

（三）乡村振兴实践成为高校党员教育的重要抓手

乡村振兴战略是习近平同志 2017 年 10 月 18 日在党的十九大报告中提出的战略。十九大报告指出，实施乡村振兴战略。农业农村农民问题是关系国计民生的根本性问题，必须始终把解决好‘三农’问题作为全党工作的重中之重。

随着现代社会的发展，大学已经由传统意义上的人才培养功能，扩展到人才培养、科学研究、社会服务、文化传承与创新、国际交流与合作五大重要职能。特别是社会服务功能，其建立了高校与社会、经济建设的有效桥梁，既能够让技术、成果得到及时应用与转化、帮助解决社会在发展中遇到的种种理论和实际问题，又给师生提供了实践的途径，了解社会需求，使高校办学更具有针对性，发展更有活力。

高校的功能定位、特殊优势和自身发展需要决定了其在脱贫攻坚战略中所处的地位和角色。精准扶贫工作是对高校的现实考验，是对其服务社会能力、科技应用能力、教师的实践能力、科学研究水平的检验，是对其功能特别是服务社会功能的评估。近年来，阳光学院党委围绕脱贫攻坚重大战略任务，持续推进与屏南县“乡村振兴志愿服务项目”的深度合作，充分发挥高校人才、专业、队伍等科教智力优势，坚持以人才培养为核心、以服务社会为抓手、以文化传承为主线、以促进科学研究为支撑，构建“四位一体”社会实践模式的创新育人工程。从2016年起，阳光学院发挥跨学科多专业的智力资源优势，在对屏南乡土文化调查的基础上，开展智力助农文化扶贫行动，先后实施了助推屏南漈头村耕读文化博物馆、助推北墘村创建黄酒文化特色小镇以及助推屏南仕洋创建果蔬文化特色小镇等项目。在党委和团委的组织领导下，其不仅取得了良好社会的效益，更加有效地陶冶了青年学子的心智和能力。学院助力乡村振兴战略和精准脱贫，引导广大青年学生投身社会实践，使得学院党建不断完善和加强。

二、师生党员和积极分子队伍建设在实践中得到了加强

社会实践活动作为课堂教学的有益补充，将理论教学与实践教学融为一体，是形成创新意识和创新能力的能动过程，是培养学生创新能力的重要途径。学生在社会实践活动中加深了对理论知识的理解，同时，课堂中的理论知识又指导学生更好地完成了实践活动。二者互相促进，理论与实践并行，让师生党员、入党积极分子在实践育人中得到了锻炼。

（一）师生党员在实践育人中当先锋强化了思想建设

进入2019年后，“95后”成为高校的主体，而“00后”也逐步迈入高校。这一群体基本成长于我国物质生活水平飞速上涨的时代，充分享受了改革开放以来经济飞速发展带来的物质成果和精神成果。发展迅猛的网络媒体让其能够广泛地了解各类信息，但是在客观上限制了其对社会生活的深入了解和认识，缺乏切实的社会实践经验。

高校开展各类社会实践活动，增加学生接触社会各个层面的机会，丰富其社会阅历，加快了学生的社会化进程。社会实践是思想政治教育的重要途径，是大学生素质教育的第二课堂，具备传统课堂式教育所不具备的优势。传统的课堂式教育模式，以教师讲授为主体，类似“填鸭式”的教育方法，学生作为

被动的接收方，学习的效果往往不甚理想。而社会实践活动是以学生为主体，将理论教学与实践教学融为一体，使学生在活动中主动探索，在过程中获得经验。而在整个实践过程中，大学生党员身兼组织者、参与者双重身份，教师仅仅只是辅助管理，面对层出不穷的问题，学生无法依赖教师，不得不主动思考和解决问题，这样的实践活动更加有利于培养其创新实践能力。

（二）理论与社会实践相结合，师生党员队伍得到了锻炼

社会实践是一种互动式的教学模式，大学生党员在社会实践活动中获得社会经验，这种经验有助于其加深对课堂理论知识的认知和理解，有助于教师日场教学工作的顺利进行。与此同时，学生在课堂中所学到的理论知识也能在思想层面上指导其在社会实践活动中更加有效、迅速地解决所遇到的难题。

此外，学生在社会实践活动中所培养的创新理念持续接受实践的检验，学生逐渐养成了自己分析问题、借鉴以往经验、提出创新方案、解决问题的习惯，以此形成一个良性的互相促进的循环过程。

（三）入党积极分子队伍在实践中得到了培养锻炼

用理论指导社会实践，使入党积极分子深入了解国情，增强认识社会实际的能力，有助于他们把所学的理论知识与社会实际联系起来，把理论放在实践中去检验，不断地把马克思主义理论与中国的具体实际相结合，不断地加深对马克思主义思想的自我认识，达到不断提高自身党性意识的目的。①

入党积极分子的党性意识在实践教育中得到了加强。在实践过程中，入党积极分子可以不断地修正对党的认识，端正入党的动机，主动自觉地接受党性锻炼，加强党性修养。同时，他们也能够在实践中去检验自己的理想、追求，不断地去修正自己的世界观、人生观和价值观，把自己的理想追求与社会实践结合起来。

在社会实践中，入党积极分子对党的思想认识得到了提高与巩固。党校教学给予入党积极分子的是理论上的知识，对当代的青年大学生而言，相对比较抽象，需要深入到社会实践中去理解、去体会，以便加深对党的思想路线和理论方针的认识。同时，在实践过程中，学生可以更加直观地了解社会，感受社会的需求，培养自身的社会责任感。

通过社会实践，入党积极分子认识社会、解决实践问题的能力得到了加

---

① 袁金轩.浅议新形势下社会实践教育在高校党校工作中的作用[J].中国电力教育，2011(04):145-146.

强。开展大学生社会实践除了参与乡村振兴活动外，大部分的实践内容都和入党积极分子的专业内容密切相关，在实践的过程中可以培养学生的专业技能，使他们在实践中不断提高分析问题、解决问题的能力，而且参加社会实践也将有利于入党积极分子创新能力和团队意识的培养。

入党积极分子的社会服务意识在实践教育中得到了加强。党的宗旨就是"全心全意为人民服务"，而当今社会的青年大学生习惯了以自我为中心，相对比较缺乏服务意识。通过参加社会实践活动，他们更加清晰地了解了社会的现状、了解了人民群众的迫切需求，能更好地运用自己的知识为人民群众，力所能及地解决问题，从而树立为人民、为社会服务的意识。

三、高校党建在服务乡村振兴的实践中得到了推动和加强

高校的功能定位、特殊优势和自身发展需要，决定了其在乡村振兴、脱贫攻坚战略中所处的地位和角色，高校党建在为乡村振兴的实践服务中得到推动和加强，高校党组织为服务乡村振兴做出了积极贡献，党组织建设水平在实践中得以提升。社会实践不仅锻炼了党员的意志，培养了党员的工作能力，乡村振兴更是提升了党支部的堡垒作用。

（一）高校党组织为服务乡村振兴做出积极贡献

实施脱贫攻坚，是党中央实现全面建成小康社会战略目标的重要举措。习近平指出："全面建成小康社会，最艰巨最繁重的任务在农村，特别是在贫困地区；没有农村的小康，特别是没有贫困地区的小康，就没有全面建成小康社会。"因而，乡村振兴是我国目前实现小康社会的重要战略之一，而高校因其拥有丰富的人才资源和技术资源，在此过程中发挥着不可替代的作用。

高校扶贫是履行社会主义大学政治责任的需要，也是实现自身功能的需要，除了人才培养之外，它还承担着科学研究、社会服务、创新交流等其他社会功能。开展精准扶贫是高校社会服务功能的直接延伸和拓展，是高校自身发展的需要。① 高校扶贫正切合贫困地区的困难所在，可以有效地集中高精尖的技术人才，通过"扶智"和"扶志"双培训，调动贫困地区党组织和贫困群众的积极性、主动性和创造性，激发内在动力和自我发展能力，从思想上拔穷根。高校积极参与精准扶贫，既是高校履行社会职责、完善社会职能，体现社会价值的需要，也是高校促进自身发展、提升内涵建设的需要。高校在精准扶贫工

---

① 李永明.高校精准扶贫工作的必要性、优势与实现路径研究[J].云南开放大学学报，2016，18(04)：24-28.

作中，坚持党委的统一领导，发挥党建的统领作用，立足自身资源优势，着眼当地最基础、最紧迫的需求，增强精准扶贫的针对性和实效性，在教育、人才、智力、科技等方面集中发力、综合施策，强化“四个意识”，当好“人才库”“成果库”和“智力库”，真正履行社会主义大学的使命，成为党和国家脱贫攻坚战略、推进农业现代化进程的生力军和先锋队。①

（二）乡村振兴实践活动提升了党支部的堡垒作用

高校大学生学习马克思主义、毛泽东思想、邓小平理论以及“三个代表”、科学发展观等党的理论知识大都是通过课堂教学的方式进行，缺乏对相关理论知识的感性认识。而社会实践活动能让大学生更好地了解中国的国情，了解基层的实际情况，更加深入地了解当前党的基本方针、政策，为走上工作岗位，服务基层提供坚实的基础。

大学生党员是学生群体中的佼佼者，也是在基层工作岗位上党的方针政策的具体践行者。各项社会实践活动的开展，正是为展示学生党员的模范带头作用提供了一个良好的平台。大学生在党员模范的带领下，积极参与到社会工作中，在社会实践中锻炼了党员的意志，培养了党员的工作能力，让其切身感受到了作为一名党员如何发挥先锋作用。

（三）高校党组织建设水平在乡村振兴实践中得以提升

大学生党员作为基层党员的重要组成部分，在基层党组织建设中发挥着至关重要的作用。而社会实践又是促进大学生党员队伍质量建设的重要途径之一，因而，社会实践对基层党员队伍的培养以及党组织建设水平的提升发挥着举重若轻的力量。学生党员积极参与到社会实践活动中，可以充分发挥党的领导作用，在学生集体中间形成一股核心的力量，带动广大青年学生，积极投身于祖国的发展建设中来。因此，对高校来说，将学生的党建工作与党员的社会实践活动有机地结合在一起，在一定程度上有助于充分发挥学生党建工作的核心效能。②

---

① 赵良.高校党建工作助力脱贫攻坚的实践与思考——基于吉林农业大学精准扶贫工作实践[J].甘肃农业，2018(13)：26-30.

② 金国峰，宋磊.学生党员社会实践与学生党建工作探讨[J].法制与社会，2014(16)：145-146.

第七章　阳光学院社会实践育人的实践探索

习近平在全国教育大会上明确提出要培养德智体美劳全面发展的社会主义建设者和接班人，明确了人才应该具备的基本素质和精神状态。在学校思想政治理论课教师座谈会上，习近平进一步强调，我们党立志于中华民族的千秋伟业，必须培养一代又一代拥护中国共产党领导和我国社会主义制度，立志为中国特色社会主义事业奋斗终生的有用人才。社会实践育人是立德树人的重要途径，阳光学院不断加强实践育人工作，在服务乡村振兴的实践活动中实现立德树人。

第一节　社会实践育人是立德树人的重要途径

党的十八大以来，习近平对教育工作作出了一系列重要论述，以战略思维将育人、树人放在国家民族发展的大计之中。新时代人才培养工作，要围绕培养什么人、怎样培养人、为谁培养人等系统工程展开。坚持立德树人根本任务，扎实做好新时代的人才培育工作，我们要以习近平关于教育工作的重要论述为指导，探索与时俱进的育人模式。

一、实践育人积极响应立德树人的要求

培养什么人是教育的内在价值选择，怎样培养人是教育的价值实现途径，为谁培养人是教育的重要价值取向。阳光学院积极构建“党建＋社会实践”协同育人体系，引领师生走进社会大课堂，在实践中不断坚定“四个自信”，增强家国情怀和社会责任感，使参与实践的过程成为师生情感升华的过程、灵魂洗礼的过程和精神境界提升的过程。

（一）培养什么人是教育的内在价值选择

马克思主义站在人民的立场上探索人类自由解放的道路。人的“解放”之路，需要生产力的发展，需要生产关系的变革，需要社会制度的进步，需要对人自身进行启蒙和教育；人的“自由”之路需要处理好与“必然”的辩证关系，即对自然规律、人类社会发展规律、人自身规律的认识与实践，以及对道德、法律、

风俗等规范的知与行。

德行,是一个人所具有的理想信念、品德修养和人格品质的总称,是培育人才首要的和根本的价值要求。德育是“道”,智育是“器”,只有将德育教育贯彻到新时代人才培养的全方位、全过程中,才能实现人的主体性,才能把科学技术这把“双刃剑”用在改造世界的光明大道上。所以,立德树人的成效应该成为检验学校一切工作的根本尺度,这样才能真正培养出对国家、对社会、对人民有用之才。智育,指的是一个人所掌握的实际本领和学问。现代高等教育培养的人才,必须是能够在不断学习中掌握事物发展规律、生活经验、生存常识的有生命力的发展型人才。这样的人才要具有终身学习的自觉和习惯,能够沿着求真理、悟道理、明事理的方向不断前进,实现个人价值和社会价值的辩证统一,在时代发展中拥有自己的使命感和成就感。当前高校学生的人生黄金时期,同“两个一百年”奋斗目标的实现期完全吻合,历史的重任落到了当代大学生身上,这就要求当代大学生还应具有敢于担当、不懈奋斗的精神。高校应重视学生身体素质的培育,培育体魄健康、人格健全的时代新人,培育精于管理科学、自控力良好的未来建设者;同时,激励学生自觉地把个人理想追求融入国家和民族事业中;培养具有高尚审美取向和热爱“劳动”的人才。“劳动”可以创造真、善、美。热爱家庭劳动,使个体生活秩序光明美好;热爱工作劳动,促进生产力发展,民族振兴;热爱社会实践劳动,具有中国情怀,把自身理想同祖国的前途、把自己的命运同民族的命运紧密联系在一起,扎根人民、奉献国家。同时,我们应融通中外、兼济天下,在变革的世界中把握人类发展趋势,在激荡的时代洪流中抓住机遇,以积极的姿态面对各种挑战,为构建人类命运共同体贡献智慧和力量。

(二)怎样培养人是教育的价值实现途径

怎样培养人是具有时空大坐标的全程、全方位、全员参与的大事业,需要家庭、学校、政府、社会共同承担责任、付出努力,需要建立党委统一领导、党政齐抓共管、全社会协同配合的工作格局。高校作为培养高素质人才的培育基地,必须具有使命感地完成自身的职责,保障立德树人根本任务的完成。

德高为师,身正为范,高校要培育德艺双馨具有榜样力量的教师队伍。教师队伍的素质直接决定着大学人才的培养水平。高校要培育政治强、情怀深、思维新、视野广、自律严、人格正、素质硬、业务精的高素质教师队伍;引导教师内外兼修、慎独自律、做时间的朋友;以德立身、以德立学、以德施教,发挥教师教书育人的功能和作用;坚持育才由育师始,育人者先受教育,强化对教师的价值引领,使教师更好地担当起学生健康成长导师的责任;把师德师风作为评价教师队伍素质的第一标准，既要有严格的制度规定，又要给教师的创新尝试提供资源、机会和环境。高校应健全激励机制，整体推进党政干部、辅导员、班主任和心理咨询教师等队伍建设，保证这支队伍后继有人、源源不断，真正为实现全员育人、全过程育人、全方位育人提供保障。

加强党组织建设是根本。我们的高校是党领导下的高校，高校党组织建设成效决定着人才培养的“质”。高校充分发挥党组织在人才培养工作中的把关定向作用，要坚持党对高校的全面领导，坚持和完善党委领导下的校长负责制，健全学生党建工作常态化长效化机制，配齐建强基层党建工作队伍，使基层党组织成为师生最贴心、最信赖的组织依靠，成为学校教书育人的坚强的战斗堡垒。近年来，阳光学院党委围绕脱贫攻坚重大战略任务，持续推进与屏南县“乡村振兴志愿服务项目”的深度合作，充分发挥高校人才、专业、队伍等科教智力优势，坚持以人才培养为核心、以服务社会为抓手、以文化传承为主线、以促进科学研究为支撑，构建“四位一体”社会实践模式的创新育人工程。

（三）为谁培养人是教育的重要价值取向

人类社会发展的根本动力是生产力，生产力三要素中，人是最活跃的主体和主导力量。致天下之治者在人才，人才是衡量一个国家综合国力的重要指标，做好高校人才培养工作，坚持正确的人才培养方向至关重要。

坚持正确的人才培养方向。教育的根本目的是培养社会发展所需要的人，任何国家都是按照自己的政治要求来培养人的。我国是中国共产党领导的社会主义国家，要用习近平新时代中国特色社会主义思想铸魂育人，把爱国情、强国志、报国行自觉融入坚持和发展中国特色社会主义事业、建设社会主义现代化强国、实现中华民族伟大复兴的奋斗之中。我们要始终坚定为党育人的初心不能忘，为国育人的立场不能改。高校应牢牢把握思想政治工作这一学校各项工作的生命线，牢牢掌握意识形态工作的领导权，确保人才培养工作方向的正确性，真正培养出一代又一代拥护中国共产党领导和我国社会主义制度、立志为中国特色社会主义奋斗终生的有用人才。随着经济的高速发展，社会竞争日趋激烈，功利浮躁的社会心态有所抬头，在教育领域出现了唯分数、唯升学、唯文凭、唯论文、唯帽子的倾向，这一定程度上助长了非理性的育人心态。同时，部分教育管理者急于求成，导致一些违背教育规律和学生成长发展规律的现象时有发生，扰乱了学校正常的教育教学秩序。叶圣陶先生曾说：“教育是农业而不是工业。”农作物生长需要一个很长的周期，人才培养同样如此，不能像工业产品那样迅速出炉。正所谓“十年树木，百年树人”，在长期的育人过程中，我们要坚持理性平和的育人心态，学会“等待的艺术”，以功成不必在我的思想境界，打造一条以育人为本的价值评判“秩序链”，建立科学的评价体系，将立德树人的要求落实到体制机制上，真正关注和推动学生的全面发展。[①]

二、实践育人呼应应用型人才培养需求

党的十九大提出要“加快一流大学和一流学科建设，实现高等教育内涵式发展”，全国教育大会更要求高校“着重培养创新型、复合型、应用型人才”。高等教育使命神圣、任务艰巨、责任重大，阳光学院扎根于中国的现实需要，坚守教育“初心”，服务于区域发展，积极探索应用型本科发展之路。

（一）满足应用型人才培养的需要

截至2018年，我国共有1245所本科院校、1670万名本科大学生，形成了世界上体量最大的本科教育体系，为我国经济社会发展提供了高素质人力资源。[②] 而伴随着时代变迁，这些本科院校需要更深入地扎根于中国的现实需要，服务于区域发展的要求，更积极地探索应用型的本科发展之路，也为学生们提供了多元的成长途径，培养其知行合一的能力。课堂是学生获取知识和思想的主渠道，本科院校培养一流的应用型人才，必须坚持把思想政治工作贯穿到教育教学全过程。高校要通过机制体制建设，将思政课教师、专业课教师、思政工作教师及社会资源聚合成“育人共同体”，在发挥思想政治理论课主渠道作用的同时，积极探索构建思想政治理论课与综合素养课程、专业课程“三位一体”的思想政治教育教学体系，形成协同育人、立体化育人的效应，逐渐实现教育与教学的有机统一。

应用型本科高校应结合办学特色和学科专业优势，优化课程设置，完善不同专业背景下“课程思政”的教学设计，把价值引领要素及思维方式的培养巧妙地融合在原有的课堂教学中，融入各学科教育教学中；要针对不同专业，找到最契合的点，把思政教育所要传递的正确价值观、育人元素融入内涵丰富的专业课程，烹出更适口、更营养的课程，以着力增强学生的价值判断能力、价值选择能力和价值塑造能力，从而实现专业知识与立德树人的有效融通。以阳光学院助推乡村振兴实践活动的探索为例，阳光学院应用型人才培养模式要求所有项目都要落地，学生们要真题真做，村民是“考官”，项目运行效果是成绩单；学院复合型人才培养要求学生必须掌握多个陌生领域的知识，这样既丰

---

① 靳诺.扎实做好新时代人才培养工作[N].光明日报，2019-03-25.

② 柯勤飞.应用型本科改革发展的根本路径[N].光明日报，2019-04-02.

富了他们的知识结构,又培养了他们的自学能力,也培养了他们全过程解决问题的综合能力。学生参与了项目选择、目标确定、资料采集、田野调研、数据处理、项目分析、项目决策、项目实施和项目优化等整个过程的全部环节,使其发现问题、分析问题和解决问题的能力得到了系统培养,沟通能力、团队能力、表达能力等得到了很好的锻炼。对教师来说,此项目同样也是理论与实践结合的极好的机会。

（二）满足扎根中国大地办教育的需要

习近平在给第三届中国"互联网＋"大学生创新创业大赛"青年红色筑梦之旅"的大学生的回信中指出:"希望你们扎根中国大地了解国情民情,在创新创业中增长智慧才干,在艰苦奋斗中锤炼意志品质,在亿万人民为实现中国梦而进行的伟大奋斗中实现人生价值,用青春书写无愧于时代、无愧于历史的华彩篇章。"青年人要按照习近平的重要指示,将创新创业"青春梦"自觉融入实现中华民族伟大复兴的中国梦。

应用型本科实现内涵式发展,需要坚持扎根中国大地办教育,面向工业界、面向社会各界、面向未来,借鉴成功经验,不断更新教育理念,推进两个转变:从对接特定企业转变到对接整个行业以及整个社会,更加强调应用技术人才培养的社会性;从关注学科专业水平转变到聚焦共性技术难题,推动形成产教真实融合,达到既提高应用型人才培养质量又提升行业企业生产力水平的目的。应用型本科高校需要把办学思路真正转到服务地方经济社会发展上来,坚持"办学定位服务地方、人才培养面向地方、科学研究围绕地方、文化传承引领地方",推动与行业、企业以及地方政府的深度合作,努力构建以知识、文化和技术创新为核心的校企发展共同体,提升服务区域经济社会文化发展的能力。应用型本科院校要主动把握新技术发展,紧紧围绕新兴产业和社会建设发展步伐,发挥对接区域需求的科学研究和技术研究能力优势;要依据区域优势开展区域产业、教育资源的整合,建立紧密对接产业链、创新链的专业体系,推动优势学科群与新兴产业链的紧密结合;要融入技术创新体系,支持技术创新,为行业企业升级换代提供技术和智力支撑;要让专业调整以及专业的开设与区域经济发展需求紧密结合,以应用型学科建设的加强,提高应用型高校的学科建设与地方经济社会发展的匹配度,推进形成产业与教育的共生共享生态圈。

（三）满足坚守"初心"办教育的需要

育人是高校办学的初心。应用型本科要通过产学研协同育人,培养具有核心能力素养的高水平应用型技术人才，增强学生创意创新创业能力和就业能力；要根据行业企业发展需要，推进系统性、整体性、协同性的综合改革，及时更新符合应用型人才成长规律的培养方案，形成高水平应用型人才培养的观念和路径，实现人才培养规格与行业企业发展同向同行；在使学生满足现有产业发展需要的同时，也有能力随着产业升级、市场岗位需求的变化，从容应对时代与未来，满足新一轮工业革命的需求。高校要在实践中育人，为民族发展培育有使命感、有情怀的高素质人才。“服务地方经济社会发展是现代大学的重要使命，深化与屏南县政府的合作，充分体现了校地共建、协同发展的共同愿望。”阳光学院将按照“资源共享、优势互补、共同发展”的原则，进一步发挥阳光学院学科、人才等优势，加快落实各项工作的建设任务，将阳光学院建设成为服务屏南县发展的新型智库、特色研究与创新中心、服务地方的示范平台与合作纽带。“目前，乡村振兴普遍缺乏的一个资源是人才智力。高校有各种专业的人才资源，如何将这些资源有效利用，更加接地气地帮扶村民，让农村富裕、兴旺、美丽和高度文明，这是我们的主要目的。”商学院的一位教授强调，助农服务最重要的是激发农民的积极性。“我们要想办法利用当地的资源特色吸引人气。人多了，收入就会增加，村民们自然就有信心，也会越做越有劲。”

三、实践育人是提高学生综合素质的措施

高校具有服务社会、人才培养、科学研究、文化传承四个职能，实践育人是实现四个职能的枢纽，可以使理论与实践统一，契合学生发展；可以使高校与地方合作创新社会实践模式，促进应用型人才培养；可以实现课内课外融会贯通，契合学生发展。

（一）理论与实践统一契合学生发展

理论创新不仅要以实践创新为基础，还要发挥科学的指导作用“反哺”实践。理论一旦脱离了实践，就会成为僵化的教条，失去活力和生命力。实践如果没有科学理论的指导，会走向经验主义。阳光学院坚持以立德树人为根本，以服务经济社会发展为导向，着力培养专业基础扎实、实践能力突出，具有社会责任感和创新创业能力的复合型、应用型人才。阳光学院近年来紧密契合福州优势产业，不断优化学科专业布局，使专业课程与行业发展方向合拍，80%以上的专业主动服务地方产业转型升级。学校先后组建了 5 大服务产业专业群，其中 2 个专业群入选福建省示范性应用专业群。与福建省相关企业共建 7 个产业学院，开展企业需求进课程、学生实践进岗位、行业专家进课堂、

产品研发进学校，及时将行业标准、职业标准、企业最新案例融入课堂教学，引导企业深度参与人才培养。在“刚健笃实、辉光日新”的校训精神的引领下，阳光学院坚守“责任、真实、阳光”的核心价值，坚持“应用型、地方性、国际化”的办学定位，强化“创业者园地、企业家摇篮”的办学特色，砥砺前行，潜心做事，努力把学校建设成为特色鲜明、优势突出、国内一流、国际知名的应用型本科高校。

（二）高校与地方合作契合学生发展

在过去的几年中，阳光学院与屏南县开展多次校地合作，高校为地方提供智力支持，地方为高校提供实践平台，教师与学生有实践的机会，乡村也获得了发展的机遇。在“乡村振兴战略”背景下，阳光学院不断创新高校乡村文化建设的应用型人才培养模式，积极探寻高校和乡村传统手工艺的交互式课堂的契合点。早在2016年，阳光学院就与屏南县多个乡村结对，深入开展文化助农活动，在当地成功举办了福州高校屏南耕读文化巡回展、开办村民导游班、绘制黄酒漫画墙、创建乡愁美食馆、举办北墘黄酒节等，不断增强高校的社会服务功能和大学生的创新创意能力，构建乡村振兴服务平台，实现应用型人才的乡村服务转型。屏南项目的推进和实施，既是重要举措，也体现了高校服务社会、人才培养、科学研究、文化传承的四个职能。学校领导带领党员师生多次赴屏南县实地考察调研，充分利用学校和地方的资源，让屏南成为学校教学改革、应用型人才培养、实践育人的重要基地。与此同时，阳光学院成立乡村振兴战略研究所，进一步研究如何更好地开展地方经济建设服务。

（三）课内课外融会贯通契合学生发展

学校的课程教学是否满足学生成长成才的需要，直接决定着社会、家长和学生对待这些课程的态度。根据人类社会生产和知识体系精细分化的发展趋势，各门课程的功能不断被聚焦甚至泾渭分明，导致了长期以来在我国高校课程理论体系内的研究与社会生产实践需要、课内教学设计与课外实际操作之间无法快速融会贯通。20世纪90年代，安德森等人将认知目标从低阶到高阶依次排列为记忆、理解、应用、分析、评价和创造。前三者为低阶学习，后三者为高阶学习。高阶学习能力的核心是高阶思维，主要是指创新能力、问题求解能力、决策力和批判性思维能力，它们集中体现了知识时代对人才素质提出的新要求，是适应知识时代发展的关键能力。实践育人是实现高阶学习能力的重要途径。我们要坚持实践性原则，关注现实世界，坚持认识来源于实践，认识的正确与否也要以现实为检验标准。同时，我们要坚持批判性原则，肯定发展的无限性和上升性，不故步自封，对真理抱真诚客观的态度，不盲从权威。教师通过引导学生对具体活动进行反思，从而不断指引学生寻求正确、科学的解决方法，实现真正改造客观世界。阳光学院实践育人实现了课内课外融会贯通，契合学生发展。商学院茶盐古道策划队赴屏南寿山乡实地调研实践时，自觉运用马克思主义方法论，如实事求是方法、调查研究方法、全面历史分析问题方法、矛盾分析方法、系统方法、辩证思维方法、创造性思维方法、价值评价方法、社会分析方法、人的分析等，使社会实践具备科学素养，依托专业知识挖掘特色文化资源，为发展当地特色文化旅游提供创造性的建设意见。学生们在茶盐古道文化旅游圈规划项目中实现了实践性的挑战，将专业理论落实到具体的实践细节中。茶盐古道文化旅游圈的项目规划设计可在寿山乡为旅游事业打造出属于当地特色的旅游体验，也使得其进一步促进了屏南的乡村振兴，促进了当地的经济发展。

第二节　阳光学院扎扎实实推进社会实践育人

中共十九大明确提出要加强大学生实践教学环节，建立大中学生暑期实践制度，鼓励大学生到农村基层服务。习近平在实践育人系列论述中也强调要肯定大学生坚持开展志愿服务活动，坚持与祖国同行、为人民奉献的正确成长方向，指出当代青年要“到基层和人民中去建功立业，让青春之花绽放在祖国最需要的地方，在实现中国梦的伟大实践中书写别样精彩的人生”。

一、学校加强领导，全面组织与推动实践育人

以立德树人为根本，让实践成果“看得见”“摸得着”，阳光学院一任接一任的领导亲力亲为，组织和引领广大青年大学生以实际行动服务乡村振兴战略，助力脱贫攻坚，勇做担当民族复兴大任的时代新人。校董事会全力支持社会实践育人，校党委全程推进社会实践育人，校领导持续推进社会实践育人。

（一）校董事会高度重视，全力支持社会实践育人

习近平强调：“实施乡村振兴战略是一篇大文章，要统筹谋划，科学推进。”《中共中央国务院关于实施乡村振兴战略的意见》指出：“实施乡村振兴战略，必须破解人才瓶颈制约”“要把人力资本开发放在首要位置”。阳光学院董事会一直高度重视人才培养，将教育质量视为办学的生命线，坚持“育人为本、质量立校、特色发展、服务地方”的办学方针和“夯实基础，强化能力，多样发展，

重在素质”的人才培养方针。阳光学院规范办学、开放办学、创新办学，以服务经济社会发展为导向，着力培养专业基础扎实、实践能力突出，具有社会责任感和创新创业能力的复合型、应用型人才。学校办学始终坚守为党育人的初心，落实立德树人根本任务。校董事会亲身示范构建“知行统一”的思政育人模式，在大学生拔节孕穗期，埋下真善美的种子。阳光控股董事局主席、阳光学院董事长全力支持在校大学生扎根中华大地，知行合一，助力屏南县精准扶贫和乡村振兴。学校通过挖掘当地乡土文化，打造特色文化旅游品牌，推动项目进乡村，增强农村“造血”功能，有力地促进了当地的经济发展，学生用自己的知识和技能为父老乡亲脱贫致富贡献力量。同时，教师要引导大学生拥有高尚的人格和情怀：见贤思齐、谦卑自牧，良知清澈、光明磊落，意气风发、勇猛精进，“乐莫乐于好善，成莫成于无私”。实践证明，基层是施展才华的大舞台，也是锤炼品格的大课堂。青年时代，选择扎根广袤的大地，扎根社会基层，扎根人民群众，思想境界就会得到升华，人生道路就会行稳致远。

（二）校党委高度重视，全程推进社会实践育人

阳光学院党委立足国家社会人才培养的实际需求、立足红色传承、立足乡村振兴战略，积极组织大学生参与“三下乡”和“青年红色筑梦之旅”社会实践活动。校党委全程指导推进，成立强有力的领导小组，全方位进行部署，结合各专业特色和院系实际，筹划符合学院特色的社会实践及红旅项目活动。学校在活动程序上严格规范，从上而下，统一思想，务求活动取得实效。校党委全程跟进团委牵头制定的社会实践活动实施方案，明确具体责任人，充分做好活动前期的各项对接工作以及活动各个阶段的宣传工作和活动后期的总结工作。2019 年暑假，阳光学院组织了 33 个不同专业的 100 多名师生组成 18 支“青年红色筑梦之旅”实践小分队，入驻北墘村、富竹村、白玉村，启动北墘孝文化馆设计、黄酒旅游伴手礼、白玉特色体育文化开发研究报告、村民导游员培训班、“筑梦·阳光”支教活动等 18 个项目，在提升乡村文化内涵、扩大乡村的知名度和影响力的同时，助推当地文化旅游等产业的发展，为当地精准扶贫提供智力支持。“青年红色筑梦之旅”活动是青年学生接受思想洗礼、传承红色基因、坚定理想信念的励志课堂，是一堂最大的思政课。校党委表示，要引导青年学子扎根中国大地了解国情民情，把美好的“青春梦”融入伟大复兴“中国梦”，努力成为创新创业、服务人民、建设美好富强国家的奋进者、开拓者、奉献者。

（三）校领导高度重视，持续推进社会实践育人

近几年，阳光学院在传统“三下乡”社会实践模式的基础上，以精准扶贫和

乡村振兴国家战略为切入点，以智力助农、文化扶贫项目为平台，逐渐探索并构建了以人才培养为核心、以服务社会为抓手、以文化传承创新为主线、以促进科学研究为支撑的四位一体“三下乡”社会实践模式。校领导班子、分管校领导都积极鼓励大学生充分运用自己的专业知识，投身“三下乡”社会实践，参与乡村振兴战略，开展“青年红色筑梦之旅”，为乡村的精准扶贫贡献出自己的力量，切实助力乡村经济的发展，这也是阳光学院培养为社会服务的应用型人才的表现，社会实践也充分发挥了青年大学生应有的智慧与力量，更加接地气地帮扶村民，让农村富裕、兴旺、美丽和高度文明。自2017年起，校领导班子与学生一起先后多次赴屏南北墘村、仕洋村等，积极引领屏南县乡村振兴的相关实践，全力助推屏南乡村振兴项目的开展，在与屏南县北墘村文化助农项目良好合作的基础上，校党委又提出要与屏南县加强合作，进一步深化精准扶贫项目开发，开辟新的扶贫点。阳光学院发挥高校的社会服务功能，利用学科专业优势，进行文化扶贫、智力助农，同时进一步提升阳光志愿服务特色，助推乡村发展。高校以习近平新时代中国特色社会主义思想为指导，全面贯彻党的十九大和十九届二中、三中全会精神，深入落实广大青年大学生投身乡村振兴战略的行动部署，围绕庆祝中华人民共和国成立70周年、纪念五四运动100周年等重要契机和学校人才培养目标，以立德树人为根本，进一步促进社会实践与学生思想政治教育、专业学习和就业创业紧密结合，让实践成果“看得见”“摸得着”。阳光学院一任接一任的领导亲力亲为，组织和引领广大青年大学生以实际行动服务乡村振兴战略，助力脱贫攻坚，勇做担当民族复兴大任的时代新人。我们应以上好“行走的思政课”为工作目标，动员学院各级党政领导干部、党务工作者、共青团干部、辅导员、各专业教师带队深度参与实践，帮助广大学生在社会实践中经受思想洗礼、锤炼意志品质、体悟知行合一，用实际行动践行社会主义核心价值观。

二、思政课与业务教师带队指导社会实践活动

思政课社会实践教学是大学生深入社会，了解国情，增长才干，培养品格的重要途径，是理论联系实际，提高思政课实效性和针对性的重要教学环节。实践教学环节对思政课的意义和作用是多方面的：有利于同学们更多地接触和了解社会，提高分析和解决问题的能力，找到人生理想、信念和价值的正确取向；有利于同学们对所学知识的复习、运用和思考，亲身体验社会各行各业对人才和人才素质的具体要求，激发学习的动力，改善自身的知识结构；有利于同学们自我教育和塑造健全人格，培养集体观念、团结协作精神，养成独立、

坚毅、果敢、吃苦、乐观等良好的行为习惯和性格。

(一)推进思政课程实践育人

在学校思想政治理论课教师座谈会上，习近平将思想政治理论课称为“关键课程”、“不可替代”的课程，这是对思想政治理论课的精准定位。推进思政课程实践育人，首先，要提高思政课教师自身的理论素养和实践能力。思政课实践教学要求教师不仅要有良好的思想政治素质、扎实的理论功底，而且要具备较强的组织能力和实践能力，这样才能有效地组织各种实践教学活动，并不断探索思政课实践教学的新方法和新思路。因此，一方面，教师要通过自学、参加学术交流、理论培训等途径，加强自身理论学习，尤其要加强经典著作和中央有关重要文献的学习，夯实理论基础；另一方面，教师要主动接触社会，积极参加乡村振兴等活动，深入实际，了解国情、省情，开阔视野，不断丰富自身的社会阅历和实践经历，增强素质和能力，进而科学合理地设计和指导学生的实践活动。其次，完善思政课实践育人教学体系。高校要结合思政课的教学内容和教学特点，采取多样化的实践教学形式：一是采取思政课课堂实践教学形式，通过辩论、讨论等教学方式，加深同学们对理论知识的理解和对社会热点及现实问题的认识；二是采取思政课第二课堂(校内)实践教学形式，注重日常校内实践，并通过学院的网络平台，加强师生互动，提高同学们的参与程度，培育学生的综合素质；三是采取思政课社会服务实践教学形式，通过同学们的专业知识优势，进行文化扶贫、智力扶贫等实践活动，服务社会，增长才干；最后，建立相对稳定的社会实践教学基地。开展实践教学必须有一批稳定的实践教学基地。建设好校外教学基地，营造良好的教育环境是实施思政课实践教学环节的保证。高校要结合自身学科特点、学生状况，主动与爱国主义教育基地、城市社区、农村乡镇、社会服务机构等加强联系，本着双向受益的原则，从地方建设发展的实际需求和大学生锻炼成长的需要出发，建立一批以经济社会发展典型、优秀文化遗址、博物馆、纪念馆、革命旧址为依托的爱国主义和革命传统教育基地，以城市社区、农村、残疾人联合会、福利院等为依托的社会服务基地，以美术院、舞蹈中心、心理协会等为依托的素质教育基地，使学生受锻炼，当地见效益。教师通过不断地推进思政教学应用型和实践性改革，激发学生学习兴趣和提高教学的实效性，让学生从内心真正认可和喜爱思政课。

(二)推进课程思政实践育人

习近平在2019年召开的学校思想政治理论课教师座谈会上指出：“思想政治理论课是落实立德树人根本任务的关键课程”“思政课作用不可替代，思政课教师队伍责任重大”。同时，习近平还提出思想政治理论课改革创新要坚持“八个相统一”，其中包括“要坚持显性教育和隐性教育相统一，挖掘其他课程和教学方式中蕴含的思想政治教育资源，实现全员全过程全方位育人”。这是自2016年习近平在全国高校思想政治工作会议上提出“使各类课程与思想政治理论课同向同行”以来，对推进思政课程与课程思政有机结合的再次强调。高校思想政治教育中的隐性教育是无意识、间接产生影响与作用的教育活动和教育方式，强调的是学生在正规课程之外受到的无形教育，涉及文化层面、校园环境、物质层面、管理制度层面和教育教学过程中的互动交流环节。课程思政的隐性教育主要指的是通过各种专业课程、专业课堂和教学方式中蕴含的思想政治教育资源进行的教育教学活动，如同春风化雨润物无声，实现思想和价值引领，实现立德树人的目的。课程思政隐性教育具有榜样示范性、交流平等性、知识专业性和方式灵活性的特点，可以弥补思政课程显性教育的一些局限。如此才能充分体现出课程思政隐性教育与思政课程显性教育所具有的目标追求一致性、教育教学方式接近性和教育教学效果互补性，以利于构建学校思想政治教育同向同行的课程生态共同体，在立德树人、培育时代新人上实现相互促进、相互补充、相辅相成、相得益彰。① 课程思政实践育人是把教师的政治态度、政治认同融入专业课程的教育教学中，寓价值观引导于知识传授之中，通过知识和技能传授，使学生在渴望求知的兴奋、愉悦和暗示下接受熏陶，启发学生的自觉认同，产生共鸣与升华，达到潜移默化的效果。课程思政教育没有统一模式，需要结合各种专业、各门课程的具体实际去探索适应，更需要思政课程的方向性引领。推进课程思政，要落实习近平在学校思想政治理论课教师座谈会上提出的要求，完善课程体系，解决好各类课程和思政课相互配合的问题。

（三）“育人共同体”大思政不断推进

学校所有的教育教学工作者都肩负着育人的光荣使命与崇高职责。全国高校思想政治工作会议强调的全程育人、全方位育人，其前提就是全员参与、全员育人。思政课程和课程思政有机结合的一个重要方面，是从事思政课教育教学的教师，兼职担任形势政策课教育教学的党政干部、辅导员，以及从事专业课程教育教学的广大教师，能够做到相互配合，真正同向同行，形成育人共同体。在学校思想政治理论课教师座谈会上，习近平提出“推动思想政治理

① 于向东.围绕立德树人根本任务，探索思政课程与课程思政有机结合[N].光明日报，2019-03-27.

论课改革创新，要不断增强思政课的思想性、理论性和亲和力、针对性”的要求，系统阐述了思政课改革创新中需要坚持的八个“相统一”，揭示了思政课有效教学的关键，是提升思政课教学质量应当遵循的方法论。落实好这些要求，需要我们的教学在深、实、新、活上下大功夫、下足功夫。教师要以透彻的学理分析说服学生，实现思想政治理论教学与哲学社会科学及相关自然科学知识传授的系统对接，实现价值引导与知识教育的深层融合。专业课程教育教学的教师也需要结合专业发展的需要和规律，拓展学生可持续发展的生存和生活能力，实现全面成长成才。思政课教师和专业课教师都要注重培育学生的独立思考能力、创新创业创造能力、文化素质、人文与科学精神、协作精神、沟通和交流的能力。高校的自然科学、哲学社会科学各专业教师，应自觉肩负起立德树人的职责和重任，这样才能实现思想政治教育主体的最大化。对于哲学社会科学专业来说，育人与育才的功能和职责结合更为紧密。习近平提出：“要实施以育人育才为中心的哲学社会科学整体发展战略”，这是对高校哲学社会科学专业发展的总体部署，也体现出了对高校专业思政与课程思政的具体要求。无论是思政课教师，还是专业课程教师，不仅要有全员参与的积极性，还要自觉按照习近平提出的“四有好老师”的标准，做“四个引路人”，做到“四个相统一”，引导学生做到“四个正确认识”；自觉按照习近平在学校思想政治理论课教师座谈会上提出的“八个相统一”等要求，引导学生成长成才，成为担当民族复兴大任的时代新人。高校要抓住关键少数，以点带面，树立榜样和典型，发挥他们对其他教师的带动示范作用，更好地推进思政课程和课程思政工作取得实际成效。

三、大学生积极参与乡村振兴实践活动

近年来，阳光学院积极响应国家乡村振兴战略号召，落实立德树人根本任务，发挥跨学科多专业的智力资源优势，组建了青年红色筑梦之旅百人团，将“青年红色筑梦之旅”活动和暑期“三下乡”社会实践活动充分结合，文化兴村助推乡村振兴实践，专业下乡助推乡村振兴实践，兴农项目助推乡村振兴实践。他们深入福建 40 多个乡村，开展智力文化助农项目近百项。

（一）文化兴村助推乡村振兴实践

乡村振兴，文化先行。乡村振兴过程中，我们需要审视乡村的历史和文化，塑造乡村价值，建设乡村的文化自觉和自信。传统乡村文化具有凝聚、同化、规范社会群体行为和心理的功能，在相当长时期内能稳定地延续，是民众的精神家园，对社会的稳定起着不可估量的作用。阳光学院艺术系文化兴村

助推乡村振兴实践，让艺术走进乡村，将美育传入万家。以赴屏南广场舞开发与培训项目与北墘村墙绘策划与指导项目为例，实践队学生为将舞蹈与果蔬文化更好地融合在一起，从场景、服装等方面入手不断创新，学习各地的广场舞表演艺术并将其与仕洋村当地果蔬文化特色相结合，进行广场舞舞蹈的艺术编排，打造出一支以“果蔬文化”为主题的舞蹈队，将其发展成当地旅游特色看点。将舞蹈与果蔬文化更好地融合在一起，学生不断创新，尝试了在田边进行舞蹈视频的拍摄，并用当地新鲜果蔬进行舞台布景，把“果蔬文化”的主题与舞蹈艺术在场景、服装等方面的点缀有机结合，让舞蹈具有当地特色，打造了一支属于仕洋村的舞蹈队。北墘村墙绘策划与指导项目实践队，通过专业绘画将北墘的传统文化全部印于墙上，打造漫画墙项目，壁画浓缩了北墘黄酒文化的精华，为北墘村又添加了一道亮丽的文化风景线，只要有游客来到北墘都能够通过这幅壁画感受到北墘的黄酒文化底蕴，它给整个村子的文化建设带来了显著的变化。

（二）专业下乡助推乡村振兴实践

乡村振兴是一盘大棋，要把这盘大棋下好，就要用人才发展、专业发展引领乡村振兴实践。我们要通过汇聚“外脑”力量，实现“孵化”心系故土、心向农村、心爱农民的优秀本土人才队伍，实现可持续发展的有内在动力的乡村振兴之路。以阳光学院人工智能学院赴屏南白玉助推村民导游培训班项目实践为例，人工智能学院组织实践队前往白玉村开展导游培训班的目的是让村民成为一名掌握基本导游技能的乡村导游员，开发民宿、餐饮、休闲体验等综合性产业，使得白玉村能够从旅游方面的单个领域发展延伸到综合领域发展，促进村庄经济发展，落实乡村振兴重担。专业下乡课程有“导游解说与演讲技巧”“旅游活动中的讲解与学习”，它们从导游必备技能、演讲技巧等方面来向学员介绍旅游基础要素。“导游员形象设计”从姿势、行走、穿着等几个方面向学员展示导游在旅途中解说时应要注意的仪容举止。“旅游解说词的讲解与应用”结合旅游实际情况，现场模拟遇到的问题，并教会学员该如何将话题切入到乡村特色中。“如何做一名优秀导游员”介绍了第一印象、服务以及解说技巧的重要性。创新是乡村建设的战略支撑，必须发挥其关键作用。培训班不仅仅要培训导游技巧，还注重他们的创新思维。通过此次导游培训班的学习，这不仅培养了乡村导游员，培养了乡村振兴的带头人，而且锻炼了学生的实践能力，提高了学生的综合素质及应变能力，还增强了学生的社会责任感，并且将“三下乡”活动作为我校党员、共青团员的一个社会实践阵地，跟着党的步伐将乡村振兴落实到位，促进了社会经济的发展。

(三)兴农项目助推乡村振兴实践

中国是农业大国,重农固本是安民之基、治国之要。党的十八大以来,习近平同志反复强调,农业强不强、农村美不美、农民富不富,决定着亿万农民的获得感和幸福感,决定着我国建成全面小康社会的成色和社会主义现代化的质量。阳光学院赴屏南富竹助推民宿项目实践是兴农项目助推乡村振兴的体现。商学院富竹村民宿项目将富竹村村民叶常产家的一楼作为民宿的试点样板房。为保留民宿的本土风情,大部分物品就地取材,选用传统村落常见的物品和当地富有特色的物品进行创新设计装饰,突出“家”与“乡愁”的主题,营造“回家”的感觉。客栈标志(logo)以“贤文化”为概念,以绿色为基础,以本土风情为依据:用竹子、竹叶和萤火虫作为背景,寓意着富竹村美好的“绿色生态文明”;将客栈名称运用到标志(logo)上,采用草书字体“常”进行设计,使得结构简省;将富竹特色与民宿主题结合,呼吁出门在外的游子常回家看看。国家乡村振兴战略,要实现“三个让”——让农业成为有奔头的产业,让农民成为有吸引力的职业,让农村成为安居乐业的美丽家园。阳光学院依据特色小镇培育特色鲜明的产业形态、和谐宜居的美丽环境、彰显特色的传统文化、便捷完善的设施服务、充满活力的体制机制。全体党员师生因地制宜,充分调动当地特色元素,推出农业生态观光游、农耕农事体验游、水果采摘游、中草药药膳养生游等,精准促进农业增效、农民增收,助推农业旅游的发展,谱写仕洋农业扶贫新篇章。

第三节　阳光学院社会实践努力服务乡村振兴

社会总是在发展的,新情况新问题总是层出不穷的,其中有一些可以凭老经验、用老办法来应对和解决,同时也有不少是老经验、老办法不能应对和解决的。如果不能及时研究、提出、运用新思想、新理念、新办法,理论就会苍白无力。理论创新可大可小,揭示一条规律是创新,提出一种学说是创新,阐明一个道理是创新,创造一种解决问题的办法也是创新。阳光学院师生以问题意识为导向在社会实践活动中积极服务新农村建设。

一、地方特色文化调研实践服务乡村振兴

任何思想理论,只有与实际紧密联系,才能得以更鲜活地表达、更生动地阐述,才能从抽象走向具体,更有力地“开悟”人。加强乡村实践活动调研,结

合应用型人才培养开展调研实践，在特色文化传承与发展中推进实践育人可以有效地培育学生“迎战问题”的实力和底气。这可避免教学中由概念而概念、从理论到理论的枯燥，避免将本来鲜活的理论从生动的现实中剥离开来，流为远离生活的思维演绎。

(一)加强乡村实践活动的调研工作

理论创新始于问题，问题是时代的声音，是实践过程中不断涌现的新矛盾。从理论发展史来看，世界上伟大的理论成果都是在回答和解决人与社会面临的重大问题时创造出来的。历史也表明，社会大变革的时代，一定是理论大发展的时代。当代中国正经历着我国历史上最为广泛而深刻的社会变革，也正在进行人类历史上最为宏大而独特的实践创新。这种前无古人的伟大实践，为理论创新提供了强大动力和广阔空间。大学生思维活跃、朝气蓬勃，但是对历史的把握、对现实的理解需要亲眼看见、亲身体会、亲自参与到国家的变化当中，才能感受 70 年的伟大历程与生动实践，才能更好地感悟每个人心中的中国梦，体悟青年一代的使命担当。2014 年，商学系由三名学生、三位老师组成的调研小组来到福建省规模最大的黄酒生产企业惠泽龙酒业公司，通过现场参观文化创意园，在充分了解惠泽龙酒业的发展历程、生产规模和企业文化时发现了问题：福建省宁德市的屏南县旅游资源十分丰富，屏山毓秀，汾水钟灵，但屏南县所蕴藏的独特的“黄酒文化”并未被外人所熟知。针对这些问题，同学们写了一份富有价值的调研报告并递交给当地政府，得到了屏南县委书记的认可。随后解决问题模式开启：企业发挥主体作用，政府予以积极支持，将惠泽龙黄酒生产、加工、市场、文化、品牌等各项工作推上新台阶。此次调研报告在构思和撰写中分析数据和可行性用到了“扎根理论知识”新方法。同学们将课堂所学融会贯通，知行合一。

(二)结合应用型人才培养开展调研实践

阳光学院近年来紧密契合福州优势产业，不断优化学科专业布局，使专业课程与行业发展方向合拍，80%以上的专业主动服务地方产业转型升级。学校先后组建了 5 大服务产业专业群，其中 2 个专业群入选福建省示范性应用专业群。它与福建省相关企业共建 7 个产业学院，开展企业需求进课程、学生实践进岗位、行业专家进课堂、产品研发进学校，及时将行业标准、职业标准、企业最新案例融入课堂教学，引导企业深度参与人才培养。理论创新不仅要以实践创新为基础，还要发挥科学的指导作用“反哺”实践。2017 年阳光学院文传系师生奔赴北墘村，分成 5 个小分队展开“文史调查、生态调查、自然调查、传奇调查、民艺调查。他们围绕村子3A景区的打造以及第二届黄酒文化节的策划内容开展调研实践，从APP和公众号的开发运营、特色美食、黄酒文化品牌、企业短片等细致内容对北墘村文化旅游产业的发展做出分析，着重从“文创惠农　助力旅游”的角度打造品牌建设，明确了北墘村未来景区的规划目标，确定了黄酒文化节的开展定位与设计方向。教育家潘懋元先生说，“教育必须与社会发展相适应”，人才培养旨在适应新时代、新形势要求，深化教育教学改革，创新人才培养模式，提高人才培养质量。调研实践教学是“活”的，方法是活的、话语是活的、形式是活的。教师在发挥教学实践过程主导作用的同时，充分激活学生学习的主体性，使学生成为活跃的发问主体、积极的思考主体、主动的探索主体、自觉传播主体和践行主体。有了学生学习主体性的有效激活，教学实践才会有交流互动、心灵对话、思维碰撞、情感共鸣，才能收获学生发自内心的成就感和幸福感。教师在调研实践中深度关注学生、研究学生，了解学生认知学习、成长发展、信息接收的特点和规律，掌握学生关注的热点、心中的疑点、思想引导的着力点，从而以学生为中心有针对性地进行教学设计。

(三)特色文化传承与发展推进实践育人

落实立德树人根本任务需要传承传统文化基因，培养青年学生的文化自信，培养青年大学生的思想认同、理论认同、情感认同。长期以来，由于乡村人口不断流失，民间手工艺的传承面临着严峻挑战。阳光学院开展乡村传统手工艺教学课程，一方面有利于学生了解传统手工艺，增强大学生对中华民族传统文化的认同感与自豪感；另一方面，手工艺文创产品的开发有助于推进乡村旅游的发展。特色文化传承推进农村地区实施传统工艺振兴计划，培育形成具有民族和地域特色的传统工艺产品，促进传统工艺提高品质、形成品牌、带动就业。推动乡村文化产业融合发展，采取“文化＋产业＋旅游”的发展模式，积极产生叠加效应，助力贫困村和贫困人口脱贫致富，促进村民增产增收，让村民的“钱袋子”鼓起来。代溪镇将加大与阳光学院文化创意相关专业的合作力度，让更多的乡村手工艺人走进课堂，也欢迎更多的大学生到农村去。2018年由人文与传播学院带领的北墘文创乡村振兴师生团队一行走出阳光校园，来到传统古村落屏南县北墘村，开设传统手工艺课堂，提取当地特色的文化元素，进行文化创意调研与开发。竹编手工艺人亲临实践课堂教学编制技法，剖丝、切丝、刮削、磨光、编结，竹编的每一个步骤，孙老都做得严谨、细腻。同学们从细节入手，认真钻研，活学活用，并将竹编作品赋予自己的创意元素，作品栩栩如生。

二、耕读文化建设实践服务乡村振兴

乡村是中华优秀传统文化起源和壮大的沃土，中华民族上下五千年所沉淀下来的丰富文化底蕴，很多都源于传统的农耕文化。乡村振兴，既要塑形，也要铸魂，只有不断地坚定广大农民群众的文化自信，始终坚持以中国特色社会主义先进文化为引领，积极尊奉、坚守中华优秀传统文化精华，才能汇聚起一股强大的精神力量，实现乡村全面振兴。

(一)开发屏南耕读文化实践项目

耕是衣食之本，读是进取之道。开发屏南耕读文化魅力，增进乡土认同，重拾对土地和自然的尊重。屏南耕读文化博物馆坐落在有千年历史的中国历史文化名村——福建省屏南县漈头村，退休老人张书岩于2009年借助地方特色文化资源，修复了12座明清古民居建筑，设立了历史文物博物馆、农耕文化博物馆、耕读文化体验馆和清风正气史鉴馆等，收藏明代以来各种民间文物逾3万件。耕读文化是中华传统文化的重要组成部分，漈头古村被称为屏南"四大书乡"之首。阳光学院师生分赴屏南县各地开展屏南古村落开发与保护、屏南美食文化、屏南文化绘图、漈头中国历史名村调研开发耕读文化实践项目。中华优秀传统文化是中国最深厚的软实力，实现中华民族的伟大复兴，其中一个方面就是中华传统文化的传承创新，大学生作为新时代前行中的生力军，有义务肩负起弘扬优秀传统文化的责任。意识形态不是孤立的上层建筑，党的理论创新根植于中国实践。大学生的思政教育就必须用好"中国故事"，在国家历史性变革的生动实践中，在大学生习以为常的历史传承中，去挖掘鲜活的素材，论证理论的科学性和时代性，帮助大学生在正确的社会观察和历史纵横比较中，更深更好地理解马克思主义为什么"行"、中国共产党为什么"能"、中国特色社会主义为什么"好"。

(二)开展传播屏南传统耕读文化实践活动

我国广袤的农村地区，生活着数以亿计的农民，他们的生活变迁是几千年来中国农村社会经济发展的缩影，许多地方仍然传承着优秀的乡村文化和农业文明，仍然保留着传统的民间民俗和耕读治家的精神。通过挖掘、整理、提炼和宣传，这些可以丰富乡村振兴内涵，提升乡村振兴品质，增强乡村的吸引力。阳光学院师生积极开展传播屏南传统耕读文化实践活动，到屏南县漈头村的耕读博物馆筹备展览，与村民们同吃同住。从3万多件清、民国以来的闽东地区耕读文化民俗物件中，挑选出近300件代表性精品进行展出。"耕读乐扬家风”福建高校巡回展首站在阳光学院。选择主题、设计方案、挑选展品、布展都是由学生自己完成的。巡回展共分为：士林硕望（乐读文化板块）、春华秋实（乐耕文化板块）、藏轩（民俗奇物板块）、墨香居（耕读人家房间板块）四个部分。习近平曾为乡村振兴战略指明了5个具体路径：推动乡村产业振兴、乡村人才振兴、乡村文化振兴、乡村生态振兴和乡村组织振兴。通过巡回展的形式帮助农民自办博物馆优化升级，学生在整个过程中亲近鲜活原生态的中华传统文化，陶冶了身心。同时，这也提升了学生的实践能力，并将之内化为学习及生活的方方面面，让中国优秀传统文化和民族精神融入自己的内心。在得民心、促和谐、求稳定、谋发展、共和平的世界大发展下，师生共同传承中国优秀传统文化，弘扬中华民族精神。

（三）开发耕读文化实践项目服务乡村振兴

阳光学院是福建省首家成立乡村振兴战略研究所的非农高校。阳光学院屏南项目创造了跨学科多层次的研究平台，也为乡村振兴研究所的成立提前做好坚实铺垫。乡村振兴研究所将与阳光屏南项目实践活动进一步结合，通过研究人员对阳光屏南项目村落的长期跟踪服务，不断获取最鲜活的一手资料来支持研究的开展。除建设乡村振兴研究所提供人才支持服务外，学院还要进一步深化拓展校地帮扶合作，强化理论科研成果的转移转化，助推乡村产业发展升级。为凝聚起乡村振兴的精神力量，阳光学院开发耕读文化实践项目，加强对乡村文物古迹、传统建筑以及民间文化活动场所等的保护，加强对乡村非物质文化遗产的保护、传承与发展，借助现代科技手段、现代文化创意设计表现乡村传统文化，将各式乡村文化加以合理地引导，融入文旅发展，不断激发乡村文化活力。其坚持做“活”乡村文化，育“实”乡风文明，将社会主义核心价值观和中华民族乡村优秀传统文化广泛融合，推进乡村文化建设，传承和弘扬乡村优秀文化，为乡村全面振兴提供精神滋养和价值引导，展现乡村文化自信和时代魅力。

三、学前教育实践活动服务乡村振兴

百年树人始于幼学。学前教育是终身学习的开端，是国民教育体系的重要组成部分，是重要的社会公益事业。办好学前教育、实现幼有所育，是党的十九大作出的重大决策部署，是党和政府为老百姓办实事的重大民生工程，关系亿万儿童的健康成长，关系社会的和谐稳定，关系党和国家事业的未来。

（一）学前教育实践项目的重要性

学校要以习近平新时代中国特色社会主义思想为指导，全面贯彻党的十九大精神和党的教育方针，认真落实立德树人根本任务，遵循学前教育规律，牢牢把握学前教育的正确发展方向，完善学前教育体制机制，健全学前教育政策保障体系，推进学前教育普及普惠、安全优质发展，满足人民群众对幼有所育的美好期盼，为培养德智体美劳全面发展的社会主义建设者和接班人奠定坚实基础。学前教育学院积极响应阳光学院向应用型高校转型的发展目标，充分利用阳光控股的资源优势和阳光幼教集团的幼儿实体平台，开展深度的产教融合，形成“产教共同体”。为达成学前教育人才链与产业链的无缝对接，学前教育学院构建“校企合作、滚动实训、双师培养”的人才培养创新模式，实现“理论学习、实训实习、顶岗实习”的人才输送通道，为培养“未毕业能上岗、一毕业能定岗”的学前教育专业人才提供了保障。学前教育是终身教育的奠基阶段，是国民教育的组成部分，是一项重要的民生工程。在新时代背景下，学前教育不仅限于幼儿教育，还将以更开拓的视野服务大众。为服务更广大人民群众，阳光学院学前教育学院现承担社会服务项目，包括园长预科班、园长证培训、奥尔夫音乐培训、蒙特梭利师资培训、父母学苑等。目前，园长预科班项目已取得阶段性成果。同时，学校以坚定、笃实的步伐践行“公益办学、回馈社会、创百年名校”理念，与时俱进建设教育、研究、实践和孵化四大平台，探索基于院校“服务＋”特色的人才培养模式。

（二）学前教育实践项目的系统性

学前教育是终身教育和发展的基础，同素质教育的内在价值一致：“德育为先、全面发展、面向全体、知行合一”。学前教育需要将爱与信仰融进情境教育，将科学的教育理念转化为可操作的规范系统，内化为儿童终身受益的习惯和稳定的心理倾向。(1)保证基础设施和教学资源的丰富齐备和有效使用，多功能展览室配备有投影仪、矮书架、展览柜、桌椅等，具备展览、观摩学习与交流的功能，供学前教育学院师生优秀作品展出、师生荣誉展出、存放学前教育专业相关儿童绘本以及专业影片观赏等使用。(2)婴幼儿保健与保育实训室。婴幼儿保健与保育实训室配备有教师演示台、儿童护理模拟人、幼儿各器官模型、儿童护理台、医务办公桌、婴儿床、喂食椅、洗手池、幼儿保健食品模型、教具收纳柜等，可供学前卫生与保健、学前健康领域教育与指导教学使用，并可开展包括幼儿疾病预防与护理、幼儿膳食管理实训、幼儿体格检查与评价、婴幼儿保育、托幼机构卫生消毒、托幼机构安全急救等幼儿园教师必备幼儿保健及保育技能的实训项目。(3)教玩具设计与制作实验室。教玩具设计与制作实验室配备有多媒体设备、教具收集柜、作品展览柜、展览板等，并购置了学前领域经典教玩具——福禄贝尔教具、蒙氏教具、五大领域教具及教玩具手工制作工具等，供师生进行幼儿教玩具的学习、操作、设计及制作使用。(4)幼儿环境创设实验室。幼儿环境创设实验室配备有触屏教学用电脑、儿童桌椅、置物架、玩教具等，并布置了多个区角，如图书区、娃娃家、美工区等。学生可在这个拟真的幼儿园教学空间里最大限度地进行真实的幼儿园环境创设。(5)幼儿音乐与律动实验室。其地面选用木质地板，底层做防震，教室内做隔音，配备有镜面墙、地柜、把杆、地垫、储物柜、音响设备、鼓类乐器及奥尔夫打击乐器等，可以开展拟真的幼儿园音乐教育、体态律动与练习活动。作为乡村人才振兴的重要支撑，学前教育到底"育"什么，"育"的质量很关键，应按照幼儿自然的规律去发展、去成长。

（三）学前教育实践项目助力乡村振兴

全国政协委员、西北师范大学校长刘仲奎在谈农村地区幼儿优质学前教育对加快城镇化进程和乡村振兴的重要性时强调："学前教育工作做得好，从某种程度上就解放了劳动力，这些孩子的父母亲有更多的时间和精力在当地开展一些工作，这实际上也能够把人才留在乡村，对乡村振兴有促进作用。"2019年6月，屏南北墘书艺童年幼儿创意绘本艺术体验营活动开启。学生们知行合一，开展了幼儿带动唱、创意绘本阅读"跑跑镇"、创意国学游戏"弟子规"、我是柯南"小侦探找线索"等活动，通过鲜活的情境教学游戏将系统的理论知识应用在现实的土壤里，助推乡村振兴。幼儿创意美工，利用"水油分离"的创新方法启发儿童心智。学前教育不单指幼儿园教育，家风教育对农村幼儿素质提高也尤为重要。6岁前的学前教育不属于义务教育，尤其是0至3岁的幼儿教育大多依托家庭，在农村多为隔代抚育。针对此问题，乡村振兴北墘书艺童年幼儿创意绘本艺术体验营也开展了家长讲座，向家长们普及幼儿学前教育的知识及重要性，做到全方位系统育人。此次社会实践，让智慧的种子深植于北墘村幼儿的心里。治贫先治愚，扶贫先扶智。教育扶贫有利于阻断贫困代际传递，更需精准化。乡村学前教育是改变生命的精准扶贫，阳光学院的学前教育学院在推进乡村学前教育发展的道路上迈出了坚实的步伐。在学院的专业化平台的支持下，北墘村学前班能带给当地幼儿不输给城市孩子的良好教育。社会实践和红旅项目活动为广大青年学子提供了"寻梦"的平台，通过深入基层实践和探索，增长了学生们的社会见识，锻炼了学生们的才干，培养了学生们的社会责任感，提高了学生们的综合素质能力，也有效地活化了阳光学院的应用型人才培养模式。

第四节　阳光学院开拓乡村振兴实践育人项目

为深入贯彻党的十九大精神和全国教育大会精神，落实思政课程与课程思政，以及乡村振兴的“融合”，阳光学院力推学校深入服务乡村振兴的战略实施，制定了有关思政课程与课程思政在实践育人的同时服务乡村振兴的相应策略。因此，在服务乡村振兴战略大背景下，阳光学院既重视课堂教学活动的管理，也关注师生在课外实践活动以及互联网大背景下整个网络空间阵地的建设，只有实现上述三个课堂的有机融合，协调各方联动，才能够充分发挥社会实践育人在实际操作中的整体性效果。近年来，在阳光学院师生的共同努力下，他们分别开展了建设黄酒特色文化小镇助力乡村振兴项目、建设仕洋果蔬特色小镇助力乡村振兴项目、建设村头村彩福特色小镇助力乡村振兴项目等主要项目，效果显著。

一、建设黄酒特色文化小镇助力乡村振兴项目

习近平在全国高等学校思想政治工作会议上高度强调“要用好课堂教学这个主渠道，思想政治理论课要坚持在改进中加强，提升思想政治教育亲和力和针对性，满足学生成长发展需求和期待，其他各门课都要守好一段渠、种好责任田，使各类课程与思想政治理论课同向同行，形成协同效应。”同时，2018年教育部印发了《高等学校乡村振兴科技创新行动计划(2018—2022)》的通知指出：“实现乡村振兴战略，作为党和国家做出的重大决策部署，是决胜全面建成小康社会、实现建设社会主义现代化国家的重大历史任务，同时也是新时代“三农”工作的总抓手。”[①]作为国内知名的民办高校阳光学院，从习近平的这一段话以及乡村振兴战略背景要求中概括出如下思路：将思政的元素在乡村振兴战略背景下融入民办院校育人实践是实现其愿景的重要阶段，是服务乡村振兴的必由之路，重视育人模式的过程化、方位化、全员化，学校不仅重视学生第一课堂的专业知识讲授，同时还辅以第二课堂、第三课堂。[②]

课堂是培养高校大学生的重要“主阵地”，因此，教书育人是关键，着力将

① 中共中央国务院印发《乡村振兴战略规划(2018—2022年)》[N].人民日报，2018-09-27(1).

② 沈葳.“第三课堂”思想政治教育功能研究[J].思想教育研究，2016(7)：112-115.

其落实在课堂教学这个重要渠道上。我们从教育的手段来看，显性教育体现在思想政治理论课中包括如下几种：形势与政策、学生“两课”；隐性教育因素可以渗透在各个综合素质的培养过程中、专业课程的培养过程中以及一些通识课程中。学校根据不同专业的特色和授课对象的类型，也可以简单地将其分为自然科学课程和社会科学课程两大类。

隐性教育的实现机制分为两大类：第一种是综合素质的培养，即通常所说的通识课程；第二种是专业课程，即深入挖掘思想政治教育元素，开展有效的教育模式。阳光学院商学院力争做到每一门通识课程以及专业课程都能够具有社会实践元素，并且逐渐形成从“思政课程”到“课程思政”的有效跨越，这样我们最终可以看到“圈层效应”的形成。在构建当前具有乡村振兴背景的“社会实践”的体系中，我们既要明确目的又要因时因地制造不同策略，既要统一师生院校思想，又要有制度地灵活调整策略。

2018 年 12 月 22 日，在距离阳光学院 168 公里处的黛溪镇北墘村里，可谓是：“茅台镇里酒无味，凤髻山前家酿香！”阳光学院师生就在这里展开了一场黄酒文化节。建设黄酒特色文化小镇是阳光学院助推乡村振兴的重点项目之一。该项目主要由阳光学院和北墘村两委共同举办，其中黄酒节的内容包括：祭祖、赏福、斗酒、乡愁博物馆、小吃一条街、手工艺展、北墘书画展以及文艺演出等。针对该项目，阳光学院先后派出共计两百多人跨越文化传播、经济管理、影视传播、广告设计、计算机信息、音乐美术等多个专业的专业师生团队助力黄酒节的有效落实。阳光学院建设黄酒小镇旨在助推乡村振兴，内容上贴近学院专家的专业背景、学生专业需求和育人模式的有效途径，同时注重学校领导、当地农村“新乡贤”的协调作用。

在 2018 年 10 月份时，阳光学院师生就重视专业课程与学生社会实践工作的交叉结合，让学生在实践的过程中开始新的认识和感悟。例如，师生奔赴北墘村，分成五个小分队展开“文史调查、生态调查、自然调查、传奇调查、民艺调查”，并与当地村镇干部展开深入的座谈。北墘村分别在 2004 年和 2017 年被评为中国第三批传统村落和旅游特色传统村落，屏南县政府不断推行全域旅游，北墘成为最重要的示范村。北墘的特色，笔者将其归纳为以下几个方面：黄酒特色小镇、旅游特色村落、中医养生、美食疗养、文化产业创意特色项目、旅游展演等。其中，北墘的红粬制作黄酒酿造技艺更是被列为 2008 年福建省非物质文化遗产代表作名录。积极助力北墘村打造黄酒小镇是阳光学院智力助农的重头戏。

为了进一步推广乡土文化，阳光学院文传系师生已着手在做黄酒品牌运营、黄酒公众号运营、黄酒农村淘宝和北墘伴手礼、日用文创设计、农产品、黄酒食品等文创开发。阳光学院发挥专家学者的智囊优势和地方社会的有机结合，形成了有效的社会实践育人模式。自2006年以来，阳光学院屏南文化项目启动，涵盖了社会实践、文化扶贫、智力助农等多方面内容。目前，学校正助推屏南文化项目与学校专业群建设对接，多部门、跨学科，成为应用型人才培养模式创新的亮点内容。

二、建设仕洋果蔬特色小镇助力乡村振兴项目

从教育学的角度出发，德国著名的教育学家赫尔巴特就曾经提出过一个“教育性教学”的原则，这个原则意在说明教学如果没有进行道德教育，只是一种没有目的的手段；道德教育如果没有教学，则是一种失去了手段的目的。[①]因此，在每一门专业课的学习当中，教师都要重点体现育人目标和融入思想政治教育的有关因素。阳光学院商学院、艺术系等专业的师生则在教学内容上深耕细作，坚持“多位一体”的评价体系，重视学生的“获得感”，将学生在学习过程中获得的思想政治教育作为对学习效果的评价依据。阳光学院坚持立德树人，坚持把社会实践与立德树人紧密结合，把社会实践与思想政治教育紧密结合，达到实践育人的目的。

屏南县是福建省23个贫困县之一，屏南棠口镇仕洋村是传统的高山蔬菜生产基地，其传统农业的生产模式未能获得长足有效的发展。为助推乡村振兴战略实施，2017年年底，阳光学院在与屏南县北墘村文化助农项目良好合作的背景下，进一步深度合作，成立了仕洋项目智力助农团队，多次赴仕洋村实地调研，通过村情民情分析，提出“以果蔬文化为特色乡土文化，果蔬文化旅游开发为发展途径，创建果蔬文化特色小镇为发展目标，推动乡村振兴”的仕洋村发展战略。宏观上，阳光学院与屏南县政府的战略合作框架协议的签订，充分体现了阳光学院对屏南县工作的支持与肯定，学院致力于抓好机遇、主动作为，努力实现政校合作在屏南落地开花，以此进一步推动美丽乡村建设。学校将以“服务地方经济社会发展是现代大学的重要使命，建立全面的校地合作方式、协同发展的共同愿望”为契机，深化与屏南县政府的合作，按照“资源共享、优势互补、共同发展”的原则，进一步发挥阳光学院学科、人才等优势，加快落实各项工作的建设任务，将阳光学院建设成为服务屏南县发展的新型智库、

① 周草.“课程思政”背景下的高职院校实践育人体系构建探究[J].科技视界，2019(13):139-140.

特色研究与创新中心、服务地方的示范平台与合作纽带。

按照打造仕洋果蔬文化特色小镇的总体设想，阳光学院提出了四个重点目标，帮助仕洋村争当屏南乡村振兴的排头兵：一是以村民乡贤为主体，积极争取各种社会力量的支持，全面推进果蔬产业现代化、特色化发展；二是全面推进果蔬文化旅游发展；三是全面推进以“和”文化为核心的乡风文明建设；四是全面推进以旧村改造为模式的幸福社区建设。2019 年暑期，阳光学院组织了 32 个不同专业的百余名师生团队抵达仕洋村开展“三下乡”活动，全力助推第一批项目的开展。仕洋果蔬文化旅游开发的第一批项目包括果蔬文化漫画墙、果蔬文化体验大棚、栗子林素拓园、白溪冷湖水上体验园、仕洋果蔬文化导览体系、果蔬文化民宿、果蔬文化美食体验馆，果蔬文化广场舞、仕洋果蔬文化视频和果蔬文化周活动 10 个项目的策划与实施。阳光学院组建了 10 个小分队分别负责这些项目的推进，并与村委会联手举办仕洋果蔬文化周活动，集中展示了这些项目的策划方案和实施成果。

学生在这个过程中感触颇多，思考丰富，初步达到了理论思考与社会实践结合的育人模式成效，并且写下了当天的田野考查日记：仕洋村叶阿姨美食馆正式“开张”，形状各异的炸土豆饼、添加了蔬菜汁的面食、芋圆甜点……由当地果蔬制成的彩虹食谱令人垂涎三尺。村民叶雪梅早年在上海开小吃店，近两年，为了照顾年迈的母亲，她选择把小吃店搬回自己的家乡。“以前我只把做菜当作兴趣和谋生的手段，这段时间以来，学生们教会我色彩搭配和食材搭配，我才发现，原来做菜这么有学问。”叶阿姨说，我们的创意和建议给了她信心，她将努力发展这份事业，努力将它打造成当地标志性的“美食馆”。

从上述的描述中，我们可以深刻地感受到，乡村振兴普遍缺乏的一个资源是人才智力——高校有各种专业的人才资源，如何将这些资源有效利用，更加接地气地帮扶村民，让农村富裕、兴旺、美丽和高度文明，这是阳光学院推进乡村振兴与社会实践结合育人模式的主要目的。有效的助农服务最重要的是激发农民的积极性，高校和地方政府应该想办法利用当地的资源特色吸引人气，人口的引入机制自然就产生联动效益，村民们自然就有信心，也会带动乡村振兴形成有效模式。

从黄酒小镇的实践到仕洋果蔬文化特色小镇，阳光学院在传统“三下乡”社会实践模式的基础上，以精准扶贫和乡村振兴国家战略为切入点，以智力助农、文化扶贫项目为平台，逐渐探索并构建了以人才培养为核心、以服务社会为抓手、以文化传承创新为主线、以促进科学研究为支撑的四位一体“三下乡”社会实践模式。阳光学院积极发挥跨学科多专业的智力资源优势，在对屏南乡土文化进行调查的基础上，开展智力助农文化扶贫行动，先后实施了助推屏南漈头村设立耕读文化博物馆和助推北墘村创建黄酒文化特色小镇等项目，在形成很好的社会实践育人模式的同时，也有效地陶冶了青年学子的心智和能力。

三、建设村头村彩福特色小镇助力乡村振兴项目

村头村位于福建省宁德市屏南县西部，距县城 16 公里左右，距离阳光学院 176 公里左右。阳光学院智力助农项目团队先后到宁德市屏南县屏城乡村头、后井、前汾溪、厦地等村庄进行了暑期调研，响应和助推十九大提出的乡村振兴发展战略。前期主要调研了屏城乡村头等村庄的村民生活状况、产业发展现状，考察了这些村庄最近几年在美丽乡村建设等方面做出的努力和取得的成就。师生们通过对乡党委书记和村长以及部分村民的访问，了解了村民在生活、生产和青少年教育等方面存在的问题，以及乡镇对村庄发展的规划、村委会和村民对村庄发展的设想，并积极制定相关方案，为这些村庄的进一步发展提供助力。应该说，每次学校师生的到来都得到了县、乡、村有关干部和广大村民的热烈欢迎和大力支持。在进行了将近五六次实地调查和采访之后，调研小分队对村头村的实际情况有了更深入的了解，对村头村以发展福文化创意产业和鲜花产业为主体的发展思路有了更清晰的把握，尤其对来调研之前经过多次讨论的许多设想如何落地有了通盘的考量。

为了响应国家乡村振兴战略，阳光学院开展了“智力助农、文化兴村”系列活动，学生们在马克思主义学院老师的指导下，多次深入屏南村头村开展调研，结合村头村的自然条件和文化传统，提出了将传统文化与现代乡村振兴有机融合的发展思路。经过多次研讨和与村民的交流沟通，他们最终形成了将村头村的传统福文化和现代花产业有机结合起来的彩福特色小镇建设方案，这一方案通过将鲜花产业、福文化创意和生态旅游有机融合起来，促使村头村建设成一个福文化创意带动生态旅游的基地，实现乡村产业振兴、文化振兴、生态振兴和乡村治理有机结合，更加期盼实现村头村的全面振兴。这一方案得到了村头村民的高度认同，并已开始实施，从当前的实施情况来看，效果良好。村头村已被屏南推荐到宁德市参评先进振兴示范村。该项目高度结合了学生的专业课程以及思政教育的内容，起到寓教于乐、服务乡村的示范作用，它主要从以下几个步骤进行：首先，通过前期调研确认村头村特色产业，并形成以特色产业为中心的乡村振兴一般思路，确定把村头村建设成为乡村振兴示范园区，形成初步的建设方案；接下来，实地调研确认方案的可行性，撰写

《村头村彩福小镇项目计划书》初稿，再次深入村头村调研，交流计划书中各项目的详细方案，确立技术资金支持的来源和渠道，完善《村头村彩福小镇项目计划书》；最后，提交《村头村彩福小镇项目计划书》。

团队借助“乡村振兴”这一国家战略，充分融合了专业理论课程与社会实践内容，在屏南县村头村的项目实施过程中，成功实现了初步的效用，其主要凸显在三个方面：首先，三产融合推动经济发展。以鲜花种植、鲜花加工、福文化创意景观、生态体验等一、二、三产业有机融合的方式，推动村头村经济的发展。其次，以福文化宣传教育推动乡风文明和乡村建设人才建设。乡村振兴需要大量的人才，而现在乡村普遍存在教育资源严重不足的问题。因此，团队可利用村头村现有的小学校舍等资源，开展以福文化为主题的乡土文化教育以及乡村振兴人才培训。最后，组织福文化创意大赛等活动以积聚人气。团队以村头村自身的特色产业以及福文化创意景观为基础，开展福文化创意大赛，金婚、银婚婚纱拍摄等活动，积聚人气，带动第三产业发展。

建设村头村彩福特色小镇旨在借力十九大提出的“乡村振兴战略”这一东风，依托屏南县提出的全域生态旅游发展思路，基于村头村已经开展的美丽乡村建设的前期成果，验证如何让“福文化”与乡村振兴对接，助推构建“产业兴旺、生态宜居、乡风文明、治理有效、生活富裕”的村头村乡村振兴示范园区。基于上述的田野考查，师生们在这里展开了“福文化”的探索，力推助农的模式，形成阳光学院“四位一体”的“三下乡”教学育人模式，让学生从中受益，直面服务乡村振兴的“现场”，感受课程理论之外的切实魅力。

第五节　阳光学院社会实践育人活动成效显著

阳光学院在助推乡村振兴实践育人模式的过程中，积极探索从思政课程到课程思政的模式，对发挥课堂中育人教人起到主渠道作用，努力形成可借鉴、可复制、可参考、可推广的教学推广方案。高校应将思政元素不断融入学生专业课的课堂，将中华传统美德的德育元素贯穿整个教学过程，凝聚力量推进“课程思政”的学校整合力度，努力设计课程思政教学与服务乡村相结合的教学内容、教学模式和方法，推动全程育人，让大学的专业课中有“思政味”。阳光学院积极建立以立德树人为根本点，以大学素质教育为中心，以弘扬社会主义价值观为重心，以贯穿传统文化与现代社会相传承和创新的模式，结合专业课程的课程素养和学科要求，培育出具有健康的身心、有益的审美情趣、有效的国际视野的新时代合格接班人。

一、思政课程与课程思政通过实践活动实现立德树人

专业课程与高校中的思政课程一直都是“井水不犯河水”的两种课程，但是都有“守好一段渠，种好责任田”的共同追求。阳光学院在“思政课程和课程思政”的探索上，立足于学校的办学特色和办学定位，基于学校人才培养的专属特色，选择并制定特色教学方法，这是服务乡村社会、乡村振兴的保障，因此，实现高效的“思政课程”向“课程思政”的过渡，是充分发挥课程价值的教育功能，在上好普通的思政课程的同时，不断推进其他学科和专业发挥育人功能的重要举措。“课程思政”建设要靠教师去落实，推进以德育德、以智育德、以体育德、以美育德、以行育德的五维育德工程，尽可能广泛地把育人元素调动和利用起来，最终回归到立德树人、培养人才的根本任务上来[①]。高校应发挥专业课程应有的学科特色，提升学生在专业课程学习过程中的法制意识、文化自信、爱国情怀、公民职责等重要因素，将其转化成为社会主义核心价值观念，使其具有形象的个案和生动的载体，根据学生特色，形成阶段式的教学模式，推进高校思想政治教育在人才培养过程中的全面覆盖。正如马克思所说：“思想根本不能实现什么东西，为了实现思想，就要有使用实践力量的人。”

阳光学院通过教学改革等措施，定位“思政课程”到“课程思政”的育人功效，以课程思政融入多维体系，深挖思政的内在元素，以专业课与“乡村振兴”相结合的设计融合为载体，明确规范实施的途径。其努力构建课程思政的整体设计方案，显现出值得被推广、可复制、可借鉴的课程思政的整体设计模式、课程教案、授课计划、课程标准以及考核方案的课程思政共享的“阳光模式”。

明确主体职责，发挥引领和协同作用，建立专属的教学团队。高校的学生思想政治工作关系高校培养什么样的人才、如何培养人以及为谁来培养人的根本任务。阳光学院在同类高校中，率先将“立德树人”作为学校工作的中心环节，明确规定了“课程思政”建设中的主体职责，积极做好全校课程的整体规划部署。阳光学院建立了有效的“课程思政”改革领导小组，并且由学校党委书记亲自“挂帅”。学校教务处、人事处、教师发展中心、教育质量监测中心积极配合学工、研工和学校德育中心，有效发挥行政职能，学校各部门整合资源，为“课程思政”工作的实施、研究和创新提供技术支撑。

---

① 张楗，田小风.三全育人背景下“课程思政”实践路径对策研究[J].现代教育化，2019(4),48-49.

把握学生需要，找准学术定位，突破教学创新载体。阳光学院通过开展马克思主义理论学科（或者思政通识课程）与其他学科、专业的教学协同、校地协同、科研协同，形成了马克思主义理论学科协同创新的同频共振的模式。例如，阳光学院艺术系推进“双基地”建设，将思政教育融入艺术实践，美术学专业 2016 级绘画班全体同学在专业教师谭金平的带领下赴湖南师大驻插柳村进行艺术实践。作为首批省外写生的师生，他们参与了中宣部《思想的田野——精准扶贫　改变中国》湖南卫视栏目组的采访与拍摄。湖南师大驻插柳村帮扶工作队队长、村总支第一书记向全体师生讲授以“坚持以文化人助推脱贫攻坚”为主题的党课。在思政理论教育中，阳光学院积极地从“脱贫攻坚”“乡村振兴”“以文化人”“全面小康”四个词汇引出思政课主题，随后，围绕“文化＋产业”“文化＋教育”“文化＋党建”三个方面展开讲述。强调如何体现学校的帮扶特色是插柳村一直在努力的地方，扶智扶志比送钱送物更重要，一直以来，插柳村坚持发挥学校的人才优势、智力优势和文化优势，做到精准定位、因地制宜、综合施策，倾力打造融文化艺术与生态旅游为一体的“中国·绥宁插柳文化艺术园”。经过各方努力，插柳村于 2019 年 4 月脱贫摘帽，开始“美丽乡村”建设。在听完这堂课后，不少同学称之为“人生大课”。

二、形成大学与政府、乡村合作的社会实践育人模式

阳光学院在不断摸索“课程思政”的过程中，积极建构以“大学—政府—乡村”合作的育人模式。阳光学院充分发挥平台作用、理论支持、人才服务、技术创新等方面的资源优势，为屏南县乡村振兴建言献策、传智授技，使更多成果和项目在周村落地生根、开花结果。位于闽东山区的屏南县是福建省 23 个贫困县之一。从 2016 年起，阳光学院发挥跨学科多专业的智力资源优势，在屏南县开展了智力助农文化扶贫行动，先后实施了助推漈头村耕读文化博物馆和北墘村创建黄酒文化特色小镇等项目，取得了良好的社会效益。

从历史时间的维度到学校层面高屋建瓴的空间维度实现“思政课程”到“课程思政”，在服务乡村社会过程中要重视教学与育人功能相结合。经验告诉我们——其关键在于协同作战的工作机制。其一，在过去的几年中，阳光学院与屏南县开展了多次校地合作，高校为地方提供智力支持，地方为高校提供实践平台，教师与学生有实践的机会，乡村也获得了发展的机遇。阳光学院以培养复合型应用型人才为目标，不断探寻“乡土”特色的应用型人才培养的实践改革，课程不局限于校内课堂，致力于打造高校与传统手工艺的交互式课堂，依托美丽乡村作为文创开发的“第二课堂”，激发学子的创意灵感，寻找传

统文化元素。其二，学校成立乡村振兴研究所，该所是要进一步整合学校资源，丰富乡村振兴理论研究和科研项目，搭建“乡村振兴”的继续教育管理服务平台，功能是整合校内跨院系跨专业的教师教学资源，为乡镇干部和村干部进行组织机构和行政治理等方面的继续教育和培训等。乡村振兴研究所将在阳光学院原有的屏南智力扶贫项目开展的基础上，利用互联网＋、大数据技术，创新人才培养模式，为乡村申报旅游特色小镇、蔬菜特色小镇等专项战略项目提供智力保障和人才支持等服务。从 2010 年开始，两岸地方特色文化产业和社区研究也帮助其创造了很好的先行条件。今后，乡村振兴研究所将与阳光屏南项目实践活动进一步结合，通过研究人员对阳光屏南项目村落的长期跟踪服务，不断获取最鲜活的一手资料来支持研究的开展。例如，可以研究如何通过特色文化与中国传统文化的融合，推进乡风文明建设；研究如何通过文化元素的导入，营造高品位的农村幸福社区等。除建设乡村振兴研究所提供人才支持服务外，阳光学院还要进一步深化拓展校地帮扶合作，强化理论科研成果的转移转化，助推乡村产业发展升级，这是学校推进应用型人才培养的一个特色举措。

三、助力乡村振兴实践育人项目化、常态化

从“课程改革”实践育人的层面出发，我们可以看到，如若要建立一个“课程思政”的长效运行机制和协同创新引领机制，及时根据教学过程中总结的经验，使之呈现出深化、优化、固化的效用，是确保阳光学院在“课程思政”过程中，同时服务乡村振兴取得实效的关键所在。阳光学院的“课程思政”改革意在强化思想政治教育的价值引领作用、推进学校专业课程理论建设、形成学校、政府、乡村社会协同育人机制和促进乡村振兴实践育人实现项目化、常态化，从而真正构建出“大思政”的全新格局。

阳光学院师生经过三次组织师生调研和村情分析，提出了“以果蔬文化为特色乡土文化，果蔬文化旅游开发为发展途径，创建果蔬文化特色小镇为发展目标”的仕洋村发展战略。2017 年年底，在与屏南县北墩村文化助农项目良好合作的基础上，阳光学院党委又提出要与屏南县加强合作，进一步深化精准扶贫项目的开发，开辟新的扶贫点。校党委黄阿火常务副书记带队来到屏南仕洋村，与棠口乡陈乡长和仕洋村陆书记进行了交流，开启了仕洋村果蔬小镇的合作之旅。阳光学院将发挥高校社会服务功能，利用学科专业优势，进行文化扶贫、智力助农，同时进一步提升阳光志愿服务特色，助推屏南仕洋村发展。2018 年 1 月 1 日，阳光学院师生党员志愿者仕洋村服务团一行再次深入屏南

县棠口乡仕洋村进行实地调研,为仕洋村全面建设果蔬特色小镇注入了一股智力和创意的清泉。经过前期的充分准备和资料收集,调研团队从仕洋村村情、特色小镇、果蔬文化等角度进行探讨,并组织了三次分享研讨会,经过多方论证,进一步推动了仕洋村果蔬小镇建设项目。从而,该项目为助力乡村振兴实践育人实现项目化、常态化。根据屏南县政府与阳光学院签订的共建协议,阳光学院将充分发挥综合性应用型高校多学科的专业优势,以项目建设的形式,为屏南县精准扶贫、乡村振兴提供智力助农服务。阳光学院将理论、实践相互结合、课堂内外相互吻合、学习与生活契合,努力把教学社会实践打造成德、智、体、美融合的重要战地。我们要以协同创新、创建智库等形式的科学研究合作机制,配合原来以学院、学科、课题等为主的科研模式,超越跨专业、跨校域、跨学科的模式转变。

四、形成"四位一体"社会实践育人模式

阳光学院在参考和借鉴国内外多家机构、知名高校相关的人才培养方案的基础上,结合学院自身的教育特点,在"乡村振兴"战略大背景下,积极探讨"课程思政"和"思政课程"的实践育人模式,探索出了具有特色的培养方案——"四位一体"实践育人模式,为更进一步提高本科生的培养质量提供了切实保障。

阳光学院"四位一体"育人模式围绕"人才培养为核心、服务乡村振兴为抓手、教师主导为关键、学生受教育为成果"这一圆心,以本科生教学课程设置、第二课堂实践、运用型论文为半径,以夯实专业基本素养、提高专业技术能力和开拓学科课外实践为圆周,围绕圆心铁打不动,不断拓展半径,提升本科生的专业技术能力和职业基本操守素养,进而实现本科生应用型人才的培养目标,将阳光学院的在校本科生培养成为具有高素养、高技能,有创造性,能在实际运用中从事专业工作的人才。

阳光学院"四位一体"的育人模式充分调动了"学校—乡村—企业"三方的有机协调;积极融合了"学生—教师—人才"队伍的建设模式;优化专业课程设置与职业基础素养相互连接。其努力做到把高校思想政治教育的相关元素和思想政治教育的基本功能有机地融入专业课程的教学环节,在乡村振兴这一战略大背景下,全力推动以"课程思政"为目标的课程教学改革形式。

在阳光学院"四位一体"的育人模式中,学校、地方政府、乡村社会以及部分企业、学生、教师,甚至家庭等都融入这一场教学改革中,多种复杂个体和群体之间既有联系又相互区别。学校(包含教师群体)和家庭是基础,担任学生

价值观和个人观念培育的重任，要充分发挥学校一方和家庭一方在高校大学生思想政治教育工作中的默契配合的作用；社会、地方政府甚至企业要对学生的思想观念进行有机引导，在服务乡村社会的过程中充分重视学生个人的价值取向、审美水平、道德深度等；学校要将思想政治教育与专业课程、社会主义核心价值观理论高度契合，努力实现“四位一体”的阳光学院育人模式，努力形成以学生为主体、乡村社会为载体、学校为基体、地方政府为营养的阳光学院“四位一体”实践育人的创新教育教学模式。苏格拉底认为“知识即美德”，即一切知识都具有“善性”，其根本在于是否有发现的智慧。在学科史上，价值始终作为一个目标，早期就被纳入了教学活动范围。教学活动的价值性是客观存在的，而从“思政课程”到“课程思政”，让课程门门有德育，教师人人讲育人，通过教学活动潜移默化地影响学生，正是我们当下要做的努力。

第八章　阳光学院社会实践育人的经验与启示

近年来，阳光学院服务乡村振兴社会实践育人取得了明显成效。我们认真总结其中的宝贵经验，探寻其中蕴含的思想政治教育规律和启示，不断推进和提升阳光学院社会实践育人的科学化水平，切实增强大学生思想政治工作成效。本章通过对阳光学院服务乡村振兴社会实践育人的价值引领、重要保障和协同长效机制进行梳理和总结，以形成阳光学院服务乡村振兴社会实践育人的经验与启示。

第一节　搞好社会实践育人必须强化价值引领

价值塑造是高校立德树人之本。在中国特色社会主义新时代，高校要以培养担当民族复兴大任的时代新人为着眼点，深入贯彻党的教育方针，培养具有坚定理想信念、勇担时代重任的社会主义建设者和接班人。服务乡村振兴的社会实践，为高校培养社会主义建设者和接班人提供了载体。搞好社会实践育人，要强化价值引领，加强服务社会、扎根基层、知行合一的价值引导。

一、搞好实践育人必须强化服务社会的价值引导

在大学的功能和任务中，服务社会、为地方做贡献是大学科研、科技创新和人才培养任务的有效延伸。同时，大学在服务社会、为地方做贡献的过程中也提升了科研水平、科技创新能力，强化了人才培养的效果。因此，地方高校应当树立起一个核心理念和价值导向，那就是主动承担责任，积极服务地方，利用高校的资源和优势，在顶层设计的政策制定和解决社会发展问题、难题中强化服务社会的价值引导，彰显大学的功能、智慧。

（一）在顶层设计中注重培养学生服务社会的价值导向

如何在服务乡村振兴的过程中，进一步提升科研水平、构筑创新平台，并且在实践中使之有效地促进人才培养质量，始终是阳光学院探索的重要课题。其中涉及理念和认识、条件保障和制度设计等问题。阳光学院在办学理念和宗旨中便强调，要建设具有较强服务地方经济社会发展能力的高水平应用型

大学。为了让这个定位成为全员意识,调动广大教师和学生积极参与社会服务,学校通过政策制定、平台搭建和多种鼓励措施,引导有广大师生积极参与服务乡村振兴的社会实践。学校支持和鼓励乡村振兴研究所和校团委每年积极对接乡村,根据乡村的实际情况,有目标地组建若干个项目团队,这些项目团队采用师承法,即项目团队由一至两名指导教师带队指导,若干名学生志愿者组成。学校通过教师配套教改课题经费、学生奖励第二课堂实践分等多种方式,调动广大师生的积极性。从这几年的实践来看,师生参与服务社会的积极性很高,在对接乡村的实际行动中取得了良好的育人效果。

(二)在服务社会中培养学生的远大志向和奉献精神

作为地方应用型大学,近年来,阳光学院不断调整学科建设思路,要求科学研究和学科建设既要有"顶天"的目标,更要有"立地"的实践。学校党政领导高度重视,积极采取有力的措施,鼓励和帮助教师和科研人员找准地方社会经济发展的难题,尤其是当前乡村振兴遭遇的瓶颈问题,支持广大师生在服务乡村振兴的实践中形成科研或教改的项目成果,组建团队,对接乡村,集体攻关,在服务乡村振兴诸多领域的实践中真正起到了"立地"的作用。通过解决"顶天"与"立地"的关系问题,使学校的人才培养、科研和社会服务能力达到了一个更高的水平。

(三)在解决社会发展难题的过程中培养学生的创新能力

阳光学院瞄准屏南等地经济社会发展中的热点问题,尤其是乡村振兴的难点,主动对接服务需求和产业发展需求,先后深入多个乡村进行文化扶贫和智力助农实践,围绕乡村振兴"产业兴旺、生态宜居、乡风文明、治理有效、生活富裕"的总要求,找到阳光学院服务乡村振兴的结合点,运用广大师生的学科背景和专业技能,通过项目策划、文化传承、培训骨干、转化成果等方式,开拓创新,有效地参与到屏南乡村振兴的进程中,产生良好的经济社会效益的同时也促进了人才培养质量的不断提升。

二、搞好实践育人必须筑牢扎根基层的价值信念

作为实践育人的一种形式,扎根基层开展志愿服务活动倡导的是用面向生活的具体实践教育大学生,克服了传统做法上单纯的理论说教的抽象性,引导大学生在基层实践中自我教育、自我提升,树立正确的世界观、人生观和价值观。同时,在扎根基层服务的过程中,大学生能够深刻地了解社情民意,能够充分体会奉献的价值,将道德认知内化为道德意识,从而更进一步推动其道

德行为的养成。因此，扎根基层志愿服务的实践，能将理论与实践相结合，提升思想政治教育的实效性，增强思想政治教育的亲和力和感染力。

（一）培养学生扎根基层形成脚踏实地和行稳致远的品质

乡村振兴是一项艰巨的工程，也是当前正在探索实践的一项工程，需要具备专业知识和技能的大学生有以天下为己任的责任意识，立足国情社情民意，献智献策，更需要大学生具备开拓创新的精神。少年强则中国强，大学生作为国家和民族的未来，培养他们勇于担当、行稳致远的品质是当前高校育人的重要目标和社会进步的发展指标。乡村振兴是时代赋予的重大课题，在党和国家有关政策的指引和阳光学院的统一组织领导下，服务乡村的社会实践可以引导大学生扎根基层，从乡村经济社会发展的实际和广大民众的需求出发，以敢为人先的勇气和责任担当，脚踏实地、大胆开拓，不断提高创新能力和果敢胆识，行稳致远，争做具有责任担当意识的新时代人才。

（二）在扎根基层中锤炼大学生百折不挠和艰苦奋斗的精神

当前我国正经历着深刻变革和快速发展期，价值观呈现多元化，社会思潮趋向复杂，这些都对大学生的思想观念产生了冲击，因此，必须通过一定的渠道和形式对大学生进行有效的引导。而且，目前多数大学生为独生子女，生活条件较好，但意志不够坚强，抗打击能力较差，出现了许多不能为坚持理想而拼搏以及奋斗精神缺乏的现象，这些同样需要通过一定的途径给予改变。在扎根基层进行乡村振兴服务的过程中，面对当前乡村基层发展中遭遇的困境，包括乡村在开发、建设中遭遇的瓶颈，需要大学生发挥聪明才智，以坚定的意志和克服困难的决心，深入研究、广泛调查、不断探讨、形成对策、助推解决。这个过程的锻炼，能够引导大学生坚定远大理想、锤炼坚定意志，坚持正确的世界观、人生观、价值观，以积极乐观的心态和意志面对挫折和困难，从而能为实现乡村振兴和个人梦想而不懈拼搏奋斗。

（三）在扎根基层中塑造大学生勇于担当和自觉奉献的精神

大学生正处于世界观、人生观和价值观形成的关键时期。当前存在的功利化思想、社会行为的冷漠化、个体自我化、社会服务货币化以及享乐文化等等消极现象和因素都对大学生心理产生了较大的影响，减弱了许多学生奉献社会、服务社会的责任意识。而乡村中基层干部的奉献精神、农民的辛勤付出与朴实品质、乡土文化中的优秀传承，为大学生综合素养的培育提供了直观的榜样和生动的素材。这些榜样和素材具有强大的道德力量，必然会对大学生产生深刻影响，引导和培养大学生关心乡村社会发展、主动承担社会责任的意识，积极参与基层志愿服务活动，牢固树立服务人民、向人民群众学习的理念，以实际行动帮助他人、服务乡村、体会奉献的价值，从中获得荣誉感和满足感。另外，扎根基层的服务实践，能使大学生获得自我体验、激励、教育、评价和提高的机会，自身的主体意识不断增强，也进而强化了大学生自觉参与基层服务的意识。同时，乡村与社会的肯定性评价，又会进一步激励大学生参与基层服务的社会责任感的提升。

三、搞好实践育人必须树立知行合一的价值理念

从内涵上理解，知行合一的知就是人的道德认知，行就是人的道德行为和实践。道德认知是道德实践的先导，道德行为和实践是道德认知的最终归宿。[①] 在服务乡村振兴过程中运用知行合一的理念，能进一步推动高校的德育实践，发挥大学生的自主性，使他们在喜闻乐见的形式和情境中参与智力助农和文化扶贫，在具体的实践中实现道德认知向道德行为的转化，这既能契合当代大学生的思想实际，又增强了高校德育的针对性，具有重要的实践价值。

（一）理念上从“知”向“行”凸显实践育人功能

育人理念是教育者对培养什么样的人、如何培养人的基本看法，德育是根本内容。德育过程就是知、情、意、动的共同过程，只有将认知通过这一过程的共振让受教育者吸收并外化为道德实践，才是“知行合一”德育目标的实现。因此，为真正立德树人，高校必须重塑德育理念，从“知”向“行”，突出实践育人的功能。

实践是马克思主义哲学的核心范畴和思想精髓。有效的德育离不开生动活泼的实践。在这方面，阳光学院服务乡村振兴的社会实践形成了初步经验。一方面，学校大力倡导学生走出课堂，走向社会实践，所有参与乡村振兴实践的团队均为志愿服务、公益奉献。从这几年的实践来看，学生参与的积极性高、覆盖面广、人数众多，这充分显示了学生的奉献精神，也凸显了学校实践育人的成效。另一方面，每年的乡村振兴社会实践均根据乡村的发展需要，组建能够解决问题的师生团队，进行对接，“真题”真做，实实在在地为乡村的发展出谋划策、解决难题，从“知”的层面走向“行”的层面，以“行”强化“知”，实现“知行合一”。学校通过实践活动，引导大学生明确奋斗目标，树立正确的世界观、人生观、价值观，用实际行动践行社会主义核心价值观。

---

① 张宇.高校立德树人中知行合一原则的价值运用[J].天津市教科院学报，2017(3)：6-7.

(二)思想上坚持理论联系实际,确立实践育人理念

知,是由学而知;行,是用、是实践,是解决实际问题。知与行的关系,就是学与用的关系,知行统一就是学以致用,理论与实践相结合。理论联系实际是党的优良传统和作风,教育与生产劳动和社会实践相结合是党的教育方针的重要内容,理论教育和实践教育相结合是大学生思想政治教育的根本原则。阳光学院在服务乡村振兴的实践中,充分利用乡村这个大舞台,坚持理论联系实际的原则和方针,积极探索"润物无声"的实践育人理念和方法。一方面,学生每到一个乡村,都能感受到乡村美丽的自然风光、淳朴的农民品质、厚重的乡土文化和纯粹的乡风民风,从而激发学生积极投身美丽乡村建设、自觉贡献知识和技能的情怀。另一方面,通过为乡村建设献智献策,运用自身的理论基础和知识储备策划实施特色小镇建设、文化主题长廊、主题博物馆、导游班、广场舞、支教等丰富多彩的实际项目,学生将所学知识与乡村实际相结合,在实践中深化对习近平新时代中国特色社会主义思想的认识,在解决乡村发展问题、收获成果的体验中促进社会实践与理论学习相结合。

(三)三个课堂相结合强化理论联系实际的育人理念

所谓三个课堂,包括第一课堂、第二课堂和第三课堂。第一课堂一般是指传统意义上的教学课堂,旨在通过教师的言传身教和优秀学生群体的示范带动作用,培养学生养成良好的学习习惯,形成丰富的知识储备。第二课堂是指校内课堂教学以外的各类学校教育活动,侧重于课外技能训练和各类素质拓展活动的有效实施与开展,旨在通过有计划的一定数量一定时长的课外活动培养学生养成良好的生活、行为习惯。第三课堂是指在教师的组织和指导下,依托校外资源开展的社会实践活动,培养学生的实践动手能力和创新能力等。在实施服务乡村振兴社会实践育人的过程中,第一与第二课堂相互补充、相互促进,第二与第三课堂相辅相成、协同发展,第一课堂为第三课堂提供理论指导,第三课堂为第一、第二课堂提供信息与成效反馈。第一课堂养成的学习习惯和形成的知识储备,既促进了学生在第二课堂的自主学习顺利开展,也指导学生在第三课堂实践过程中尽快适应环境并将理论联系实际;而第二课堂养成的生活习惯和行为习惯反过来有助于学生在第一课堂遵守和维护正常的教学秩序,也进一步丰富了教学效果,帮助学生在第三课堂实践过程中实现与乡村的有效对接。

第二节　搞好社会实践育人的三方面重要体会

高校实践育人是一项系统性、综合性、整体性工程，因此，搞好社会实践育人必须以科学的理论作指导进行深入研究，在深入基层服务社会中坚持教书育人，并以政策支持、组织支持和制度支持作为社会实践育人取得成效的基础保障。

一、以科学理论为指导是社会实践育人的关键

阳光学院坚持以科学正确的理论指引社会实践育人的发展方向，这是近年来阳光学院服务乡村振兴社会实践育人取得成效的关键所在。如果没有党的中国特色社会主义理论、实践育人理论、专业学科理论的指引，阳光学院服务乡村振兴社会实践育人就不可能持续深入，更不可能取得如此多的工作成效。

（一）以党的中国特色社会主义理论引导社会实践育人

党的中国特色社会主义理论是阳光学院服务乡村振兴社会实践育人活动的思想引领，这其中包括党的几代领导集体关于实践育人的思想概括和理论创新。邓小平、江泽民、胡锦涛和习近平先后在不同历史时期，从不同侧面论述了青少年学生在实践中锻炼成才的有关思想，他们都高度重视实践的育人功能。邓小平从教育在现代化建设中所起的重要战略作用出发，提出了教育必须面向现代化、面向世界、面向未来的理念，简称“三个面向”。无论是面向现代化、面向世界还是面向未来，其核心目的和最终追求都是为了更好地培养“有理想、有道德、有文化、有纪律”的社会主义建设者和接班人，育人是“三个面向”教育思想的目标所在。新时期以来，江泽民、胡锦涛和习近平等党和国家领导人从党和国家发展的战略高度，系统论述了和邓小平理论一脉相承而又不断发展的育人思想，强调实践在青少年成长中的重要作用。这些思想可以概括为新时期党的青年学生在实践中锻炼成长的规律，主要为坚持学习书本知识与投身社会实践的统一、把创新思维与社会实践紧密结合起来、实践是提升本领的途径等。这些都一脉相承地坚持了青年必须注重实践、投身实践，在实践中成长成才，也只有在实践中才能更好地成长成才的育人规律。

以上这些思想概括和理论创新，为阳光学院服务乡村振兴社会实践育人工作提供了思想引领和理论支撑。一方面，学校坚持深化对党的中国特色社

会主义理论的认识。学校通过集体学习、主题宣讲等方式，将党的中国特色社会主义理论学习和教育常态化，通过育人的过程，扎实推进并提高了广大师生对党的中国特色社会主义理论的认识。另一方面，学校加强党的中国特色社会主义理论的指导。作为服务乡村振兴实践育人的组织实施和指导者，学校强调将党的理论融入实践育人、立德树人的工作实践中，从骨子里形成全体师生对中国特色社会主义的自信心和自豪感，在这种自信心和自豪感的基础上形成大学生自觉学习、研究、接受、传播中国特色社会主义思想的兴趣，并逐步形成能够以此来指导生活、分析问题、引领新时代的能力。

（二）以实践育人理论指导高校社会实践活动

首先，阳光学院坚持以马克思主义实践观作为服务乡村振兴社会实践育人最根本的理论基础。实践是人的存在方式，人借助实践活动与客观物质世界发生联系，不断改变客观物质世界；人类还通过实践不断地改造自己的内在世界，发展着自己的本质特征。通过实践育人，我们把教育活动看作是客观物质性活动，看作是师生共同参与的一种互动式的实践，这彰显了教育的实践属性。此外，马克思把实践的观点引入认识论，认为实践使得认识得以产生和发展，实践是检验认识真理性的唯一标准。[①] 阳光学院服务乡村振兴社会实践育人是建立在对马克思主义实践观点的深刻领会、准确把握与灵活运用之上的。学校通过社会实践育人，让学生贴近生活、贴近实际，让大学生通过生动有效的实践活动开展自我教育和相互教育，养成自觉、自律、自强的优秀品格，塑造良好的思想道德情操和文明习惯，提升育人的实效性和针对性。

其次，坚持一切从实际出发是阳光学院服务乡村振兴社会实践育人最重要的方法论依据。我们基于当前国际国内形势发生的深刻而复杂的变化、培养应用型人才的人才培养目标、大学生思想观念的特点等，坚持一切从实际出发，尊重和利用规律，以服务乡村振兴的社会实践平台，通过有效组织一系列社会实践活动，实现育人目标。

再次，培养和造就全面发展的社会主义合格建设者和可靠接班人是阳光学院服务乡村振兴社会实践育人最明确的价值指向。在教育工作中，实现人的全面发展是教育的目的，而教育要达到促进和实现人的全面发展的目的，就必须同生产劳动相结合，同实践相结合。阳光学院服务乡村振兴社会实践，就是要让大学生进行理性的实践活动，在实践活动中促进大学生的全面发展。

---

① 孙彩霞.实践育人理念的理论架构[J].学校党建与思想教育，2012(16)：73-74.

最后，坚持发挥大学生的主体性是阳光学院服务乡村振兴社会实践育人最合理的路径选择。主体性是指人在主客体关系中的特性以及在实践活动中表现出来的能动性，即指人对活动客体的主导地位以及在此基础上的人的能动性，其基本的表现就是人在活动中的创造能力与实践能力。在教育活动中，教与学相互联系，不可分割，教育活动以老师为主导，以学生为主体。在阳光学院服务乡村振兴社会实践工作中，项目实践团队在教师的指导下由大学生组成，大学生是实践育人的主体，在实践过程中，我们非常尊重学生的主体地位，项目由学生全程全方位参与，落地实施，有效发挥了学生的主体性，让学生的聪明才智在实践活动中得到了充分展现和运用。

（三）以专业学科理论知识指导社会实践育人

阳光学院乡村振兴战略研究所是阳光学院服务乡村振兴社会实践育人的一个关键依托。该研究所由一批长期从事区域发展和乡村振兴研究的专家和专业教师组成，既有省内知名教授，也有年轻骨干教师，团队具备该研究领域的学科理论背景和深厚的理论功底及研究能力，为实施阳光学院服务乡村振兴社会实践育人提供了坚实的依托。在乡村振兴社会实践中，专家及专业教师担任社会实践项目指导老师，在乡村振兴社会调查中担任首席专家、带队老师，成为专家评委与技术支持，组成专业教师社会实践支持团队。在服务乡村振兴项目模式中，地方提供实践机会和平台，专业教师进行理论指导，并跟踪反馈实践效果，减少学生实践的盲目性，提高学生实践活动的质量。在项目实施过程中，专业教师全程参与，以专业学科理论指导社会实践活动项目，引导学生将所学专业知识理论与乡村振兴社会实践相结合，不断提升理论联系实际、分析和解决问题的能力。另外，在学生以乡村振兴为主题的“互联网＋”大赛、大学生创新项目等科研创新活动中，专业教师也担任指导教师，运用专业学科理论，发挥专业特长，积极参与指导，探索以竞赛项目为契机，科学合理地组织、引导学生构建创新团队，开展专业学科理论研究型学习，充分发掘学生的自主学习、自我管理、自我教育、持续发展的能力，拓展人才培养的有效载体。

从学生的角度而言，服务乡村振兴的社会实践活动是乡村发展的“真题真做”。一方面，学生需要在专业教师的指导下，深入运用与实践专业知识理论，充分发挥自身的聪明才智，为乡村发展献智献策；另一方面，乡村振兴是一项系统工程，具体的社会实践项目往往并非是单一学科理论能解决的问题，更多的时候学生需要跨域学习，即需要跨学科领域学习更多交叉学科的理论知识，以更丰富的知识和更宽广的视角对乡村振兴的具体实践项目进行科学合理的剖析，并提出问题，找到解决问题的有效办法。在这个过程中，学生的自学能力、跨域学习能力也得到了强化训练。

二、深入基层服务乡村是搞好实践育人的根本

近年来，阳光学院每年组织若干个团队数百名学生深入屏南乡村基层。学生扎根基层、甘于奉献成为社会实践育人取得成效的前提，服务乡村振兴、解决乡村经济社会发展问题成为实践育人取得成效的途径，高校坚持在社会实践中教书育人是实践育人取得成效的重要措施。

（一）学生深入基层是实践育人取得成效的前提

大学生深入基层充分了解国情民情，才能对国家当前存在的问题作出正确的分析和判断，才能明白为人民谋幸福、为中华民族谋复兴的神圣历史使命。乡村是个大舞台，阳光学院每年组织几百名大学生深入屏南乡村基层，虽条件艰苦、设备简陋，学生们依然吃住在乡村，与农民打成一片，在乡村施展才华，彰显着志愿服务的奉献精神。通过社会实践，学生们基本了解了乡村的历史文化传统、自然地理条件和社会经济发展状况等，更加生动直观地了解了国情民情，认识了经济社会发展的现状、水平和面临的问题，了解了人民群众生活的现实和最关切的问题、最迫切的需求，倾听了群众的呼声和时代的召唤，认清了自己身上所负担的社会责任和历史使命，从而进一步激发他们奋发进取、发奋成才的积极性和主动性，增强他们的时代责任感和历史使命感，引导他们以主人翁的姿态，想时代之所想，急时代之所急，以更高的热情投入到今后的学习生活中去，更好地学习科学文化知识，扎实掌握各项专业技能，全面提高综合素质，提升自己服务他人、奉献社会的本领，早日投身社会主义现代化建设事业中。实践证明，深入基层的社会实践活动，将大学生思想政治教育中的理论教育与实践教育相结合，达到“内化于心，外化于行”的教育效果和育人目的。另外，深入基层锻炼能培养大学生的创新能力和工作能力。实践是创新的必要条件，阳光学院师生深入屏南乡村基层，结合乡村实际，帮助解决乡村发展的难题，满足当前乡村发展的迫切需求。在这个过程中，大学生实实在在地将理论知识变成“活”的应用，甚至能够在前人基础上创造性地产生新的成果。如基于当前社会实践活动的成果先后获得“挑战杯”“青年红色筑梦之旅”、中国（福建）女大学生创新创业大赛和福建省大学生公益创业赛等多个赛事的数十个奖项。服务乡村振兴的社会实践既为学生提供了提高实际操作能力和创新能力的平台，又推动学生将知识转化为行动，还有助于促进大学生社会化，让学生走出校园认识和熟悉现实社会。

(二)服务乡村振兴是实践育人取得成效的途径

1.阳光学院充分认识高校在服务乡村振兴中的重要作用

在乡村振兴战略背景下,阳光学院全面审视自身的优势和资源,在助力乡村振兴过程中,以社会实践的形式,进一步拓宽自身的生存、发展与提高的空间,结合乡村发展和战略需求对服务社会的职能进行相应调整。同时,把服务乡村振兴放在学校发展与提升的重要位置,把助力乡村振兴作为发展规划的重要内容,并建立健全相关的管理机构,鼓励师生关注乡村发展,激励学生投身乡村建设,激发教师针对乡村发展开展研究,为乡村发展提供丰富的智力资源和人才支撑。

2.努力提高大学生服务乡村振兴的能力

阳光学院通过积极引导,帮助大学生认清农业、农村和农民的发展规律,了解当前我国农业、农村和农民发展的现状与问题,分析走势,明确目标。一方面,注重提高学生的实践能力,结合乡村发展的实际需求,将乡村发展的相关课题内容融入课堂教育,引导大学生比较全面地了解乡村发展状况,了解乡村发展的真实需求,鼓励大学生为服务乡村振兴储备知识与能力,在服务乡村振兴中展现自身价值。另一方面,积极组织乡村振兴社会实践活动,通过义务支教、科技推广、文化开发等多种形式的实践,让学生在实践中深化对乡村的认识、锻炼自身的能力、积累基层工作的丰富经验,激励学生脚踏实地、服务“三农”。

3.积极建立服务乡村振兴战略的科学机制

一方面,建立服务乡村振兴的组织保障机制,成立服务乡村振兴的领导小组,组建相应的组织结构,配备相应的工作人员,加强对服务乡村振兴工作的领导。同时,学校积极组织教师组建助力乡村振兴战略的服务团队,组织学生成立服务乡村建设与发展的社会实践团队,有效地开展服务乡村振兴战略的各项任务。学校通过建立组织保障机制,为新时代乡村振兴战略积极贡献力量。另一方面,建立服务乡村振兴的激励引导机制,包括加强宣传,为服务乡村振兴营造氛围;建立健全激励机制,为师生服务乡村振兴战略提供动力;对助力乡村振兴中涌现出来的先进个人典型事迹、先进团队以及自身所取得的成功经验,及时通过报纸、网络等媒介进行宣传报道,为高校助力乡村振兴战略营造良好的舆论环境。

(三)坚持教书育人是实践育人取得成效的措施

实践育人是培养大学生综合素质的重要途径之一,并且能够弥补单纯理论知识传授和学习带来的不足,促进大学生各方面能力的综合提升。因此,阳光学院要求师生在专业知识的教授和学习中,除了理论知识的课堂传授和学习之外,必须将社会实践作为学习本身的重要组成部分,并且通过实践环节强化理论学习。在服务乡村振兴的社会实践中,教师坚持教书育人,通过指导学生开展实施具体的乡村发展需求项目,进一步巩固学生所学的理论知识,引导学生在理论联系实际的基础上实现融会贯通,提高学生对专业知识的综合掌握和运用能力;在全程参与的过程中,激发学生的学习兴趣和参与热情,调动学生参与学习与实践的积极性,提升学生的专业认同感,培养学生的创新能力、创新意识、钻研能力和求知精神;同时,在理论联系实践的过程中,教育引导学生将实践的感性经验同理性思维相结合,在完成认识的第二次升华、提高认识水平的同时,陶冶情操,塑造良好的精神风貌,最终实现实践育人教化的功能。

作为服务乡村振兴社会实践活动的设计者、谋划者、组织者和监督者,阳光学院成立的相关管理机构和学生组织都有比较规范的运行机制、工作规范、考核规定和纪律要求等。"正式的社会组织结构和制度规范,不仅有利于提高组织本身的活动效益,有利于实现教育活动本身组织化的要求,而且由于其社会同构性的特点为学生的社会化提供了基础和条件,有利于青年适应现代社会的社会化组织形式。"①因此,阳光学院实践育人活动的组织安排从根本上规范着实践育人活动的开展,也规范着大学生参与实践活动的方式,这都是针对大学生的良好规范教育。学生在参加实践活动过程中,良好的团队精神、合作意识、纪律意识以及沟通技巧等都得到了很好的培养和锻炼。

三、重要支持是社会实践育人的基础保障

阳光学院服务乡村振兴社会实践育人取得的成绩,不仅得益于理论指导、深入基层,同时也得益于政策、制度和组织的保障。其中,政策支持是前提,组织坚强是保证,制度支持是基础。

(一)政策支持是社会实践育人取得成效的前提

党和国家关于大学生社会实践的政策是促进阳光学院大学生社会实践不断发展的根本保证。2004 年中共中央、国务院出台了《关于进一步加强和改进大学生思想政治教育的意见》,对加强和改进大学生思想政治教育作出了全

① 马和民,高旭平.教育社会学研究[M].上海:上海教育出版社,1998:305.

面论述，其中涉及大学生社会实践活动的部分也具有划时代的意义。它以中央文件的形式提出了大学生社会实践的概念，将社会实践与政治理论教育相结合作为改进大学生思想政治教育的基本原则，高度强调了社会实践在大学生思想政治教育中的重要作用，并为大学生社会实践的发展指明了方向。2005 年，中共中央宣传部、中央文明办、教育部、共青团中央又联合下发了《关于进一步加强和改进大学生社会实践的意见》，针对大学生社会实践进行了全面的规定和指导，强调了大学生社会实践这一概念的提法，强调大学生社会实践是一项系统工作，首次明确了大学生社会实践的总体要求和工作原则，提出了许多新的观念。这些意见对理论上厘清大学生社会实践、工作上加强和改进大学生社会实践具有积极的指导作用。2017 年中共中央、国务院印发了《关于加强和改进新形势下高校思想政治工作的意见》，明确提出："要强化社会实践育人，提高实践教学比重，组织师生参加社会实践活动，完善科教融合、校企联合等协同育人模式，加强实践教学基地建设。"此时，党和国家对高校实践育人工作的重视达到了一个前所未有的高度，并进一步明确提出了高校思想政治工作和实践育人的任务是"为实现'两个一百年'奋斗目标、实现中华民族伟大复兴的中国梦，培养又红又专、德才兼备、全面发展的中国特色社会主义合格建设者和可靠接班人"。以上党和国家及有关部门关于大学生社会实践育人的政策规定，成为阳光学院服务乡村振兴社会实践育人总的指导思想。正是这些政策的要求和部署，使得阳光学院的社会实践育人工作有了基本遵循，并能将政策的实质和要点贯穿到实践育人工作的各个环节。

（二）加强领导是社会实践育人取得成效的保证

1.加强学校党委领导

阳光学院党委高度重视服务乡村振兴的社会实践育人工作，对社会实践育人工作的开展进行了科学的设计与安排，这是社会实践育人取得成效的关键保证。党委领导下的社会实践育人工作进行了科学的顶层设计。一方面，确立基本方向。阳光学院党委围绕应用型人才培养目标，明确社会实践育人工作的目标是要培养拥有良好品行德性、技术应用水平、学术科研水平的创新人才。在项目实施过程中，党委及各级组织始终坚持人才培养的这个大方向，不断增强大学生的社会责任感，提高大学生服务社会的实践能力，把培养应用型人才的目标落实到实践育人工作的具体环节上。另一方面，探索基本模式。阳光学院服务乡村振兴社会实践开展多年，形式多样，内容丰富，形成了许多有益的经验。随着实践育人工作的进一步开展，学校党委领导有力，不断推进经验总结、获得启示，使这些经验不断得到推广，构建了一个合理有效的工作模式，并不断复制推广。

2.各级组织要加强协同

阳光学院在开展服务乡村振兴社会实践活动中不断加强组织领导，逐步建立起学校党委统一领导，党政工团齐抓共管、部门协作联动和各单位具体落实的管理体制，制定实践育人的实施方案和总体规划，营造实践育人的良好氛围和和谐环境。校党委持续支持社会实践项目的发展，多方整合资源，多次发文支持和鼓励师生参加服务屏南乡村振兴的社会实践。学校党委书记每年都亲自进行社会实践的动员，并逐一到屏南社会实践现场进行考察指导。校团委负责具体的组织实施，每年向全校进行社会实践的号召与动员，并通过暑期“三下乡”活动将社会实践项目逐个落地实施。各二级学院党总支、团委做好社会实践的内部动员工作，充分鼓励专业教师组建团队、参与指导，广泛发动政工干部和学生积极参与实践。各级组织各正其位、各司其职、各负其责，上下贯通、左右联动，分工合作、步调一致，最大限度地发挥好组织优势。这为社会实践育人取得成效提供了坚强的组织保证。随着阳光学院社会实践育人组织管理的不断加强，社会实践育人的宣传、动员、运行、总结等多个环节的跟踪管理也不断得到加强，社会实践活动的效果也进一步凸显。

（三）制度支持是社会实践育人取得成效的基础

制度支持有效保证了社会实践活动的组织开展，增强了社会实践育人的有效性和实效性。

1.社会实践育人工作的动力

建立激励考核机制是增强学生参加社会实践积极性，促进高校实践育人工作的重要保障因素。阳光学院团委每年对学生进行社会实践评比考核，主要针对参与社会实践活动，以一定的标准进行量化考核，并将其评优评先的评选标准，在社会实践总结表彰会上予以表彰，同时还设置第二课堂实践分。学生参与服务乡村振兴的社会实践活动可以作为第二课堂实践分的加分项，以此增强学生参与实践活动的积极性。另外，由校党委牵头，学生处和教务处协同配合，通过设置教改专项课题、配套专项研究经费等方式，调动教师引导和指导学生参与社会实践的积极性。

2.社会实践育人工作的运行

在阳光学院的社会实践育人体系建设中，学校按照人才培养的顶层设计，建立起统筹全过程的要素投入分配机制，按照部门职责划分、任务要求、所需资源等进行合理分配，有效整合各部门要素资源，推进深度融合，集聚育人效应。在党委统一领导下，学校通过学生处、校团委牵头组织，教务处、各二级学院包括马克思主义学院和创新创业学院以及校友会等多个学校职能部门通力配合，畅通信息沟通和资源沟通渠道，加强资源分享，通过学校、学院、各级学生组织、实践学生团队四级联动机制，保障社会实践育人工作的有效开展。

3.社会实践育人工作的评价

一方面是学生评价。学校在实践育人工作中逐步树立合理的评价标准，凸显学生创新能力的增强、综合素质的提高、个性特长的充分发挥，并重点突出培养大学生服务社会的责任感、善于解决实际问题的实践能力和勇于探索、创新创业精神的评价，以此逐步形成以正确思想为根本、扎实的专业知识为基础、较强的能力为关键的评价导向。另一方面是教师评价。教师是社会实践育人工作的主导，关系着实践育人工作效果的好坏。因此，阳光学院在实践育人评价的构建过程中将教师指导学生参与社会实践的工作作为业绩考核的重要内容之一，使之成为教师学年考核优秀以及评选“服务育人奖”的重要参考。

第三节　建立协同长效机制是实践育人的保障

作为高校实践育人的重要原则，协同合作贯穿于实践育人的全过程。为提升社会实践育人质量，高校应构建协同育人机制和长效机制，通过整合资源、落地实施、成果共享，形成与地方协同的合力和持续性推动力，有效提升社会实践育人质量。

一、校地协同机制是社会实践育人的重要保障

阳光学院全面落实协同育人的要求，紧紧围绕为国家培养高素质应用型人才的目标，着力促进校地育人系统之间的密切合作，探索建立资源共享、优势互补、共同发展的协同育人机制，推动人才培养质量的提升和地方经济社会的发展。

（一）阳光学院与屏南县政府协同支持是基础

阳光学院与屏南地方政府发挥校地协同功效，形成长期稳定的社会实践模式。首先，校地共建平台。根据阳光学院和地方政府实际情况，结合乡村振兴战略部署和乡村发展的工作重点，双方对接协商，建设满足教学、科研和乡村发展实际需求的乡村振兴工作平台。阳光学院与屏南当地政府签订社会实践协议书，由阳光学院向所服务的屏南乡村授牌，成立大学生社会实践基地，建立校地对接关系。其次，校地联合指导学生实践。学校指派指导教师，地方

选派具备一定技能的人员，结合教学和生产规律、乡村生产情况、乡土文化和人才培养要求，精心安排实践内容，共同指导学生完成项目实践。如北墘村的传统手工艺实验室，便是由文化产业管理专业教师和乡村传统手工艺老师傅共同指导学生进行传统手工艺的传承，并以此为基础开发北墘村黄酒文创产品。再次，校地联合开展科学研究和项目实施。学校与地方政府进行深度交流合作，就当前地方政府重点关注的乡村振兴项目进行科学研究，如特色小镇建设、地方特色文化资源开发等。学校利用自身科研和智力资源优势，地方政府提供政策、文献、人力乃至资金支持，共同对乡村振兴的重点项目进行研究、策划、实施和追踪。另外，校地联合开展人员培训。为培育乡村振兴骨干力量，促进乡村组织振兴和人才振兴，校地联合开展人员培训，发挥各自优势，共同组织人员、设备等资源，开展多种形式多项内容的骨干人员培训与指导。白玉村的导游培训班项目建设，便为白玉村培育了一批乡村振兴的先锋骨干力量。最后，校地共同推动社会实践育人工作持续开展。学校高度重视社会实践育人，阳光学院举办方阳光控股持续支持实践育人，设立10亿元大学生创业基金，给予每个特色文化旅游村落20万元的公益基金，阳光控股董事局主席写信勉励参加“青年红色筑梦之旅”的青年学生。阳光学院党委每年与屏南县政府对接沟通，协调社会实践工作，力促乡村振兴项目实施。屏南县政府高度肯定青年学生服务乡村振兴的实践活动，支持模式推广，四年共资助18万元，屏南县政府鼓励社会实践团队深挖屏南贫困村落，复函给予团队支持，屏南县委宣传部还专门为阳光学院社会实践工作发来感谢信，屏南县县长、政协主席、副县长等多位领导参与指导校地协同的社会实践工作，这些都为实践育人工作提供了重要支持。

（二）实践育人与地方发展需求相一致是核心

阳光学院积极寻求实践育人与地方发展需求的契合点。首先，清晰认识合作双方优势互补、互利双赢构成需求基础。这是校地合作稳定而持久的动力源泉。在实践育人活动系统中，屏南地方政府和阳光学院都存在乡村振兴和实践育人的共同需求。促进乡村经济社会发展，实现乡村振兴是地方政府的主要工作目标，而学校则希望获取乡村振兴社会实践平台，并希望得到政府的政策支持，实现实践育人，由此构成了服务乡村振兴实践育人活动的共同需求。地方政府的优势是政策支持和管理统筹，高校的优势是教学、科研、服务、人才、设施等。整个实践育人协同机制的优势是合作各方的优势资源的互补性，从而使得合作各方可以找到共同的关注点并实现共同需求。学校在协同育人中实现人才培养质量提高与教师队伍实践能力提升，获取科研平台和实现成果转化等。地方政府在协同育人中实现获得符合经济社会发展需求的项目和人才培养提高，获得为地方干部培训和素质提高的平台和资源等。[①] 其次，学校通过与当地政府、乡村对接，在经过充分的互动和接洽后，根据地方政府的要求、乡村发展需要和高校资源，形成服务乡村振兴的一系列课题项目。这些服务项目既有传统志愿服务中的义务支教、科技下乡，也有导游培训班、乡土文化资源开发、特色小镇建设等新需求，学校在实践层面通过组织志愿服务的方式帮助乡村落实这一系列项目，大大拓展了志愿服务的类型和平台的广度，在实际操作层面满足了当前乡村发展的迫切需求。通过开展针对性和持续性的合作，双方合作共赢，有利于更进一步深入开展社会实践活动，为实践育人提供更加优质的平台。另一方面，利用乡村这个大舞台，学生可以通过具体项目的策划实施，不断增强自我学习、跨域学习和师承学习的能力，在乡村振兴中以解决实际问题的方式不断提高服务乡村发展的水平，提升育人的实效性。

（三）群众积极支持和师生的同心努力是关键

服务乡村振兴的社会实践依靠“人”的主体性发挥和实现效果，而这其中，广大干部群众的积极支持和阳光学院师生的同心努力是实现社会实践育人实效性的关键。一方面，广大干部群众思想统一，有实现乡村振兴的共同愿景和期待，在这个理想的引领下，广大干部群众心往一处想，劲往一处使，共同推动着乡村振兴社会实践活动的开展。在社会实践活动开展过程中，广大干部群众把实现乡村振兴的美好期待外化为自觉的行动，积极参与社会实践的各项协同组织工作，主动投入乡村振兴社会实践的集体行动中，热心整合各种资源，形成步调一致、整体协调的格局共同推动社会实践的开展。同时，阳光学院服务乡村振兴社会实践活动“真题真做”，能针对乡村实际有效帮助乡村解决发展问题乃至发展瓶颈，满足了广大干部群众谋发展的迫切需求，成为激发干部群众主体性的内驱力，激发了干部群众在乡村振兴社会实践中的积极性、主动性和自为性，使他们融入社会实践工作中来，并且推动这项工作不断向前发展。这是社会实践取得成效的关键之一。另一方面，阳光学院师生同心努力、全心投入也是关键。师生以乡村振兴具体项目实施为基点，明确目标、凝聚共识，全心投入和推动服务乡村振兴的社会实践育人工作。教师是引导者，对社会实践育人工作起到定向纠偏作用；通过组织，积极协调各方资源支持学

① 陈光，于彦华，林琳.构建地方高等农业院校“多维立体”协同育人模式的研究与实践[J].高等农业教育，2015(2)：5-6.

生投身实践；有效服务，及时响应学生需求，提供必要的指导协助。学生通过参与，深刻认识实践活动的重要性和必要性，积极投身到实践活动中；不断学习，认真总结思考实践活动的收获，从实践活动中学习知识、增长才干；合理反馈，科学评价实践活动的效益，协助学校加强和改进实践育人工作。最终，通过教师主导、学生主体，师生协调统一、同心同向，发挥好实践活动的育人功能。

二、形成长效机制是社会实践育人的基础工作

形成长效机制是保证服务乡村振兴社会实践育人工作在相当长一段时间内能够正常运转并持续充分发挥作用的基础工作。阳光学院服务乡村振兴社会实践育人在长期坚持中形成效果，不断加强基地项目建设是关键成果，持续加强成果落地推动了乡村振兴。

（一）长期坚持服务乡村形成实践育人长效机制

在思想上，阳光学院师生从对接建立屏南乡村振兴社会实践基地开始，便树立起长期扎根基层、志愿服务乡村的理念。面对乡村振兴这一项系统工程，师生认识到要实现乡村振兴绝非一朝一夕能完成，必须长期坚持，方能有成效。师生在科学的价值观引领下，同心努力。在地域上，他们立足屏南，了解县情，即屏南县为革命老区县、高山生态县、风景名胜县、文化厚重县，拥有十分丰富的自然与人文旅游资源，且红色旅游资源也十分厚重，屏南也是省定贫困县，经济落后。多年来，师生坚持深耕屏南，每年结合屏南资源重点打造一个村子的项目落地，形成可复制的模式。目前，他们已在北墘村、漈头村、仕洋村、白玉村、富竹村项目实施过程中获得初步成效。在内容上，师生不仅在反复的调研、论证、策划、实施中坚持将乡村发展项目落地，而且坚持把社会实践项目与科研、教改以及大学生创新创业项目相结合，形成更加深入、持续的研究，并注意及时跟踪反馈，为乡村的持续发展提供源源不断的智力支持的同时形成了社会实践的丰厚成果。阳光学院社会实践工作在长期坚持中提升了实践育人的质量，形成了一个重要启示：要实现高校实践育人的持续健康发展，形成长效机制，必须将高校实践育人的内生动力与外生动力资源作为根本要素。高校实践育人的内生动力主要是指实践主体的发展需要，即实践主体的世界观、人生观、价值观是否正确，是否能以社会主义核心价值观引领自己的成长成才；外生动力是指影响高校实践育人的外部环境，如社会对高校人才培养质量的供给结构性要求等。在当前的现实环境中，高校要搭建一个服务乡村的同心同向平台，营造一个良性的教育环境，促进内生动力与外生动力的协

调推进，使大学生在了解、认识国情民情和追求自身成长成才过程中，坚定道路自信、理论自信、制度自信和文化自信，形成服务乡村振兴的不竭动力。

（二）实践基地建设形成实践育人长效机制

阳光学院几年来在屏南县北墘村、漈头村、仕洋村、白玉村和富竹村等多个乡村建立长期稳定的社会实践基地。这是形成社会实践育人长效机制的基础工作。双方建立合作机制，通过协议的方式明确建设内容、双方权利和义务等。强化共建责任落实，常态化沟通联系，实质性开展共建，推进基地建设内容和目标的落实，使社会实践基地能够真正为阳光学院提供实践育人的"沃土"，能够让大学生在社会实践中受教育、长才干、做贡献，树立正确的世界观、人生观和价值观。

在对接建立社会实践基地的基础上，阳光学院服务乡村振兴的社会实践采取"订单式"的方式，即由实践基地也就是对接乡村提出具体的需求和预期目标，学校根据对方要求明确具体项目，选派指导教师，组建项目团队，实行基地项目的项目化运作，使实践育人落到实处。这是阳光学院社会实践育人形成长效机制的特色做法。项目化运作是以项目为对象的系统管理方法，通过一个项目小组对项目进行高效率的计划、组织、实施、指导和控制，实现项目的预期目标。实践研究认为，项目化运作具有以下优点：能用更少的人才在更短的时间内完成更多工作；提升质量与效益；能通过更好的组织行为原则使组织更有效；能预见可能出现的风险并提供应对机制等。具体到实践育人方面，社会实践活动的项目化运作因有统一的领导和完备的管理章程而避免多头管理和资源浪费，有利于提高活动的针对性和成效性；项目化运作有利于促进学生项目小组形成团队优势，使实践团队明确目标、理清思路、细化方案、突出重点、整合资源、科学管理、取得实效；项目化运作有利于将实践育人活动与专业知识学习紧密结合，增强就业创业意识；项目化运作有利于充分调动学生参与实践活动的积极性、主动性和创造性，有利于培养大学生创新精神和实践能力；项目化运作有利于培养大学生的责任意识和参与社会事务的能力，提高大学生分析问题、解决问题的能力。近年来，通过项目化运作，阳光学院在屏南已对接的乡村落地实施了40个助推乡村振兴项目，在项目开展实施中落实实践育人，赢得了当地的高度肯定，同时进一步巩固了双方长久而稳定的合作关系。

（三）服务乡村推进成果落地形成长效机制

阳光学院社会实践育人在服务乡村的过程中，持续推进项目成果落地实施，双方互惠互利、合作共赢，促进长效机制的形成。首先，阳光学院乡村振兴战略研究所面向屏南开展项目研究，形成了一系列具体的研究成果，帮助蕴含丰富特色资源的屏南乡村开展3A级旅游景区建设，推动乡村振兴。以北墘村为例，阳光学院乡村振兴战略研究所通过对北墘村黄酒文化和“孝”文化进行深入研究，挖掘北墘村特色文化资源，策划北墘村黄酒特色文化产业及相关文创品牌和活动，大大提高了北墘村的核心竞争力，帮助北墘村申报并成功获批国家级3A级旅游景区。其次，屏南乡镇政府设立乡村文化振兴规划发展项目，委托阳光学院师生研究策划，形成研究成果，推进乡村振兴。如《屏南乡土文化绘图(culture mapping)》(2016)、《阳光学院助推北墘创建黄酒文化特色小镇总体设想》(2017)、《阳光学院助推仕洋乡村振兴策划报告》(2018)、《打造区域文化复合式旅游链——闽东茶盐古道的创新规划》(2019)等。最后，阳光学院师生结合特色专业实践，帮助规划乡村振兴建设项目，成效良好。如阳光学院“禾风心裁”助推屏南文化兴村公益项目，先后帮助四个乡村挖掘、提炼和呈现当地特色文化，包括北墘村“孝”文化、漈头村“耕读”文化、仕洋村“和”文化、富竹村“贤”文化，以文化为魂，打造特色文化项目和品牌，助推乡村振兴。在经济效益方面，从2016年至2019年，该项目为村落成功引流30000余人，2018年人均可支配收入19576元，较2018年提高30.8%，为屏南县2019年6月成功脱贫摘帽做出贡献。社会影响方面，2016年以来，阳光学院服务乡村振兴的社会实践项目获得过各级媒体的广泛报道，也得到了当地政府的充分肯定，屏南县县长、屏南县政协主席等均参与指导文化兴村项目，屏南县政府还表扬了该团队项目。

三、建立调研规划执行评价系统制度是关键

在社会实践育人工作实践中，阳光学院已建立调研规划先行制度，在指导教师运用学术理论的科学指导下形成系列项目成果和实践效果，并在加强评价、不断总结共享成果中持续扩大社会实践育人的影响力和实效性。

(一)阳光学院实践工作调研规划先行成为制度

社会实践的顺利开展实施，扎实细致的准备工作是必不可少的。正所谓“不打无准备之仗”，社会实践作为一项在社会环境中进行的教育活动，大学生深入现实生活，很多环节和工作需要自己去面对，有时会遇到意想不到的问题和困难，如果相关准备不够充分，“碰钉子”在所难免。充分、周密、细致的准备工作，也将促进社会实践的顺利实施，有助于更好地实现育人功能。阳光学院在服务乡村振兴的社会实践中，预先制定科学的调研规划方案已成为制度。

社会实践的启动都有一定的方向。之所以能把各层次、各个启动主体的动力整合为统一的社会实践的启动系统，完成社会实践整体的运行目标，一个重要原因就是调整不同启动主体的动力方向，使整合后的总的启动方向与社会实践总目标趋于一致。社会实践调研计划、方案决定了社会实践的方向，科学、严谨、翔实的计划、方案是启动机制中的重要一环，也是社会实践得以顺利启动的保证。阳光学院服务乡村振兴社会实践工作调研计划、方案的制定突出导向性、全面性、操作性、前瞻性和完整性，从而便于组织实施。所谓导向性，就是计划中明确了活动主题、总体思路等；全面性就是对社会实践活动的各个阶段的边界划分清晰，任务目标、活动要求、参与形式等规划全面；操作性就是在总体指导规划的基础上，计划方案便于有关部门各学院、大学生活动的开展，做到易于操作；前瞻性是指计划的制定不仅要对活动做部署安排，还要对基础保障、安全出行等提出要求；完整性就是对实践活动各阶段的工作要求都要进行明确的计划。学校、院系的计划方案包括实践的步骤、组织形式、动员部署、具体实施、深化总结、评价考核、评比表彰等；实践团队的计划则进一步明确实践活动的目的和意义、实践内容和形式、预期成果、行程安排、实践地点、具体分工、安全预案、注意事项，等等。

（二）教师指导方案科学、执行有效是普遍效果

阳光学院服务乡村振兴社会实践活动的指导教师来自不同学科，有较深厚的学术理论功底和较高的科研水平，在指导学生具体落实乡村振兴项目的过程中，教师指导方案科学、执行有效是普遍效果。首先，教师运用专业理论带动学生对乡村振兴进行科学研究，从而规律性地揭示乡村振兴的推进过程，为项目可持续开展提供了理论支持。在这个过程中，我们形成了系统性强、操作性好、学术层次高、实践效果显著的师承教学法与真实项目学习法相结合的实践育人体系，通过实践项目内容的设计，提升了学生的创意策划能力、自学能力和全过程解决问题的综合能力。其次，教师的过程指导科学有效。指导老师全程参与小组讨论并与所指导的学生进行具体沟通，更好地帮助学生理解和进行社会实践活动。在与学生沟通时，指导教师指导学生完成调研规划报告，整理社会实践材料，督促上交，并且帮助学生总结经验、找出不足，更好地增进学生与指导教师之间的沟通交流，取得成果。再次，教师指导方案科学促进了项目成果的有效转化。服务屏南乡村振兴社会实践实施以来，大多数项目都能有效地转化为师生的科研和创新创业项目。其中，转化为学生的毕业论文 8 篇、国家级、省级大学生创新创业项目 12 项、教师的科研课题项目 13 项，这不仅丰富了实践育人的成果，而且有效地推进了乡村振兴项目的可

持续开展。最后，教师指导方案执行有效促进了科学研究的成效。社会实践运行至今，参与指导社会实践项目的指导教师共完成十几项省级社科基金、省中特和教育厅社科项目，发表了 21 篇有关乡土文化和文创社区方面的论文，出版了专著《地方特色文化创意产业和社区：原理、战略和两岸个案》。

（三）实践育人加强评价成果共享是基本经验

一方面，科学的实践育人评价机制是检验实践育人效果的总阀门。一是学生体验性评价。大学生综合素质包括政治思想素质、科学文化素质、创新精神和实践能力、健康的身心素质。为更真切地呈现学生在服务乡村振兴社会实践育人工作过程中的体验，学校要树立合理的评价标准。阳光学院社会实践育人工作逐步探索构建以学生思想政治素质为核心、以知识素质为基础、以能力素质为关键的评价导向，建立以思想政治素质、智育素质、身心素质、创新精神和实践能力为一级指标的综合素质测评体系，把创新精神和实践创新能力与德、智、体、美等素质列为一级指标，并在分数权重上给予一定的比例保证，确保实践育人效果的考核更加目标一致。二是教师指导性评价。在实践育人评价构建过程中加强对教师作用的评价，高校要以合理的形式把教师指导学生参与实践的工作进行量化并将之作为业绩考核的重要内容。教师对实践育人指导性评价应采取多元化的评价方式，即定性评价与定量评价相结合的方式。[①] 所谓定性评价是通过对教师实践教学效果、教师对实践育人工作的重视程度、实践过程效果等评价对象的整体及其性质进行分析、综合乃至鉴别和确认，以把握教师在高校实践育人工作中指导的效果和价值，结合定量评价，运用数据的形式，从数量上相对精确地反映教师实践育人的局部和整体情况。在此基础上，阳光学院也建立了与评价配套的激励机制，把实践育人的考核结果与评优评先相结合，激发教师参与实践育人的内生动力。

另一方面，加强成果共享是提升社会实践育人影响力和实效性的重要渠道。一是媒体宣传报道。2016 年以来，阳光学院服务乡村振兴社会实践项目获得中青在线、中国教育报、海峡网、福建省教育厅、新浪福建等多家国家级、省级、地市级媒体报道共计 300 余次，扩大了阳光学院服务乡村振兴社会实践项目的社会影响力。二是总结表彰。阳光学院每年都会召开服务乡村振兴社会实践活动的启动仪式和总结表彰大会，号召广大师生投身社会实践的同时，表彰在服务乡村振兴社会实践中表现突出的学生、指导教师和团队，授予他们

---

① 刘川生.高校实践育人工作有效机制研究[J].思想理论教育导刊，2016(12)：119-124.

先进称号并颁发荣誉证书,强化实践育人的效果。三是成果展示。在校党委领导下,学校每年组织社会实践团队深入总结社会实践成果,查找不足,探寻进一步提升社会实践效果的路径,并将社会实践成果制作成喷绘,在校内面向全体学生进行成果展示,不断扩大实践育人的教育效果。

第九章　提升民办高校社会实践育人成效的对策

实践育人对帮助大学生了解国情民情、增强历史责任感和社会责任感、强化奉献意识与服务意识具有不可替代的作用。实践育人是人才培养的重要环节，是体现高校办学特色的重要方式。作为一所应用型大学，阳光学院在实践育人方面进行了多维度的探索，成效初现。加强实践育人顶层设计有助于明确育人理念，明晰育人目标，理顺育人体系，提升育人成效，向上可以更好地承载育人理念和育人目标，向下可以辐射育人对象。阳光学院始终将教师主导作为“四位一体”实践育人模式中的关键一环，着力打造优秀的思政课程实践育人师资队伍、课程思政实践育人师资队伍、实践育人地方导师队伍。阳光学院将实践育人与乡村振兴这一当前国家发展战略紧密结合，通过助推乡村振兴来提升社会实践育人成效。为提升乡村振兴服务项目效益与社会实践育人效果，高校要做好服务乡村振兴的调查设计，整合乡村振兴各方资源，发挥各自优势，实现优势互补。

第一节　加强实践育人顶层设计提升育人成效

阳光学院作为一所应用型民办大学，紧紧围绕地方经济社会与产业发展需求，坚持“应用型、地方性、国际化”的办学定位，致力于培养专业基础扎实、实践能力突出、具有社会责任感和较强创新创业能力的创新型、复合型、应用型人才。学校领导认真学习和深刻领会习近平等领导同志关于社会实践和实践育人工作的重要讲话精神，把加强实践育人工作与全面落实党的教育方针、提高教育教学质量、提升人才培养质量等有机结合起来，努力构建理论育人与实践育人深度融合，教师主导与学生主体良性互动，课堂教学、实践教学与社会实践相互协调，充分体现知行合一、以生为本、能力为重、实效为要、和谐发展的新型育人格局。学校紧紧围绕“培养什么人”“怎样培养人”“为谁培养人”这一根本问题，充分理解和深刻把握国家教育主管部门关于实践育人的安排部署，做好加强实践育人的顶层设计，建立思政课程与课程思政实践育人体系，完善阳光学院社会实践育人教育管理制度，构建多学科融合的实践育人教学指导机制，研究制定推进实践育人工作的具体措施，切实增强实践育人工作的针对性和可操作性，为实践育人工作的扎实推进奠定坚实的基础。

一、建立思政课程与课程思政实践育人体系

民办高校立德树人，要构建全员、全方位、全过程育人的"大思政"工作格局，建立思政课程与课程思政实践育人体系。其基本措施是：创新思政教育方法，健全思政课程实践育人体系；有效推进课程思政，健全课程思政实践育人体系；强化合力育人意识，形成学校实践育人联动机制。学校要为思政课程和课程思政搭建实践育人平台，教师利用实践育人平台组织学生开展社会实践活动，引导学生将心中蕴藏的对真、善、美的道德共识和道德追求付诸行动，增强学生的现实体验，提升学生的人生感悟，塑造学生积极乐观、健康向上的人生态度，帮助学生形成安宁、充盈、自由、圆满的内心世界。

（一）创新思政教育方法，健全思政课程实践育人体系

阳光学院基于"知行合一"的教学理念，将思政理论教学与课堂实践、校内实践、社会服务、实践基地四个维度的实践育人有机结合，使思想政治理论在实践中不断被学生消化吸收和升华。

其一，组织课堂实践教学。教师以课堂教学为基础，充分结合生活中的实际案例与学生进行互动交流，组织学生开展案例分析，引导学生树立正确的世界观、人生观、价值观；鼓励学生课堂发言或演讲，培养学生的表达能力；组织师生共同收集和整理教学案例，与相关机构合作开发建立思想政治理论课教学工作数据库，并根据国内外形势和教学需要及时更新教学案例、教学课件等教学资料。教师与学生一起开发建设思政课大数据系统。

其二，开展思政第二课堂实践活动。思政课教师将思政理论课延伸至专业课程，联动学校相关部门和院系共同组织开展经典阅读、微视频拍摄、舞台剧创作等形式的课外活动，使大学生在第二课堂中进一步接受思想政治教育。教师组织并指导学生制作思政"微电影"，建立微电影网络平台，学生制作的微电影将上传至学校的思政微电影网络平台上，供全校师生观赏评阅，由公众票选出学期优秀微电影，作为表彰；组织学生结合自己的专业知识创作思政舞台剧，通过舞台剧的创作和表演对学生进行思想政治理论教育；要求学生用原创的情景剧、小品、相声等形式，演绎思政课程内容、当下热门话题或时政事件，鼓励学生用马克思主义的立场、观点、方法剖析和探讨问题。学生创作的思政舞台剧，要在班级进行汇报表演，选出各班级的优秀作品参加全校性的"思政

舞台剧”大赛。通过这种模式，教师为学生提供了巩固知识、分享知识的平台，达到学生相互教育的目的。

其三，组织学生进行课外理论学习和宣讲活动。阳光学院现已建立红色经典读书社、良知社、国学社、习近平新时代中国特色社会主义思想读书社、演讲社等多个学生理论学习读书社团。学生社团积极开展线上线下读书活动，撰写读书笔记，交流学习心得。学校成立学生思想政治理论讲师团，选择时政热点，在思政教师的指导下完成教案撰写和课件制作，在思政课堂或班会课堂为各专业学生宣讲。读书社与学校的相关部门及专业教师一起组织理论功底扎实的学生走出校门，走向社会，对外进行理论宣讲，并对优秀的宣讲学生给予表彰。让学生学以致用，拓展能力。

其四，拓展思政教育实践学习平台。高校利用本地社会文化资源，共建思想政治教育实践基地，让学生不局限于校园的学习环境，去社会中学习。阳光学院充分利用社会资源拓展校外思政课实践基地；持续建设中国船政文化博物馆、福建省革命烈士博物馆、宁德市寿宁县下党乡党建教育基地、宁德市屏南县智力助农实践基地等思想政治教育实践基地；每年组织学生在实践基地进行参观学习，并与相关部门共同建设实践教育基地。随着思政课实践教育的不断向前推进，学校正在大力拓展思政课社会实践教育平台，增加平台数量，提升平台实践育人的效果。

其五，组织学生参与乡村振兴和红色筑梦之旅活动。学校鼓励学生建立社会实践小队，参加乡村振兴活动或红色筑梦之旅活动，并将其社会实践活动纳入思政成绩考核体系。阳光学院思政课教师指导了多支社会实践小分队参与乡村振兴建设。如“乡韵绘”乡村文创学生小队已与寿宁县下党乡和永泰溪湖村签订合作，发挥专业特长和思政知识为其设计红色教育读本和周边产品，现已获得福建省“青年红色筑梦之旅”优秀项目和“大创”国家级立项。

（二）有效推进课程思政，健全课程思政实践育人体系

高校立德树人要全员、全过程、全方位开展，课程思政在立德树人中发挥着重要作用。高校专业课程教学作为传授知识、技能的主要途径，也潜移默化地影响着学生思想道德品质的形成和价值观的塑造。专业课教师在“全员育人”中地位重要，并具有独特优势。高校专业课教师要把教书育人作为其首要职责，在教学中既要传授专业知识技能，更要通过言传身教教会学生为人处世，使学生在学习过程中领会到待人接物的正确方法，培养其对学习、工作的热情和对他人、社会的关心。当前，专业课教师除育人意识需要进一步加强外，还需要对课堂教学如何挖掘思想政治教育资源、如何发挥其德育功能进行

整体性思考与技巧性设计,使课程思政成为常规性、可持续的教育教学活动。

阳光学院高度重视课程思政建设,在学生的专业培养目标和课程设计中充分体现了立德树人根本任务。学校将思想政治教育贯穿于各门专业课程的建设中,通过学科建设、课程改革、教材体系建设等推动思想政治教育内容进教材、进课堂、进学生头脑;通过课前精心设计、课堂巧妙植入来发挥专业课程的思政功能,夯实全程育人的根基,提升学生对现实问题的认识能力。阳光学院在应用型转型的过程中,非常注重引导全体教师明晰育人职责,肩负育人使命,通过建立合理的体制机制激发各学科课程的育人力量,现已形成以思想政治理论课"领舞",各学科课程思政整体跟进的立德树人格局,大力推动立德树人贯穿、贯通、融入教育教学的全过程和全方位。在课程思政建设的过程中,高校高度重视开展大学生社会实践活动,不断完善课程思政实践育人体系。阳光学院校党委领导各院系都制定课程思政社会实践育人方案,各院系借助学校与社会相关机构搭建的实践育人平台,在校党委和团委的统筹安排下开展社会实践育人活动。如外国语学院学生热情服务于特奥会、海交会、国际举重超级大奖赛并承担翻译工作;法律系学生使"法律援助与法律咨询"走进社区,现场解答百姓遇到的各种问题;应用心理学专业学生参与狱警心理健康指导与帮扶,帮助他们排除职业困扰。

阳光学院整体推进课程思政实践育人体系建设。首先,构建课程思政实践育人共同体。学校破除各专业课教师投身思想政治教育工作的认知阻碍和实施障碍,引导广大教师在专业课程中融入思政教育,避免"价值中立""价值多元"所带来的"去意识形态性"给大学生造成的不良影响。其次,要构建课程思政实践育人体制机制。学校既要重视第一课堂实践育人,同时也要辅以第二、第三课堂实践育人;既要重视课堂教学活动,也要关注课外实践活动以及网络空间阵地建设,只有实现三个课堂的有机融合、协同联动,才能充分发挥实践育人的整体性效果。再次,建设政策和资金保障机制。课程思政工作的开展需要投入专项经费,为师资培养、人才交流等方面提供支持,尤其是要构建校级联动培训体系,为"课程思政"全面推广提供核心支撑。同时,学校需要制定相应政策,全面实施计划,由专门的职能处室负责,实时跟进开展情况,分工协作、统一步调。在政策方面,为保障实施情况,学校要完善考评机制,把贯彻落实高校思政会精神、十九大精神等纳入年度工作要点。在政策方面,学校可以将课程开发主体作为考评对象和课程评价的结果作为考评的标准,使整个课程开发过程不是单边的流向,而是能够循环推进的。

（三）强化合力育人意识，形成高校立德树人联动机制

首先，构建各教师交流沟通的网络，形成联动服务机制。学校要构建集全员、全程与全方位合为一体的联动机制，教师间的沟通交流必不可少，实现各教师间的充分沟通，完善线上与线下的沟通机制，为教师沟通网络的形成提供了条件和便利。高校要开通专业课教师与思想政治理论课教师之间的沟通渠道，专业课课程是大学生的主体课程，而思想政治理论课是大学生的公共必修课程，如若二者相分离，则会造成大学生专业知识、专业技能与全面成才相脱离，但目前大多数大学生对思想政治理论课持无感与反感态度，这促使专业课知识与思想政治知识的融合成为必然，在两类课程教师的充分沟通与探讨下，便可以形成两类课程的相辅相成与相互促进；要完善专业课教师与辅导员、班主任的沟通渠道，辅导员、班主任对大学生的信息掌握全面，对每个学生的情况了解充分，但其教育渠道与方式却较为单一与僵化，若能通过专业课教师潜移默化的方式对问题学生进行有针对性的思想政治教育，那么，思想政治工作的合力效果将发挥到更佳；专业课教师间也应有充分的沟通，除了实验室内部的师生沟通，更应建立专业课教师办公室研讨工作制度，使专业课教师能够有固定与足够的时间参与到社会问题、热点问题及大学生的政治、思想、生活问题的探究与讨论中。

其次，要拓宽各专业课教师与学生的互动渠道，及时有效地对大学生开展教育。除了课堂知识性教学，高校应鼓励专业课教师通过面对面指导、微博互动、邮箱留言等方式，使专业课教师能够积极地对大学生各个阶段进行有效的辅导与服务，做好大学生的相关工作，在此过程中对大学生产生言与行的积极影响，做到思想政治工作的春风化雨、润物无声。在大学新生入学选课期间，各个班级应建构专业课教师对大学生选课的指导平台，帮助大学生根据自身特点提供恰当的理论与实践课程选修方案，消解大学生在初入大学时的茫然与无措；对于大学生的职业生涯规划，高校也应运用有效方式使专业课教师身负其责，鼓励专业课教师开展就业创业主题教育与讲座，使大学生能始终明确自己的奋斗目标与人生使命；专业课教师与大学生接触时间长、空间范围广，因为学习难题、家庭困境甚至心理障碍，他们都更愿意与其进行交流并期待得到有力的指导，打通这一渠道，能够使专业课教师成为大学生咨询心理问题与解决实际问题的知心朋友，在线上与线下为学生的健康成长指导和引路。

二、进一步完善民办高校社会实践育人教育管理制度

社会实践育人教育管理制度建设是社会实践得以有效推行的重要保障。

它对固化实践育人成果，承载实践育人理念和大学精神，构建实践育人长效机制起着重要作用。

（一）完善社会实践育人领导、协调制度

多年来的社会实践育人探索，一系列喜人的成果，进一步激发了阳光学院师生参与社会实践的热情：一边是师生实践动手能力的提升，一边是企业的好评如潮；一边是所学在所用中开花结果的喜悦，一边是乡村振兴路上一个个项目被孵化、被看到、被推广。随着社会实践育人的深入推进，阳光学院将进一步完善社会实践育人领导、协调机制。学校充分发挥由学校党委书记牵头、各二级院系负责人组成的实践育人工作领导小组的作用，把实践育人工作纳入重要议事日程和年度工作计划，统筹安排，抓好落实。各二级院系也要成立领导小组，各部处成立联动小组，有力配合，积极服务于社会实践育人工作的开展。

（二）完善社会实践育人人才培养制度

学校始终把社会实践作为提高人才培养质量的重要抓手，加强教育引导，积极探索常态化、制度化的实践育人培养制度。我校已把学生的社会实践作为必修课计算学分。近年，出台了规范社会实践育人的政策文件，把学生参加社会实践、志愿服务情况作为评先评优、就业推荐等的重要依据。学校将进一步完善、深化实践育人培养制度建设，明确工作目标、任务和措施，将实践育人作为人才培养的重要组成部分，在对应用型人才培养方案进行修订时，将思想政治教育、专业教育、创新创业教育、社会责任教育有机融合；不断完善实践育人体系，着力建设“实践教学（第一课堂）、实践活动（第二课堂）、社会实践（第三课堂）”三个实践课堂，建设“创新创业平台、通识教育平台、素质拓展平台”三个实践育人平台，构建“三个课堂一体，三个平台联动”的实践育人模式，形成实践育人合力，提高实践育人质量和效果，不断提升学生的实践应用能力、创新创业能力和综合素质。

（三）完善社会实践育人考核评价制度

《教育部等部门关于进一步加强高校实践育人工作的若干意见》（教思政〔2012〕1号）明确指出：“教育部门要把实践育人工作作为对高校办学质量和水平评估考核的重要指标，纳入高校教育教学和党的建设及思想政治教育评估体系，及时表彰宣传实践育人先进集体和个人。各高校要制订实践育人成效考核评价办法，切实增强实践育人效果；要制定安全预案，大力加强对学生的安全教育和安全管理，确保实践育人工作安全有序。”阳光学院认真贯彻落实教育部等部门文件精神，已将实践育人写入专业培养计划，有一定的学分，今后也将进一步完善社会实践育人考核评价制度，修订、完善实践育人成效考核评价办法，完善安全预案，切实做好学生的安全教育和安全管理。学校已将教师参与社会实践育人纳入教师工作量与教师考核评优等文件中，对在社会实践育人方面表现突出的教师与集体将在教师节表彰大会上予以表彰，通过优秀典型感召教师积极参与社会实践育人，有效地提升实践育人效果。

三、努力构建多学科融合的实践育人教学指导机制

实践育人是现代教育的重要理念，在学校教育中扮演着重要角色。多学科融合的实践育人价值日益凸显，对国家、社会、学校、学生都产生了积极的作用，为学校实践育人打开了新的思路，为培养高素质的人才奠定了基础。学校将树立多学科融合的实践育人教育教学理念，建立多学科教师协同指导的实践育人机制及多学科学生共同参与的实践育人机制。

（一）树立多学科融合的实践育人教育教学理念

多学科融合是培养学生较强创新能力与实践能力的源泉，阳光学院致力于多学科融合实践育人教育教学理念的探索与建构。在学科布局上，学校在保持优势学科发展的基础上，促进学科交叉融合，加快培育新的学科增长点，始终把实践育人的理念贯穿于学科建设中，通过学科整体水平的提升和布局的优化，带动实践育人教学的扎实推进。学校建立通识教育与专业教育相融合的人才培养体系，加强通识教育核心课程体系建设；实施本科大类招生和大培养，通过新生导引项目、通识教育课程和专业引导类课程，提升学生学习与发展的自主性。学校还将探索建立通识教育新模式，通过打造“产教发展共同体”，提升应用型人才的培养质量。学校优选行业龙头企业作为合作对象，人才互聘、信息互通、设施共建、项目共用，实现深度融合，把实践育人作为创新创业教育的重要内容；依托投入6000多万元建成的大型综合性创新创业基地创四方园，推进“创意激发、动手实作、跨域合作、实境学习”新型教学模式改革。学校不断丰富实践育人内涵，引导大学生到基层、到贫困地区开展社会实践和就业创业；不断增强实践育人的合力，调动和整合社会各方面资源；不断创新实践育人方式，建立大学生实践创新制度体系，着力打造实践育人和创新创业教育新模式。

（二）建立多学科教师协同指导的实践育人机制

各学科都蕴含着育人力量，专业课教师在对学生进行知识传授的过程中，

同时负有对大学生进行实践育人的职责，要通过挖掘各学科自身特点，以及自身的言传身教和行为示范发挥对大学生思想观念、价值取向的影响，将实践育人的内容融入专业知识的讲解中，贯穿于教育教学的全过程。阳光学院社会实践育人是以真实项目为基础开展的，真实项目的完成往往需要多种专业知识的融合，为此，阳光学院建立了多学科教师协同指导的实践育人机制。

阳光学院历来重视加强实践育人队伍建设，为实现不同专业师生的协同，制定和完善多学科教师协同指导的实践育人的规章制度，从制度层面为实践育人保驾护航。一是目标导向机制。多学科教师协同指导社会实践育人，要坚持“以人为本”的原则，使目标体现人的发展和利益诉求，定位符合人的全面发展的需要，必须服务于人和施教于人，因此，其育人化人的内容和方式必须是全程参与、全程指导和全程评议。二是监督评价机制。实践育人的落实需要健全的监督和评价机制作为保障。学校应设立专门的实践育人工作委员会，对多学科教师协同指导的实践育人工作进行统筹安排和监督评估。健全教师实践育人的评价体系，应研究制定内容全面、指标合理、方法科学的具有可操作性和实施性的评价指标，同时要加大对教师师德的考评，将教师师德表现和实践育人质量纳入教师考评的范围。三是动力激励机制。动力激励是构建实践育人长效路径的驱动力量。为激励全体教师将实践育人贯穿于教育教学和管理服务中，学校可通过在全体教师中选树典型、评选实践育人模范，并在教师的职称评定、岗位评聘、绩效考核中对教师实践育人工作及效果进行量化考察等方式，对表现突出者给予褒奖和鼓励，以促进全体教师将思想政治工作落到实处。

（三）建立多学科学生共同参与的实践育人机制

人才培养从来不是一个学科、一个专业就可以独立完成的，尤其实践育人更是一个需要多方协调的系统工程。作为一所多科性大学，阳光学院充分利用自身资源，认真规划多学科学生共同参与的实践育人机制，调动全校学生积极投身社会实践中。

开展乡村振兴项目，需要多学科知识的支撑，多学科学生的共同参与。学校将研究、调研、分析，出台课程、实践以及学生活动等方面的文件，从政策和制度层面对实践活动予以保障。学校将充分发挥全校学生的力量，组建跨院系跨专业的“百人团”，投身乡村振兴的伟大行动中；发挥不同专业的优势，融人工智能、设计、文创、艺术、电商等于一体，使学生们在实践中运用和发挥专业知识的同时砥砺品性。阳光学院已经完成或正在实施的“农耕文化”“黄酒文化”“果蔬小镇”等一系列项目，都是在学校党团组织的领导下，发动多学科学生共同参与来完成的。在这一系列项目开展的过程中，各专业学生由学校统一组织安排，同时又独立承担项目中的某个任务，不同专业学生分工协作，高质量地完成承担的社会项目。这不仅增强了他们的专业知识运用能力，也强化了他们的协作能力，增强了学生服务国家、服务人民的责任感，激发出学生勇于探索的创新精神，培养了学生解决问题的实践能力。

第二节　加强师资队伍建设提升实践育人成效

教师是一所大学的生产力，优秀的思政教师可以提高实践育人的成效。2018 年 11 月，习近平在全国教育大会上强调，人才培养，关键在教师。[①] 教师是人才培养过程中的重要因素之一，更是思想政治教育过程中的主要角色。2019 年 3 月，习近平在北京主持召开学校思想政治理论课教师座谈会时指出，办好思想政治理论课关键在教师，关键在发挥教师的积极性、主动性、创造性。[②] 可见，无论从教育理论层面上讲，还是从国家政策导向上讲，教师始终是教育教学，尤其是思想政治教育教学过程中无法取代、不可或缺的一部分。好的思想政治教育离不开高素质的思想政治教师。在理论探讨与社会实践的过程中，阳光学院始终将教师主导作为“四位一体”实践育人模式中的关键一环。为打破思政教育与专业教学“两张皮”的现状、走出思政课实践薄弱的困境、进一步提升社会实践育人成效，阳光学院着力打造优秀的思政课程实践育人师资队伍、课程思政实践育人师资队伍和实践育人地方导师队伍。

一、打造优秀的思政课程实践育人师资队伍

思想政治理论课、综合素养课程、专业课程是高校思政课程体系的三大组成部分。作为高校思政课程体系的核心支柱，思想政治理论课不仅发挥着主体功能，还具有领头羊的作用。毫无疑问，承担高校思想政治理论课程的教师队伍素质的高低决定着高校思想政治教育的成效。没有高素质的思政课程实

---

① 教育部.坚持中国特色社会主义教育发展道路　培养德智体美劳全面发展的社会主义建设者和接班人[EB/OL].(2018-09-10)[2019-10-20].http://www.moe.gov.cn/jyb_xwfb/s6052/moe_838/201809/t20180910_348145.html.

② 人民网.办好思政课关键在教师[EB/OL].(2019-03-20)[2019-10-20].http://theory.people.com.cn/n1/2019/0320/c40531-30984412.html.

践育人的师资队伍，也很难带出一批高素质的应用型人才。可以说，高素质的思政课程教师是高校实践育人的基础。阳光学院将通过引进和培养等手段，打造一支具有阳光特色的优秀思想政治课程实践育人师资队伍。

（一）引进一批有实践育人经验的思政教师

所谓大学者，非谓有大楼之谓也，有大师之谓也。作为一所极具发展潜力的民办大学，阳光学院一直致力于高水平人才的引进与培养。近年来，阳光学院大力实施人才强校战略。2018年年初，在阳光集团董事会的支持下，阳光学院启动“百名博士引进计划”，营造了“引才聚才，得天下英才”的良好氛围。这些举措对于一所年轻的民办大学来说意义重大，也为引进一批有实践育人经验的思政老师提供了可能。当然，引进一批有实践育人经验的思政教师不仅需要学校给予硬性条件的支持，也需要学校软性条件的吸引。对于优秀的思政教师来说，良好的思想政治教育教学氛围往往会比学校提供的物资条件更吸引人。因此，阳光学院通过硬性条件与软性条件的双重建设与提升来吸引优秀的思政教师。

什么样的教师才算是有实践育人经验的思政教师呢？现在的高校思想政治教育与以往大大不同。诚然，教师学历，思政教育教学兴趣、经验等因素是优秀思政教师的必备条件，也是引进教师的基本要求。但是我们已经不能按照十年前的招聘要求进行当前思政教师的选拔，而要根据新时代对思政教师的要求来进行招聘。除了思政教师最基本的专业素养，新时代的思政教育需要掌握现代信息技术、有较强的分析问题解决问题的能力、有丰富的实践育人经验。鉴于此，阳光学院所引进的优秀思政教师不仅要具有最基本的教师素养、丰富的专业知识，还应具有极强的理论与实践相结合的能力。这样才能走出思政课程实践环节薄弱的困境，将我们的学生从课堂带到实践中去，实现实践育人的目的。

（二）培养一批具有实践育人能力的思政教师

引进高层次、具有实践育人经验的思想政治教师必然能够引领高校的思想政治教育发展走向，但高校的思想政治教育还应注重培养一支具有本校特色的、有极强实践育人能力的思想政治教师。阳光学院对思政教师的培养可以从两方面来说：一是学校层面对教师的培训；二是教师层面的自我发展。学校层面对教师的培养主要包括学校出资或提供机会支持教师的校内外培训与交流，这是高校进行教师培训常用的一种方式。近年来，各大高校的“教师培训中心”已经逐渐被“教师发展中心”所取代。教师发展比教师培训更加人性化、专业化与系统化。因为仅仅依靠教师培训是不能培养出一名卓越的、具有实践育人能力的教师的,还需要发挥教师的主观能动性。对于一名具有实践育人能力的思政教师来说,主动的自我发展往往比被动的教师培训更重要。

教师自我发展是作为生命整体的发展,是使教师的内在素质和教育态度、专业结构发生根本性质的转变,也是解决教师发展技术化倾向问题的根本所在。教育实践是实现教师生命整体发展的根本路径。① 阳光学院创立教师发展中心的目的正在于形成教师的自我发展,培养适应学校发展与社会需要的师资力量。习近平在"7·26"重要讲话中提到,做好思想政治工作的关键在于"因事而化、因时而进、因势而新"。② "三因"理念首先强调的是教师主观能动性的发挥。也就是说,思政教师应该将理论灵活地运用于实践中去,根据时代的发展与需要学习进步、不断地更新自己的知识储备。阳光学院未来不仅能够为教师提供更充足的培训机会,也能够给予老师更多的关怀与帮助,激发教师自我发展的潜力,让教师实实在在地投入到实践育人、育己的工作中去。

二、打造优秀的课程思政实践育人师资队伍

2018 年 3 月,教育部部长陈宝生指出:"要啃下一批'硬骨头',包括教师思政、课程思政、网络思政等,解决思政课和思想政治工作发展中的一些难点问题。"③这里的"课程思政"是"思政课程"发展的外延,是为解决思政课与专业课"两张皮"的问题而产生的。虽然二者的核心内涵都是立德树人,但在思想政治教育过程中承担的角色各不相同。"课程思政"重在建设,教师是关键,教材是基础,资源挖掘是先决条件,制度建设是根本保障。④ 当前,只有提高教师对课程思政实践育人的思想认识、提高教师课程思政实践育人能力、完善课程思政实践育人评价机制,打造优秀的课程思政师资队伍,才能更好地推进阳光学院实践育人,实现立德树人根本目标。

---

① 李方安.论教师自我发展[J].教育研究,2015,36(04):94-99.

② 因事而化　因时而进　因势而新——习近平"7·26"重要讲话体现的理论品格和思想方法[EB/OL].(2017-09-25)[2019-10-22].http://theory.people.com.cn/n1/2017/0925/c40531-29556665.html.

③ 陈宝生.彻底改变思政课的被动情形[EB/OL].(2018-03-16)[2019-10-22].教育部门户网站,http://www.moe.edu.cn/jyb_xwfb/xw_zt/moe_357/jyzt_2018n/20188_zt07/.

④ 邱伟光.课程思政的价值意蕴与生成路径[J].思想理论教育,2017(07):10-14.

(一)提高教师对课程思政实践育人的思想认识

在社会多元价值交织、渗透的复杂背景下,单纯或过度依赖思政课对大学生进行价值引导的局限性日益凸显,高校亟须发挥多学科优势,全课程、全方位育人。[①] "课程思政"比"思政课程"的内涵更加丰富,外延更加广阔。其本质的区别在于专业性。"课程思政"概念的内涵与外延相对模糊,而"思政课程"的政治性、思想性较强,这是思想政治的学科专业特色。这种专业性导致了各种各样的误解,也给高校思想政治教育带来了诸多难题。许多高校教师要么把"课程思政"等同于"思政课程",要么把"课程思政"看成是"思政课程"的下位概念。即便少数教师认为"课程思政"是"思政课程"的上位概念,但都因没有明确的课程设计、教材资源等原因,在实际的教学过程中难以取得长足效果而放弃。这一系列的认知误区与障碍导致高校教师很难真正积极地参与到课程思政的教育教学中去。民办高校亟须提高教师对课程思政实践育人的思想认识水平。一方面,学院要通过调查研究,对教师的认知误区进行归类,再分别针对不同的认知误区采取相应的措施。例如,对因知识储备不足而导致的认知误区,要通过加强教师专业知识的培训与学习来解决;对因教师个人的信念而引起的认知误区,学校要通过对教师进行思想理论教育和深入的交流沟通来加以解决。另一方面,学校尽可能为具有较高思想政治教育素养与能力的教师提供进行课程思政教学实践育人的便利条件。只有充分发动和组织教师积极参与课程思政教育教学实践,才能促进课程思政的全面建设和发展。[②]

(二)提高专任业务教师课程思政实践育人的能力

专业课教师思想政治素养和思想政治教育能力问题是当前课程思政推行中存在的核心问题之一。[③] 阳光学院自创校之初便十分注重教师思想政治素养及其教育能力的培养。今后,阳光学院将在加强学科交叉融合的同时,更加注重教师"立德树人"的素质与能力的提升。第一,提升专业课教师的思想政治素养。作为高校教师,首先对思想政治教育体系要具备系统的运用能力,要通过常态化培训、伙伴式学习,帮助教师掌握思想政治教育的内容体系,理解

---

① 高德毅,宗爱东.从思政课程到课程思政:从战略高度构建高校思想政治教育课程体系[J].中国高等教育,2017(01):43-46.

② 邱伟光.课程思政的价值意蕴与生成路径[J].思想理论教育,2017(07):10-14.

③ 陆道坤.课程思政推行中若干核心问题及解决思路——基于专业课程思政的探讨[J].思想理论教育,2018(03):64-69.

基本内涵与逻辑，使其在提升思想政治素养的同时，逐步具备思想政治教育的基本能力与素养，这是专业课程教师“胜任”课程思政的前提和基础。第二，掌握思想政治教育的特征、规律和话语。思想政治教育有其特定的要求和规范，也有其特定的话语系统。相较于生动性、人文性因素而言，思想政治教育活动也有其严肃性。掌握思想政治教育的基本规范和基本要求，帮助教师以合适的方法开展思想政治教育，是推动专业课教师“胜任”的重要手段。第三，形成对接意识，推动专业课教师的“善任”。实现思想政治教育与专业课程的有机对接，需要教师能够基于对思想政治教育核心原则和要求的内化，主动结合专业课的设计与教学活动的实施，深度开发教材，挖掘其中的思想政治教育因子。

（三）完善对课程思政实践育人教师的评价机制

建立和完善对思政课程实践育人教师的评价机制是课程思政实践育人教学有序、高效进行的保障。为进一步推动课程思政实践育人的向前发展，阳光学院不断提炼对课程思政实践育人教师的评价理念，完善评价制度和评价机制。首先，精炼对课程思政实践育人教师的评价理念，明确课程思政实践育人的目标。阳光学院课程思政实践育人以“立德树人”“刚健笃实、辉光日新”等理念为基础，努力促进教师以德治学、以德育人的素质发展。其次，完善对课程思政实践育人教师的评价制度，突显实践教学的地位。阳光学院未来会不断完善课程思政实践育人评价机制，进一步凸显“爱国情怀”“阳光的心态、健康的体魄”等理念的教育教学中心地位。再次，建立课程思政实践育人教学评价的指标体系，引导和促进课程思政实践育人教学方式变革。最后，建立对课程思政实践育人教师的评价机制，为课程思政教师营造良好的教学文化氛围。阳光学院规范思政教学评价过程，注重过程评价与结果评价的结合，创造先进的课程思政教学文化，调动课程思政教师的教学积极性。

三、不断加强实践育人社会导师队伍建设

如果说思政课程与课程思政是学校层面的思想政治理论教育，那么，社会实践便是社会层面的思想政治教育。实践育人的起点在于实践，落脚点在于育人。如果没有社会实践，也就谈不上实践育人。高校思想政治教育需要学校层面的师资队伍，也需要社会层面的导师队伍。作为一所应用型民办大学，阳光学院十分注重学生实践能力的培养，分别从建设实践平台构建经验型的社会导师队伍、深化实践育人建设专家型的社会导师队伍等方面着手进行实践育人社会导师队伍建设。

(一)建设实践平台构建经验型的社会导师队伍

实践平台是提升社会导师队伍整体素质的重要基础,也是思政实践育人的土壤。在当前创新创业的大背景下,构建实践育人的实践平台并非难事。阳光学院利用自身优势,将思想政治教育、乡村振兴与社会实践结合起来,努力构建实践育人平台,孕育与培养出一批高素质的社会导师团队。作为地方应用型民办本科高校,阳光学院历来较为重视"双师双能"型教师的引进与吸收。目前来看,阳光学院全校专任教师队伍中,"双师双能型"教师占50.4%。"双师双能"型教师分布在土木建筑类、经济管理类、信息技术类、人文艺术类等领域,不仅具有行业扎实的理论基础知识,还具有丰富的社会经验。这是阳光学院区别于其他公办普通高校的特色所在,也为建设实践平台提供了师资来源。

阳光学院从这部分"双师双能"型教师中遴选校内导师,作为地方导师团队的核心骨干人员。当然,在遴选的过程中,阳光学院成立专门选拔小组,以师德师风、行业经验、专业知识、问题意识、信仰兴趣为主要遴选标准,按照教授、副教授、讲师的比例适当进行选拔。一方面,选拔出的校内导师骨干要能调动学生的问题意识,引导学生关注现实,积极思考,勇于提问,敢于质疑,充分调动学生在社会实践活动中的积极性、主动性和创造性,培养学生健全人格和良好的思想品质,真正发挥学生的主体性作用。另一方面,校内导师要能够认真地解读和研究相关的教学内容,充分关注学生的思想动态和问题,并予以积极的回应和解答。

(二)深化实践育人建设专家型的社会导师队伍

拥有地方声望、实践经验的专家型导师是建设地方导师团队的中坚力量,是引领大学生回乡建设的关键人物。社会实践活动是引导大学生投身农村、助力乡村振兴的必要路径。专家型社会导师要利用实践与活动构建起大学生与乡村的直接联系,引导大学生亲身接触乡村、客观了解乡村,建立投身乡村的现实需要与情感自觉。因此,专家型社会导师应该首先充分了解乡村振兴战略,认识到乡村未来发展的光明前景。其次,专家型社会导师应该充分了解党和国家鼓励大学生人才到乡村就业的政策。最后,专家型社会导师要使学生充分认识到乡村就业的良好发展前景、完善的发展政策以及体制机制。阳光学院在引进地方实践经验的专家型社会导师时不仅需要考察其政治素养与政治教育能力,而且还要求其对乡村振兴、大学生培养与就业有一定的了解,可对大学生进行"引导教育"。"引导教育"是思政教育的一种基本方式,也是助力乡村振兴人才建设的基本方式，即在教育中引导学生树立正确的职业理想和观念，正确认知乡村，助力乡村振兴，实现人生价值。阳光学院加快引进具有实践经验的专家型的社会导师，建立“双能”导向的管理模式和评价机制等措施，来建设一支结构合理、素质精良的“双师双能”型实践育人社会导师队伍。

第三节　深化乡村振兴实践提升实践育人成效

随着国家相关部门先后颁布《中共中央、国务院关于实施乡村振兴战略的意见》《乡村振兴战略规划(2018—2022 年)》等重磅政策文件，乡村振兴战略成为一个热门话题，为乡村建设服务成为全社会各个部门的重要任务。2018 年 12 月，教育部发布《高等学校乡村振兴科技创新行动计划(2018—2022 年)》的通知，明确提出高等学校要深入服务乡村振兴，在人才培养、科学研究、社会服务、文化传承创新和国际交流合作等方面发挥重要作用。[①] 民办高校作为中国高等教育的重要组成部分，理应发挥不可替代的服务作用。同时，民办高校又具有一定的特殊性，它与公办高校不同，它不具有公办高校的诸多优势，如何让民办高校在服务乡村建设上做出特有的贡献，不仅是一个理论问题，而且是一个十分现实的问题。

一、搞好服务乡村振兴的调查设计

服务乡村建设的第一步是了解乡村真正需求什么，如果盲目地为乡村服务，没有明确的目标规划，不仅服务的效果不好，还可能引发满意度低甚至其他不良反应。因此，搞好服务乡村振兴的调查设计是民办高校服务乡村的重要环节。首先，去哪里调查。民办高校为乡村建设服务，是一句特别空泛的口号或者标语，到底为哪里的乡村服务，还不能一概而论。民办高校在中国具有一定的特殊性，它们的社会认可度普遍还不够高，办学质量还有待提升，难以与公办高校相匹敌，在中国，民办高校中难以有像美国等发达国家那样知名的私立高校。这也就决定了中国的民办高校多数是偏应用型的、偏技术型的，而

---

① 教育部关于印发《高等学校乡村振兴科技创新行动计划(2018—2022 年)》的通知[EB/OL].(2018-12-29)[2019-10-24]. http://www.moe.gov.cn/srcsite/A16/moe_784/201901/t20190103_365858.html.

且,民办高校培养的技术或应用型人才主要是为当地地方服务的。因此,民办高校服务乡村振兴战略,应主要服务本地,民办高校不可能脱离本地。也就是说,我们要深入到本地的乡村去调查。以阳光学院为例,它地处福州,就应当深入到福州的乡村去调查,深入到福州周边的乡村去调查,当然,这也不是完全绝对的,阳光学院也可以、也应该有主动服务西部等偏远地区的行动。

其次,什么人去调查。调查人员的选取同样值得深思,如果仅有学生,可能难以引起当地政府的重视;如果仅有教师,其调查人员类别过于单一,调查人员应当是包含各个类别、层次的学校教职工与学生等。调查人员中既要包含学校相关部门的领导人员,还要包含相关学院的教师、辅导员、学生,尤其要有专业的教师不断进行指导,以修正调研过程中的问题。特别重要的是,调查人员的选取要注意与地区的切适性,比如,某些学生或教师愿意到自己的家乡或自己感兴趣的地区作相关调研,应予以特别考虑,这样不仅可以提高他们的积极性、主动性,还有利于提升调查的效果。

再者,如何制定调查计划。一般来说,开展具体的调查之前,我们必须要对调查的地点及对象有充分的了解,收集相关资料与开展预调查是不错的方式。当对调查对象有了充分的了解之后,我们就可以制定调查的计划了。调查计划不仅包含调查的行程安排,还要具体到问卷及访谈提纲的设计。而且,其关键就在于问卷及访谈提纲的设计。问卷与访谈提纲应由相关的专业性人员设计,要进行预调查及不断修订调整,要特别注意考虑乡村及农民的特殊性。

最后,如何进行实地调查。以上准备工作完成以后,就进入对乡村的实地调查阶段了,开展实地调查是工作的落实环节。民办高校进行实地调查的关键是取得当地政府的信任,取得当地农民的信任,在乡村中成为“农民”,在农民中进行调研。有些农民可能会有担忧或者不把高校调查当作有益之事,如何打破村民的担忧或引起他们的重视,是调研工作取得成功的关键。开展实地调研就是要切实了解村民的需求,切实解决村民的问题,切实服务乡村战略,只要牢牢把握以上三个原则,调查工作的总基调就是正确的。

二、实践项目与人才培养紧密结合

高等学校的职能主要有三:培养人才、发展科学、直接为社会服务。[①] 民办高校为乡村振兴战略服务,从理论上来看,是高校服务社会的典型做法。高

① 潘懋元.高等学校的社会职能[J].高等工程教育研究,1986(03):11.

校直接服务社会是高等学校的职能之一，从历史上来看，该职能是高校出现较晚的职能，其他两大职能（培养人才、发展科学）是高校出现较早的主要职能。可以说，高校的第一职能就是培养人才，没有人才培养，就没有高校，就没有所谓的为社会服务，只有做好人才培养工作，才能做好为社会服务工作，而且，做好了人才培养工作，就是做好了为社会服务。从这个层面上看，高校服务乡村振兴战略，包含两层意思：其一，高校直接地、对口地为乡村建设服务；其二，高校间接地通过培养人才，为乡村输送毕业生，为社会服务。尽管这里的实践项目主要是突出高校直接地、对口地为乡村建设服务，但不得不考虑人才培养的环节。这是因为，人才培养过程中不突出乡村教育、乡村实践，高校毕业生就不会了解、理解乡村发展与乡村需求，他们多数就不愿意到乡村去工作、去扎根，这样的人才培养，从振兴乡村的意义上来看无疑是失败的。倘若将在乡村的实践项目与人才培养结合在一起，这不仅可以增强服务乡村的力量，提升建设乡村的效度，还有利于间接地为乡村服务，我们就是通过树立大学生的乡村服务意识，推动或吸引高校毕业生回到乡村服务。因此，实践项目与人才培养紧密结合，具有重要的战略意义。

那么，具体应当如何来做呢？第一，要坚守“主动性”原则。让学生与教师参与乡村实践项目，不应是强制性的，而应是学生与教师有一定的积极性。实践项目不必强制所有教师与学生都参与其中，应鼓励感兴趣的人员积极报名参与，并给予他们各种支持与帮助。学生在实践项目当中获得知识、经验等成就，就对该项目有了归属感与认可，也就自然有了主动性。第二，要坚守“合适性”原则。让学生参与的项目必须是真正适合学生的，不可以过于表面，也不能过难，最好是能够发挥学生在学校所学的知识技能，能够提升学生的实践应用水平，能够切实为乡村做出一定贡献。当学生能够获得一定成就感时，当乡村发生积极改善时，项目育人的目的就切实达到了。第三，要坚守“公益性”原则。民办高校坚守公益性的办学原则，是十分必要的，就是实践项目，也要而且更要突出这个原则。学校为乡村建设服务，完全是自愿且积极主动的，是一种公益性的服务，是符合高校与乡村共同利益的。学校通过服务达到育人及提升品牌的目的，乡村通过被服务达到良好治理的效果。只有这样，实践育人的项目才可能得以持续发展。

三、充分整合乡村振兴各方面的资源

实践育人项目的主体是高校，但是，仅仅依靠高校难以达到良好的育人成效，该项目必须整合各方面的资源，以提升人才培养的效果。校地合作、校企合作、校所合作等合作方式是整合资源的主要方式。校地合作是指民办高校与乡村政府、村民等人员合作，共同发挥育人的作用。没有地方政府的支持，没有基层村民的支持，项目的开展就难以进行下去，育人的效果也不会良好。地方政府不仅可以为民办高校提供各种资源与信息，而且其自身就是良好的实践教育基地。在地方政府部门面前，民办高校要抓住合作契机，建立优势互补关系，维护可持续发展的势头，为服务乡村奠定良好基础。民办高校尽管具有一定的智力优势，但有时，地方政府或者村民的相关优势更大，比如，在基层管理上，政府具有治理经验，在乡村需求上，村民具有很大的发言权。因此，高校与乡村相关主体建立起紧密联系，不仅是服务乡村之必需，也是培养人才之必要。校企合作是指民办高校与乡村企业建立合作关系，共同为乡村经济发展做出一定的贡献。近些年，随着中国经济发展的转型与互联网经济的开展，乡村企业在不断发展壮大，它们是成长型企业，同时也是比较薄弱的企业，尤其需要高校为它们注入新鲜血液。而民办高校也相对处于弱势，也是处于成长中的高等教育机构，这样的“弱弱联合”可能会迸发出强劲的力量，推动乡村企业的发展，推动乡村的产业振兴。关键是，民办高校在这个过程中，自身也得到了成长，尤其是民办高校的学生，通过参与校企合作，他们能够将所学应用到实践当中，同时也获得了潜在的就业机会。这也将民办高校直接为乡村服务与间接为乡村服务结合起来，将人才培养与人才就业结合到一起，十分有利于育人。校所合作是另一种合作方式，它是指民办高校与科研院所进行合作，共同发挥服务乡村的作用。农业科技协同创新对实施乡村振兴战略意义重大。①

民办高校的优势在于提供人才支持，科研院所的优势在于提供科研智力支持，两者合作不仅会为乡村带来高质量的科技成果，有利于乡村可持续振兴，还必将促进高校高端人才的培养。值得注意的是，校所合作的主体民办高校应是具有一定科研实力的高校，拥有研究生培养层次的高校，校所合作的育人更多是针对研究生层次的人才培养。除了以上的双向合作外，现实中的合作更多的是多方协作，高校、乡村、企业、科研院所以及其他机构合作，共同为乡村建设服务。高校在多方合作中处于什么样的地位，应视情况而定，但高校不能忘记其主要职能——人才培养，只有在服务中育人，在育人中服务，将育人与服务相结合，才能更好地整合各方面的资源，全面提升育人成效。

① 王燕，刘晗，赵连明，等.乡村振兴战略下西部地区农业科技协同创新模式选择与实现路径[J].管理世界，2018，34(06)：14-15.

四、不断增强乡村振兴服务的有效性

要提升乡村振兴服务项目的有效性，就必须深刻把握民办高校自身与乡村的特性，从而发挥各自的优势，达到优势互补，进而达成有效治理。民办高校有什么样的优势？民办高校最大的优势就是自主性强、灵活性高，它能够发挥自身办事效率高的优势，为乡村建设做出其独特的贡献。以阳光学院为例，近些年，阳光学院排名不断攀升，社会影响力不断增强，这与其自身灵活、主动地适应社会变化，服务社会有着紧密的关联。未来，阳光学院要继续发挥自身特色优势，不断适应新的环境与挑战，主动加入服务乡村的战略大潮，灵活应对并解决各种问题。那么，乡村有什么样的优势呢？乡村拥有巨大的资源，比如劳动力、土地等，只是这些资源并没有被很好地利用起来或者被闲置，例如，现在乡村的大量劳动力进城务工，导致乡村人才与劳动力极其匮乏。高校为乡村建设服务，就是要发挥自身优势，联合乡村优势，达到优势与优势的叠加，让乡村真正发挥出其应有的优势。从理论上看，民办高校只是将乡村中蕴含的潜力挖掘了出来。

怎样挖掘乡村的潜力呢？民办高校必须进行系统的规划，组织一支综合素质过硬、专业素养较高、精神面貌良好的服务性队伍，深入到乡村实地进行考察、锻炼，与乡村建立起紧密的合作关系，获取乡村政府及村民的信任，切实为乡村做出独特的贡献。服务项目必须是考虑乡村需求的可行的项目，而不是面子工程，不是难以完成的项目。项目完成后，高校要对项目进行系统性的评估，评估项目完成度的指标必须包含村民的意见，村民良好的反映是项目完成的首要标准。项目评估有利于项目的可持续开展，有利于项目进一步完善，有利于下次项目更好地开展。也就是说，实践育人项目或者乡村服务项目的开展是一个体系，从前期的调研，到具体的开展，再到项目完成之后的评估，每一个环节都是必不可少且非常关键的，建立系统性的思维与逻辑，对于项目的高质量、高效率、高水平完成具有深远的意义。总之，提升项目开展的有效性，必须从顶层设计到具体实施，层层规划，层层管理，层层把关，才能有效地完成一个高质量的项目。

参考文献

一、著作类

[1]马克思,恩格斯.马克思恩格斯选集(第1～4卷)[M].北京:人民出版社,1995.

[2]马克思,恩格斯,列宁.马克思 恩格斯 列宁论教育[M].北京:人民教育出版社,1993.

[3]马克思,恩格斯.马克思恩格斯文集.第8卷[M].北京:人民出版社,2009.

[4]列宁.列宁选集(1—4卷)[M].北京:人民出版社,1995.

[5]毛泽东.毛泽东选集(第1—4卷)[M].北京:人民出版社,1991.

[6]邓小平.邓小平文选(第1—3卷)[M].北京:人民出版社,1993.

[7]江泽民.江泽民文选(第1—3卷)[M].北京:人民出版社,2006.

[8]胡锦涛.胡锦涛文选.[M].北京:人民出版社,1993.

[9]习近平.习近平谈治国理政[M].北京:外文出版社,2014.

[10]中共中央宣传部.习近平总书记系列重要讲话读本[M].北京:学习出版社,人民出版社出版,2014.

[11]十九大报告辅导读本[M].北京:人民出版社,2017.

[12]习近平.决胜全面建成小康社会夺取新时代中国特色社会主义伟大胜利—在中国共产党第十九次全国代表大会上的报告[M].北京:人民出版社,2017.

[13]中共中央文献研究室.习近平关于青少年和共青团工作论述摘编[M].中央文献出版社,2017.

[14]习近平.决胜全面建成小康社会 夺取新时代中国特色社会主义伟大胜利——在中国共产党第十九次全国代表大会上的报告[M].北京:人民出版社,2017.

[15]本书编写组.思想道德修养与法律基础[M].北京:高等教育出版社,2018.

[16]本书编辑部.中国教育年鉴2015[M].北京:人民教育出版社,2016.

[17]本书编辑部.中国教育年鉴2014[M].北京:人民教育出版社,2016.

[18]本书编辑部.中国教育年鉴2013[M].北京:人民教育出版社,2014.

[19]王振民.中国校外教育工作年鉴2016—2017[M].武汉:武汉大学出版社,2018.

[20]陈万柏,张耀灿.思想政治教育学原理[M].2版.北京:高等教育出版社,2007.

[21]郑永廷.思想政治教育方法论[M].北京:高等教育出版社,2003.

[22]张蔚萍.思想政治工作发展史[M].北京:中共中央党校出版社,2008.

[23]张耀灿,等.现代思想政治教育学[M].北京:人民出版社,2006.

[24]张蔚萍.新世纪的思想政治工作[M].北京:中共中央党校出版社,2008.

[25]荆惠民.思想政治工作概论[M].北京:中国人民大学出版社,2007.

[26]徐大同.西方政治思想史[M].天津:天津人民出版社,2006.

[27]柳恩铭.思想政治教育的文化传承与创新研究[M].广州:广东人民出版社,2009.

[28]邓球柏.中国传统文化与思想政治教育[M].北京:首都师范大学出版社,1999.

[29]顾友仁.中国传统文化与思想政治教育的创新[M].合肥:安徽大学出版社,2011.

[30]戴焰军.思想政治工作实效性导论[M].北京:中共中央党校出版社,2012.

[31]骆郁廷.文化软实力[M].北京:中国社会科学出版社,2012.

[32]李斌雄.中国共产党的价值观研究[M].北京:中国社会科学出版社,2003.

[33]项久雨.思想政治教育价值论[M].北京:中国社会科学出版社,2003.

[34]黄奇杰,蔡军.社会调查方法概论[M].杭州:浙江大学出版社,2007.

[35]冯刚,沈壮海.中国大学生思想政治教育发展报告[M].北京:北京师范大学出版社,2013.

[36]联合国教科文组织国际教育发展委员会.学会生存[M].北京:教育科学出版社,1996.

[37]张汝伦.历史与实践[M].上海:上海人民出版社,1995.

[38]陶行知.行知书信集[M].合肥:安徽人民出版社,1998.

[39]黄济.教育哲学通论[M].太原:山西教育出版社,1998.

[40]马和民,高旭平.教育社会学研究[M].上海:上海教育出版社,1998.

[41]李秀林.辩证唯物主义和历史唯物主义[M].北京:中国人民大学出版社,1992.

[42]甘霖.高校实践育人研究[M].北京:人民出版社,2015.

[43]徐剑波.探索:高等农业院校:“五四三二一”实践育人体系研究[M].北京:中国社会出版社,2017.

[44]张子睿,卢彤.思想政治教育实践育人理论与对策研究[M].经济日报出版社,2019.

[45]董振华.创新实践与唯物史观形态研究[M].中国人民大学出版社,2019.

[46]林崇德.心理学大辞典[M].上海:上海教育出版社,2003.

[47]高清海.哲学的奥秘[M].长春:吉林人民出版社,1997.

[48]宋希仁,等.伦理大辞典[M].长春:吉林人民出版社,1989.

[49]任钟印.夸美纽斯教育论著选[M].北京:人民教育出版社,1990.

[50]郑晔.中国特色社会主义理论与实践教学研究[M].成都:四川大学出版社,2018.

[51]赵彤.新建应用型本科实践教学体系构建研究——以商科专业为例[M].南京:东南大学出版社,2017.

[52]戴钢书.高校思想政治理论课实践教学论[M].北京:中国人民大学出版社,2015.

[53]袁祖社.实践与公正:马克思的哲学价值观研究[M].北京:中国社会科学出版社,2014.

[54]李伟.实践范式转换与实践教学改革[M].北京:教育科学出版社,2010.

[55]欧阳康,张明仓.在观念激荡与现实变革之间——马克思实践观的当代阐释[M].北京:中国人民大学出版社,2010.

[56]亚里士多德.尼各马可伦理学[M].廖申白,译.北京:商务印书馆,2019.

[57]亚里士多德.政治学[M].吴寿彭,译.北京:商务印书馆,1965.

[58]赵敦华.西方哲学简史[M].北京:北京大学出版社 2001.

[59]爱弥儿·涂尔干.教育思想的演进[M].李康,译.上海:上海人民出版社,2003.

[60]皮埃尔·布迪厄.实践感[M].蒋梓骅,译.南京:译林出版社,2003.

[61]苏霍姆林斯基.少年的教育与自我教育[M].姜励群,译.北京:北京出版社,1984.

[62]瓦西留克.体验心理学[M].黄明,等,译.北京:中国人民大学出版社,1989.

[63]熊彼特.经济发展理论[M].邹建平,译.北京:中国画报出版社,2012.

[64]卢梭.爱弥尔上[M].李平沤,译. 北京:人民教育出版社,2001.

[65]米夏埃尔兰德曼.哲学人类学[M].上海:上海译文出版社,1988.

[66]苏霍姆林斯基.和青年校长对话[M].赵玮,等,译.北京:教育科学出版社,2009.

[67]斐迪南·滕尼斯.共同体与社会[M].林荣远,译. 北京:商务印书馆,1999.

[68]盛旭.当前大学生社会实践研究——以首都大学生为例[M].北京:中国人民公安大学出版社,2017.

[69]李敏.大学生思想政治教育理论探索与实践育人体系建设研究[M].北京:中国水利水电出版社,2016.

[70]杨化.改革开放以来大学生社会实践研究[M].北京:群众出版社,2016.

[71]王阳明.传习录[M].昆明:云南大学出版社,2003.

[72]李秀林.辩证唯物主义和历史唯物主义原理[M].北京:中国人民大学出版社,1995.

[73]马和民,高旭平.教育社会学研究[M].上海:上海教育出版社,1998.

[74]朱维铮.传统未定的音调[M].沈阳辽宁教育出版社,1995.

二、期刊论文类

[1]骆郁廷,史姗姗.论马克思主义实践育人的德育思想及其现实价值[J].马克思主义研究,2013(10):136-145.

[2]孙彩霞.实践育人理念的理论架构[J].学校党建与思想教育,2012(16):73-74.

[3]宋珺.论实践育人理念在高等教育中的实施[J].思想教育研究,2012(07):84-87.

[4]刘川生.高校实践育人工作有效机制研究[J].思想理论教育导刊,2016(12):119-124.

[5]谈传生,艾楚君.高校思想政治教育实践育人的机制创新——长沙理工大学的新探索[J].思想理论教育导刊,2019(06):138-141.

[6]罗亮.改革开放以来高校实践育人的发展历程与基本经验探析[J].思想理论教育,

2019(05):106-111.

[7]杨国欣，蔡昕.高校实践育人实现路径探析[J].学校党建与思想教育，2019(04):74-75.

[8]陈步云.论高校实践育人动力机制的构建[J].学校党建与思想教育，2018(11):15-18+40.

[9]陈步云.高校实践育人质量评价机制的构建[J].思想教育研究，2018(05):76-80.

[10]董广芝，夏艳霞.高校实践育人共同体建设研究[J].黑龙江高教研究，2018，36(12):133-135.

[11]方正泉.高校社会实践育人实效性探析[J].学校党建与思想教育，2017(19):79-82.

[12]孔志光.基于核心素养培育的高职实践育人"三全四化"模式构建[J].学校党建与思想教育，2018(06):60-62.

[13]胡世刚.新民主主义革命时期毛泽东实践育人观述论[J].毛泽东思想研究，2016，33(01):33-37.

[14]王丽萍，龚燕.学生主体、实践育人与模式创新[J].重庆社会科学，2014(02):123-127.

[15]侯玉环，胡晓红.改革开放以来中国共产党立德树人思想的转型发展[J].广西社会科学，2019(07):53-59.

[16]李力，金昕.立德树人的历史进路、时代意涵和实践指向[J].中国高等教育，2019(06):37-39.

[17]李力，金昕.新时代高校立德树人的内涵、难点及实现路径[J].东北师大学报(哲学社会科学版)，2019(02):149-154.

[18]吴刚.美国高校实践育人概述及启示[J].学校党建与思想教育，2017(02):93-95.

[19]唐启华，汤莉.免费教育师范生思想政治教育实践育人体系研究[J].西南农业大学学报(社会科学版)，2011，9(05):184-186.

[20]杨高.高校实践育人的大学生思想政治教育探析[J].理论观察，2013(02):111-112.

[21]韩泽春.思想政治教育实践育人路径探析[J].中国教育学刊，2013(09):87-89.

[22]丁浩，王婷婷.新时期高校学生社会实践实效性评价探析——基于过程评价的分析视角[J].思想教育研究，2014(04):77-79.

[23]王易，宋友文.新形势下大学生理想信念教育的问题与对策[J].思想理论教育导刊，2011(04):57-60.

[24]骆郁廷，郭莉."立德树人"的实现路径及有效机制[J].思想教育研究，2013(07):45-49.

[25]戴锐，曹红玲."立德树人"的理论内涵与实践方略[J].思想教育研究，2017(06):9-13.

[26]唐东升.大众化文化背景下党的工作进学生社团新机制探究[J].学校党建与思想教育,2010(10):31-33.

[27]毛素芝.乡村振兴战略实施背景下大学生对乡村创业软环境的评价[J].继续教育研究,2018(07):46-51.

[28]杜文婷,张海燕."青年红色筑梦之旅"活动视角下提升地方应用型高校双创教育水平的途径探析——以北京师范大学珠海分校不动产学院为例[J].科技经济导刊,2019,27(07):123-124.

[29]刘娟.高校"双合双循环"实践育人模式研究[J].学校党建与思想教育,2018(18):52-54.

[30]曾继平.探索社会实践推动学生党建的有效途径[J].文教资料,2009(35):167-168.

[31]袁金轩.浅议新形势下社会实践教育在高校党校工作中的作用[J].中国电力教育,2011(04):145-146.

[32]金国峰,宋磊.学生党员社会实践与学生党建工作探讨[J].法制与社会,2014(16):145-146.

[33]李永明.高校精准扶贫工作的必要性、优势与实现路径研究[J].云南开放大学学报,2016,18(04):24-28.

[34]赵良.高校党建工作助力脱贫攻坚的实践与思考——基于吉林农业大学精准扶贫工作实践[J].甘肃农业,2018(13):26-30.

[35]沈崴."第三课堂"思想政治教育功能研究[J].思想教育研究,2016(07):112-115.

[36]周草."课程思政"背景下的高职院校实践育人体系构建探究[J].科技视界,2019(13):139-141.

[37]张楗,田小风.三全育人背景下"课程思政"实践路径对策研究[J].教育现代化,2019,6(30):48-49.

[38]张宇.高校立德树人中知行合一原则的价值运用[J].天津市教科院学报,2017(03):5-8.

[39]黄蕾.基于中国特色社会主义共同理想的中国梦[J].广西社会主义学院学报,2014,25(05):10-13.

[40]张华,李久东,于晓波.基于思政课的大学生文化自觉与文化自信培养路径[J].黑龙江教育(高教研究与评估),2015(12):39-40.

[41]郭哲,胡德鑫.我国民办高等教育研究十年回眸——基于文献计量与可视化分析[J].现代教育管理,2017(12):8-13.

[42]陈丹雄.论高校立德树人根本任务的实现困境及其破解[J].高等农业教育,2014(03):36-39.

[43]阙明坤,费坚,王慧英.改革开放四十年民办高等教育发展回顾、经验与前瞻[J].高校教育管理,2019,13(01):11-18,35.

[44]周丽，李敏.基于创新型人才需求的高校教育改革探究[J].西部素质教育，2017，3(15)：139-141.

[45]索玉华.大学生社会实践思想政治教育功能探析[J].广西大学学报(哲学社会科学版)，2009，31(S1)：36-39.

[46]袁金祥.大学生社会实践育人功能的偏失与匡正[J].现代教育科学，2010(07)：120-122.

[47]张有声.从供给侧改革本科专业人才培养思路[J].中国高等教育，2016(01)：37-41.

[48]刘勇.论思想政治教育实践育人机制的建构[J].黑河学刊，2012(12)：3-5.

[49]李冰冰，邹丽晨，袁圆，等.新时代高校大学生实践育人机制体制构建研究——以广东为例[J].中国高等教育评估，2018，29(04)：30-33.

[50]邹芳芳.民办高校立德树人实施路径研究[J].内蒙古师范大学学报(教育科学版)，2016，29(12)：67-69.

[51]张继周.地方高校与区域经济共生发展的理论探索[J].经济研究导刊，2019(13)：75-105.

[52]王逸鸣，石运佳，蒋海涛.高校实践育人协同体系探索[J].北京教育(高教)，2018(Z1)：138-140.

[53]吴潜涛，吴俊.坚持"三个面向"与"立德树人"的统一[J].思想理论教育导刊，2014(04)：47-53.

[54]陈光，于彦华，林琳.构建地方高等农业院校"多维立体"协同育人模式的研究与实践[J].高等农业教育，2015(02)：3-6.

[55]王钱永，任丽清."双一流"建设视角下地方高校区域创新能力建设[J].中国高教研究，2016(10)：38-42.

[56]吴立全，于秋叶.高校实践育人新模式探究[J].东北农业大学学报(社会科学版)，2017，15(03)：39-43.

[57]崔海英，曾玉梅.高校思想政治工作主体协同育人机制创新研究[J].思想政治课研究，2018(04)：66-71.

[58]邱伟光.课程思政的价值意蕴与生成路径[J].思想理论教育，2017(07)：10-14.

[59]高德毅，宗爱东.从思政课程到课程思政：从战略高度构建高校思想政治教育课程体系[J].中国高等教育，2017(01)：43-46.

[60]陆道坤.课程思政推行中若干核心问题及解决思路——基于专业课程思政的探讨[J].思想理论教育，2018(03)：64-69.

[61]韩强.国外对中国共产党建设的研究述评[J].马克思主义研究，2012(09)：145-152.

[62]金国峰，宋磊.学生党员社会实践与学生党建工作探讨[J].法制与社会，2014(16)：145-146.

[63]马奇柯.国外大学生社会实践的经验和启示[J].中国青年研究,2003(03):72-75.

[64]王艳平.高校“三全育人”的特征及其实施路径[J].思想理论教育,2019(09):103-106.

[65]徐海鑫.新时代高校思想政治工作的理论基础、内在逻辑与实践遵循[J].四川大学学报(哲学社会科学版),2019(04):99-105.

[66]舒志定.马克思教育思想与当代社会[J].陕西师范大学学报(哲学社会科学版),2019,48(02):101.

[67]郭丽双,崔立颖.重塑历史观与价值观:俄罗斯高校思想政治教育的理性回归及启示[J].马克思主义与现实,2018(02):145-151.

[68]李辽宁.新中国成立70年来思想政治教育的发展历程、成就与经验[J].思想理论教育导刊,2019(08):118-123.

[69]汪琼枝.思想政治教育全过程融入专业社会实践协同育人模式初探[J].思想理论教育导刊,2019(08):128-131.

[70]曲一歌.大学生党建与思想政治教育协同育人论[J].学校党建与思想教育,2019(16):28-30.

[71]艾四林.充分发挥马克思主义理论学科在协同育人中的作用[J].学校党建与思想教育,2017(23):20-21.

[72]邓卓明,姜华.社会实践在推进大学生社会主义核心价值体系教育中的作用[J].思想理论教育导刊,2011(12):99-102.

[73]李彦杰.社会实践中大学生思想政治教育研究[J].改革与开放,2017(23):142-143.

[74]马一冰,陈先兵.中国特色的大学生志愿服务刍论[J].东北师大学报(哲学社会科学版),2017(03):157-161.

[75]马振清.警惕“变质”的大学生社会实践[J].人民论坛,2018(01):110-111.

[76]李保强.大学生社会实践活动不能“走形式”[J].人民论坛,2018(01):112-113.

[77]李霞.集体经济村庄:高校思想政治教育的新平台——基于高校大学生赴南街村社会实践分析[J].世界社会主义研究,2017,2(06):48-54,96.

[78]张建明,唐杰.高校社会实践引领大学生思想发展的路径研究——基于中国人民大学“千人百村”项目的实践[J].思想教育研究,2017(04):119-122.

[79]马程程.论思想政治教育融入社会生活的作用机理[J].思想理论教育导刊,2016(12):95-99.

[80]姚建军,师蕾薇.大学生社会实践存在的问题及破解思路[J].思想理论教育导刊,2016(03):147-149.

[81]王忠.当代大学生思想政治教育实践育人运行机制研究[J].思想教育研究,2015(01):66-69.

[82]王晓红.基于实践育人理念下大学生思想政治教育创新研究[J].湖北社会科学,

2012(10):189-191.

[83]张宏亮,柯柏玲.大学生社会实践存在的主要问题及对策分析[J].思想政治教育研究,2014,30(02):134-136.

[84]赵博,林正航,郑云峰,等.高校社会实践成果及影响因素的定量研究——以清华大学"五个结合"社会实践育人成效为例[J].大学(学术版),2014(05):40-55.

[85]徐阔.立德树人视域下大学生思想政治教育创新——评《立德树人之道——大学生社会主义核心价值观的培育与践行研究》[J].中国教育学刊,2019(05):128.

[86]李一楠.以红色社会实践活动推进大学生社会主义核心价值观教育的理性审视[J].思想理论教育导刊,2019(02):78-82.

[87]胡建,冯开甫.红色资源:大学生社会主义核心价值观教育的重要载体[J].思想理论教育导刊,2016(01):100-103.

[88]惠晓峰,郝琦.延安红色资源对创新高校思想政治理论课现场教学方法的借鉴价值[J].学校党建与思想教育,2017(04):32-34.

[89]成协设.国家大学生校外实践教育基地建设:问题与对策[J].中国大学教学,2015(03):74-77.

[90]王忠宝.中华优秀传统文化在高校思想政治教育中转化与创新探究[J].黑龙江高教研究,2018,36(12):129-132.

[91]万光侠.中华传统文化创造性转化创新性发展的哲学审视[J].东岳论丛,2017,38(09):27-34.

[92]王会民.增强大学生思想政治理论课获得感的四重向度[J].思想教育研究,2018(11):86-90.

[93]胡绪明.高校思政课教师与辅导员协同育人的功能定位及实施对策[J].学术论坛,2018,41(04):174-180.

[94]杨影,黄佳.高校思想政治教育"双平台协同创新体系"的创建与实施[J].教育理论与实践,2018,38(30):6-8.

[95]李海凤."红船精神"融入高校思想政治教育探究[J].学校党建与思想教育,2018(18):7-9.

三、报纸文章类

[1]习近平.决胜全面建成小康社会　夺取新时代中国特色社会主义伟大胜利——在中国共产党第十九次全国代表大会上的报告[N].人民日报,2017-10-28(1).

[2]把思想政治工作贯穿教育教学全过程[N].人民日报,2016-12-09(10).

[3]抓住培养社会主义建设者和接班人根本任务　努力建设中国特色世界一流大学[N].人民日报,2018-05-03(1).

[4]张烁.用新时代中国特色社会主义思想铸魂育人　贯彻党的教育方针落实立德树人根本任务[N].人民日报,2019-03-19(1).

[5]深化新时代学校思想政治理论课改革创新[N].人民日报,2019-08-15(1).

[6]用习近平新时代中国特色社会主义思想武装起来　夺取新时代中国特色社会主义伟大胜利　实现中华民族伟大复兴[N].人民日报,2019-08-19(6).

[7]靳诺.将党的领导贯穿到立德树人全过程[N].学习时报,2019-04-01(1).

[8]靳诺.中国共产党探索中国特色高等教育道路的宝贵经验[N].学习时报,2017-09-27(4).

[9]陈宝生.用习近平新时代中国特色社会主义思想铸魂育人[N].人民日报,2019-04-23(9).

[10]推动思想政治理论课改革创新　落实高校立德树人根本任务[N].人民日报,2019-03-29(2).

[11]中共中央国务院印发《关于加强和改进新形势下高校思想政治工作的意见》[N].人民日报,2017-02-28(1).

[12]中共中央国务院印发《乡村振兴战略规划(2018—2022年)》[N].人民日报,2018-09-27(1).

[13]中共中央国务院印发《中长期青年发展规划(2016—2025年)》[N].人民日报,2017-04-14(1).

[14]中共中央国务院印发《中国教育现代化2035》[N].人民日报,2019-02-24(1).

[15]中共中央国务院印发《国家中长期教育改革和发展规划纲要(2010—2020年)》[N].人民日报,2010-07-30(1).

四、学位论文类

[1]甘霖.高校实践育人研究[D].武汉:武汉大学,2014.

[1]陈步云.高校实践育人机制研究[D].长春:东北师范大学,2017.

[2]郑晴晴."多元互动式"的大学生社会实践育人模式构建[D].合肥:合肥工业大学,2016.

[3]李朋举.习近平新时代青年教育思想研究[D].桂林:广西师范大学,2019.

[4]呼和.大学生社会实践育人机理及运行机制研究[D].北京:北京科技大学,2018.

[5]杨漾.思想政治教育视域下大学生社会实践研究[D].保定:河北大学,2019.

[6]葛士新.大学生社会实践选题的统筹研究[D].合肥:合肥工业大学,2018.

[7]徐国庆.大学生社会实践的路径研究[D].哈尔滨:东北林业大学,2013.

[8]李洪明美.论社会实践在大学生社会主义核心价值体系教育中的作用[D].重庆:西南大学,2013.